JN023032

The History of Athletics

史料と写真で見る

陸上競技の歴史
ルーツから現在・未来へ

岡尾惠市・
陸上競技歴史研究会
——著

Sprints
Relays
Middle Distance
Long Distance
Hurdles
Cross Country
Marathon
Ekiden
Race Walk
High Jump
Pole Vault
Long Jump
Triple Jump
Shot Put
Discus Throw
Hammer Throw
Javelin Throw
Combined Events

大修館書店

はじめに

人類は直立歩行を始めて以来、生活の中で「歩く」「走る」「跳ぶ」「投げる」という基幹となる動きを身につけ、自然を克服し、乗り越えてきました。人間の動作としては最もシンプルで、最も先端的な営みが競技化されたのは、産業革命に成功して豊かな市民社会を築き上げていた19世紀の英国でした。1896年に創設された近代五輪では、大会の中核競技としてスポーツ界をリードし、技術面やトレーニング面でも常に最先端を歩んできました。現代社会でも世界数十億人の注目を浴び続けています。

陸上競技に関わった人間として、スポーツの原点であると同時に最先端のスポーツでもある陸上競技の各種目の由来と歴史、現在の姿を知ってもらうため、できるだけ広く資料を集めて1冊の書籍にまとめたいと考えてきました。これまでの陸上競技の科学研究は、「動作解析」「スポーツ生理学」を中心とした自然科学系が先行して深められてきましたが、遅ればせながら人文・社会科学など文化面からの研究が進められるようになっています。

この書物のもとになる「陸上競技のルーツ」研究を始めたきっかけは、京都の高校で体育教員として味わった恥ずかしい経験でした。男子の陸上の授業で、当時の女子80m障害と同じ規格でハードルを設置したところ、うまくこなせなかったクラスで一番背の低い生徒から「誰がいつ、こんなルールを決めたんですか」と質問されました。

赴任2年目で国民体育大会でも入賞して得意になっていた私は、この単純で素朴な問いに「ぐうの音」も出なかったのです。「陸上競技のプロの教員」として、必須の知識を持ち合わせていなかったことを痛感。以後、機会をとらえてあらゆる種目の「ルーツ」を調べ上げることを自らに課しました。

立命館大学へ移り、陸上競技部のコーチ、監督、部長を務める傍ら、文献収集、解読に取り組み、1984年の英国留学時代にはギリシャのオリンピア古典競技場など欧州のゆかりの地を訪問。ロンドン市内の古書店巡り、大英図書館へ日参する間に、おぼろげながら「ルーツ」が見えてきました。1996年には初めての著書『陸上競技のルーツをさぐる』（文理閣）を上梓しましたが、時が流れて陸上競技の進化・発展は目覚ましいものがあり、内容の古さが気になっていました。

そんな折、母校の筑波大学OB・OG会のホームページで連載をとの話をいただき、2018年7月末から新情報を加えた執筆を開始。これが2020年10月で完結しました。半世紀ぶり2度目の開催となった東京2020五輪を機に、これを書籍化して2冊目の「ルーツ本」を世に出してはとの勧めがありました。専門家ぞろいの母校の後輩たちの絶大な協力のもと、原著になかった新しい視点からの記述も書き加えてもらいました。単独で執筆していた際には想定しなかったテーマや記録なども次々に出てきて、共同作業ならではの面白みも味わいながら発刊へ漕ぎ着けました。

あらゆるスポーツの先陣を切ってきた陸上競技は、男子の100mでは9秒58の記録が誕生し、マラソンでは非公式ながら2時間を切る究極の水準に到達しています。大都市で開催されるマラソンは、トップ選手と市民ランナー、車いすの障がい者が一堂に会する、類例のないイベントに発展しています。本書では陸上競技特有の運営システムや、未来の姿などにも目を向けています。読者のみなさまの座右の書として、さまざまな活動の場でご活用いただければ、これに勝る幸せはありません。

岡尾　惠市

Contents

▶序章　本書の概要

スポーツには、「する」・「みる」・「ささえる」など、さまざまな側面があります。陸上競技は順位を競い、記録の向上を追求するスポーツで、あらゆる競技の原点ともいわれます。長い年月の間に積み重ねられた各種目の技術、戦術、組織、ルール、施設・用器具、記録など関連する分野は極めて広範囲です。

この本では、陸上競技発展の歴史、特にアスリートたちがどのように技術や内容を向上させ、競技の水準を高めてきたかをたどります。膨大なこれらの営みを「調べる」「知る」ことは、文化としてのスポーツを理解し、継承して発展させるためにはとても重要です。加えて、高度なレベルに達している現代の陸上競技の広がりについて記述するとともに、多くの問題点を抱えることになった点にも目を向け、あるべき未来の姿も探ります。

5000年前にも走る儀式

「歩く、走る、跳ぶ、投げる」といった運動様式は、生産のための労働や軍事の目的以外にも、豊穣（ほうじょう）の祈り、神への崇拝、死者の弔い、戦勝への祈念として太古から世界各地で行われてきました。紀元前776年に始まった古代ギリシャのオリンピア祭典競技はよく知られていますが、それよりはるか昔の紀元前3800年ごろ、古代エジプトでもそれに近い競走が行われていました。ただし、古都メンフィスで行われたレースは、王が速く走れるほど壮健であることを証明するための営為でした。800mほど離れた2本の柱の間を走り、走り方によっては王が退位を迫られるという儀式。スポーツで重要な「楽しむ要素」は少なかったようですが、5000年以上も昔の人々の生活の中で、走ることが大きな役割を担っていたことは記憶されるべきです。

古代オリンピアで行われた「スタディオンレース」は距離192.25mの短距離競走でした。遺跡から発掘されたつぼや皿には、現代の競技スタイルとは異なる走幅跳、やり投、円盤投、競走などが描かれています。ももを高く上げ、両手を大きく振って疾走する短距離走者は、現代のトップアスリートと同様なたくましい筋肉の持ち主。中距離ランナーはゆったりしたフォームでスリムな体形に描かれており、競技スタイルは変わっても変わらぬ競技の特質がうかがえます。

中世の欧州で固まった基盤

時代が下った欧州では、中世から近代にかけて田園や都市近郊を舞台に民衆レベルで槌(つち)投、ハンマー投、短距離競走や綱引きなどが高額な景品を賭けて競われました。気晴らしを兼ねた腕自慢、健脚自慢のイベントでした。この賭けレースには、当時の荘園領主たちが雇っていた伝令係「ランニング・フットマン（Running Footman)」や「ペデストリアン（Pedestrian)」らが出場。後に道路での長距離走は観客にレースの模様が見えないため廃れ、クリケット場などで実施される周回レースへと変容します。19世紀前半には各地の民俗競技の系譜を引く跳躍や投てき種目も実施されました。

競走の場合には勝つ選手が決まっていることが多く、ハンディキャップを付けない限り、賭けそのものが成立しなくなります。勝敗の基準を決めるルールや約束事を設定し、運営者を確保して任務を明確化する必要性が高まりました。「賭け率」や「ハンディ」を決めるには、参考資料となる正確な記録計測や記録保存などが不可欠です。

これらの諸条件が整備された19世紀前半には陸上競技が組織化される土台が築かれ、学生や職業軍人、ブルジョアジー（中産階級）による本格的な競技会が開かれました。各地のパブリックスクールやカレッジでは、学生の身体鍛錬やジェントルマン教育の一環としてサッカー、ボート競技などと並んで陸上競技会が盛んになりました。

近代陸上競技の成立

英国の統括組織「アマチュア・アスレチック・クラブ」(Amateur Athletic Club＝AAC）は、1866年3月に12種目からなる競技会を主催しました。

表1 主要団体·大会の設立·開催年

1864年	第1回オックスフォード大学対ケンブリッジ大学対校戦開催
1866年	アマチュア·アスレチック・クラブ(Amateur Athletic Club=AAC;学生主体)設立
1868年	ニューヨーク·アスレティック・クラブ(New York Athletic Club=NYAC)設立
1880年	アマチュア競技連盟(Amateur Athletic Association=AAA;労働者階級を含む統括組織)設立
1880年	AAA主催の第1回英国選手権大会開催
1894年	国際オリンピック委員会(International Olympic Committee=IOC)設立
1896年	第1回アテネ五輪開催
1912年	国際陸上競技連盟(International Amateur Athletic Federation=IAAF)設立
1913年	IAAF正式承認
1914年	IAAF世界記録公認
1921年	国際女子スポーツ連盟(Federation Sportive Feminine Internationale=FSFI)設立
1925年	日本陸上競技連盟(Japan Association of Athletics Federation=JAAF)設立
2001年	IAAFがアマチュアを削除(International Association of Athletics Federation=IAAF)
2019年	IAAFが世界陸上競技連盟(World Athletics=WA)へ改称

学生主体のAACへは労働者階級の反発があり、より幅広い階層が参加した統括組織「アマチュア陸上競技協会」(Amateur Athletic Association＝AAA)が1880年4月に発足。16条からなる競技規則を制定し、7月にロンドンで第1回英国選手権を開催しました。英国でのスポーツ組織化に刺激された米国では、1868年に陸上競技を中心とする会員制のクラブ「ニューヨーク・アスレティック・クラブ」(New York Athletic Club＝NYAC)が創設されます。その後、陸上競技は欧州と米国を中心に徐々に広がっていきます。

図1 1871年4月15日の新聞に掲載されたハードル競走の様子

五輪の中核競技として発展

そんな時代に追い風が吹きます。それは1896年にアテネで開催された第1回の近代五輪でした。フランスのクーベルタン男爵(Pierre de Coubertin)

が古代ギリシャの祭典競技復活を目指した画期的なイベントで、陸上競技は大会の中核競技となりました。「誰が一番速いのか」「誰が一番強いのか」という誰にでも分かる素朴で明確な競技スタイルは多くの支持を集め、五輪の認知度の高まりとともに著しい普及・発展を遂げます。

1912年の第5回ストックホルム五輪終了後、同地で陸上競技の統括組織設立と規則の策定などを目的とした会議が開かれ、「国際陸上競技連盟」（International Amateur Athletic Federation=IAAF）が創設されました。翌年にはベルリンで第2回の総会を開き、ストックホルムを本部（1946年にロンドンへ、93年にはモナコへ移転）とする連盟の設立が正式承認され、スウェーデン人のジークフリード・エドストレーム（Sigfrid Edström）が会長に就任。1914年には最初の競技規則と世界記録が発表されました。

先進地域だった英国や米国では、「ヤード、ポンド」が距離や重さの基準でしたが、五輪では初回のアテネ五輪から「メートル制」が採用されました。クーベルタン男爵ら五輪創設メンバーが、メートル制を推進したフランスの貴族だったことが主な理由でした。

それでも、「ヤード、ポンド」はその後の陸上競技の中に深く根を下ろしています。トラックのレーン幅や、躍種目の踏み切り板の幅（4フィート＝121.9cm）、ハードル種目の規格（110mHは高さ3.5フィート＝106.7cm、ハードル間のインターバル10ヤード＝9.14mなど）などに刻まれているほか、砲丸の重量16ポンド（7.26kg）やサークルのサイズ（7フィート＝213.5cm）などにも数々、由来の数字がうかがえます。

五輪ボイコットと世界選手権

五輪とともに発展した陸上競技ですが、1980年のモスクワ五輪では開催国ソ連のアフガニスタン侵攻を巡って米国、日本などがボイコットする前代未聞の事態になりました。続くロサンゼルス五輪では、ソ連、東欧圏が報復して不参加となります。五輪とは別の「世界一を決める大会」の創設が望まれ、1983年に初の世界選手権がヘルシンキで開催されました。3冠に輝いたルイス（Carl Lewis 米国）らスター選手の出現もあって大きな注目を集め、1991年東京大会後は4年ごとから2年ごとの開催になりました。

1981年に第４代会長に就任したネビオロ（Primo Nebiolo イタリア）が、

プロ化の流れを受けてルール改正に踏み切り、アスリートが賞金、出場料を受け取ることが認められました。1985年には自動車のＦ１レースなどにならい、世界の主要都市を巡る賞金大会の「グランプリシリーズ（Grand Prix Series）を発足させました。何度か開催方式を見直して2010年にスタートさせた現行のダイヤモンドリーグ（Diamond League=DL）は、欧州、北米、アジア、アフリカなど14都市で開催され、男女各12種目で年間総合優勝を競います。種目別優勝者と総合優勝者にはボーナスが贈られます。

トップアスリートのプロ化が定着した2001年には、「アマチュア」部分を削除して組織名を「International Association of Athletic Federation」と改称しました。2019年11月には、「ワールド・アスレチックス（世界陸上競技連盟）」（World Athletics＝WA）と、より簡潔な名称に改めています。現在では加盟国・地域は212で世界最大のスポーツ組織となっています。2015年に第6代会長に就任したコー（Sebastian Coe 英国）は、1980年モスクワ、84年ロサンゼルス両五輪男子1500mを連覇した金メダリストです。

国内での始まりは明治７年

日本で近代陸上競技が始まったのは、1874（明治7）年のことでした。東京・築地の海軍兵学寮（後の海軍兵学校）で、英国人教官の指導による「競闘遊戯」（Athletic Sportsの翻訳）を開催。この大会は続行されませんが、1878年からは英国出身のストレンジ（Frederick Strange）が東京英語学校（東京大学の前身）などで、「学校部活動」のような活動を熱心に進めました。1883年には東京帝大で陸上運動会が開催されます。同じ頃、札幌農学校（北海道大学の前身）ではクラーク校長（William Clark 米国）の志を受け、1878年に「遊戯会」（Athletic Meetingの翻訳）が開催されています。

各地の大学や旧制高校でそれぞれ実施されていた競技会に大きなインパクトを与えたのが、東京・羽田で開かれた1912年ストックホルム五輪の代表選考会でした。クーベルタンを通じて五輪参加を求められた嘉納治五郎が大日本体育協会（体協）を設立。この大会で優勝したマラソンの金栗四三と三島弥彦を代表に選出し、日本初の五輪出場が実現することは後述します。

体協は国内各競技の統括組織になりますが、まもなく組織運営が非民主的であると有力私学が中心になって改革を求め、1924年に競技別全国組織（競技団体）を加盟団体とする現在のような形態に移行。陸上競技では同年に関東陸上競技協会が誕生し、翌25（大正14）年7月に国内を統括する全日本陸上競技連盟が創設（初代理事長は平沼亮三）されました。第二次大戦後の1946年には日本陸上競技連盟（Japan Association of Athletics Federations=JAAF）と改称し、現在に至っています。

column

オリンピックを五輪と命名

近代オリンピックの創始者クーベルタンは、スポーツを通した世界平和の実現を目指しました。そのシンボルが、白地に五大陸を象徴する五つの輪を描いた「オリンピック旗」（1914年制定）です。

1940年の東京五輪招致熱が高まった日本で、「オリンピック」の６文字は新聞の見出しには長すぎると、紙面担当者は分かりやすい略称を求めていました。1936年に、読売新聞記者だった川本信正さんがこれに応えます。愛読していた『宮本武蔵』（吉川英治）に登場する武蔵著の『五輪の書』と、オリンピック旗が五大陸の輪を描いていることから「五輪」と造語しました。他社もそろって採用したことで定着し、現在でも多くのメディアで使用されています。本書でも主に見出しなどで「五輪」を使用することとします。

スポーツジャーナリストの草分けだった川本さんは、「命名の達人」でした。1932年ロサンゼルス五輪男子100mでアジア人初のファイナリストになった名スプリンター、吉岡隆徳を「暁の超特急」と命名したのは川本さん。この大会で金メダルに輝いたエディ・トーラン（米国）が「深夜の超特急」と呼ばれたことから、欧米から見ると日が昇る方角に位置する日本のスプリンターにふさわしい命名をしたのです。

限定的だった女子参加

この間、女子の競技参加はながらく限定的でした。アテネで開かれた第1

回近代五輪の参加者241選手はすべて男子。女性のスポーツは当時の社会常識に反することだったのです。古代社会からの女性の身体的活動記録も舞踊などを除けば極めて少なく、紀元前2000年頃のエジプト中王国時代の壁画に体操やアクロバットなどの動きが残っている程度です。古代のオリンピアでは未婚女子による短距離競技が実施されましたが、男性の祭典とは比較にならないささやかなものでした。中世欧州では教会祝祭の競技会へ女性が参加していたことが確認されています。

20世紀に入ると女性解放運動が巻き起こり、フランス女子体育指導者のミリア夫人 (Alice Milliat) が1921年に「国際女子スポーツ連盟 (Federation Sportive Feminine Internationale＝FSFI)」を設立しました。同年3月にはモナコで第1回国際女子陸上競技大会を開き、翌年には女子の参加を認めないIOCに対抗してパリで2万人を集めた第1回女子オリンピック大会を開催。米国、英国、フランス、チェコスロバキア、スイスの5カ国が競いました。

初めて女子の五輪参加が認められたのは1928年のアムステルダム五輪で、5種目（100m、800m、走高跳、円盤投、4×100mR）が実施されました。しかし、人見絹枝が銀メダルを獲得した800mは全員が倒れ込む壮絶なレースとなり、中長距離種目は女子には過酷すぎるとして廃止されます。再び実施されたのは32年後のローマ五輪でした。1936年ベルリン五輪の際に女子競技は国際陸連に包括され、FSFIは女子開催の権利を失います。

クン夫人４冠で新時代へ

第二次大戦後の初開催だった1948年ロンドン五輪では、オランダのクン夫人（Fanny Blankers-Koen）が100m、200m、80mH、4×100mRで4冠の大活躍でした。1952年ヘルシンキ五輪には初参加のソ連勢がフィールド種目で強さを発揮。1956年メルボルン五輪でもソ連・東欧勢の躍進が目立ちました。1964年の東京五輪では男子の半分の12種目が実施されました。

1972年のミュンヘン五輪からはソ連・東欧の「ステートアマチュア（State Amateur)」が陸上界を席巻しますが、後に国家規模でドーピングを行っていたことが判明。この後まもなく競技レベルは最高峰に達し、幾つかの記録は現在も世界記録として残っていますが、薬物使用の影響があったことは否定できません。本格化した女子マラソンには、ノルウェーのワイツ（Grete

Waitz）やクリスチャンセン（Ingrid Kristiansen）といった大スターが登場。男女平等の流れが進んだ2000年シドニー五輪では棒高跳、ハンマー投が加わってほぼ男女同数の22種目になり、2008年北京五輪では“最後の砦”だった3000m障害も採用されます。

競技会運営と記録測定

陸上競技では各地の競技会や時代を超えて記録を比較します。そのため、基準に適合した施設、用器具で正確に記録を測定することが求められ、その時代の最先端技術が投入されてきました。初期の五輪では短距離の100mでも5分の1秒（0秒2）単位の計時で、秒速10m前後のスピードを測定するには精度が不足していました。しかし、その後も長く手動計時による10分の1秒単位の時代が続きます。五輪で初めて電気計時による100分の秒1単位の記録が公表されたのは1968年メキシコ五輪でしたが、この時も公式記録は10分の1秒単位でした。電気計時による世界記録が公認されたのは1977年1月（それ以前の記録も公認）以降で、まだ半世紀にも満たない期間です。

現代の各競技記録は、タイムならスタートの号砲と連動した電子機器（フィニッシュでの写真判定装置や風向風速計を含む）で行い、フィールド競技では巻尺・高度計や光学距離測定装置などで測定されます。記録測定の仕組みや競技場の構造、競技会運営などについては後述します。

用器具・競技スタイルの変遷

記録を比較するには一定の均一な条件下であることが前提ですが、競技場のトラックや助走路の素材は、クレー、シンダー、アンツーカーなど土のグラウンドから、ゴムやウレタン製の素材へ大きく変化してきました。全天候型トラックが五輪で採用されたのは1968年のメキシコ五輪が最初で、短距離・跳躍種目で多くの世界記録が生まれました。

トラックが変わると、シューズとスパイクの長さや形状も変化します。最近では、靴底がカーボン素材のハニカム形状（ハチの巣状）の突起があるものが登場。接地時に生じるロスが減少するため疾走スピードが向上し、雨天時でも大きく記録が落ちない優れた環境になりました。

サークル内からの投てき種目は、古くは土のサークル内でスパイクシュー

図2 1860年代のオックスフォード対ケンブリッジ大学対校戦での砲丸投

ズを履いて実施していましたが、1950年代後半にコンクリート製のサークルが生まれたことで様相が大きく変化。砲丸投ではサークル後方から砲丸への加速区間を長くするグライド動作や、円盤投で行われていた回転動作による高度な投てきフォームが導き出されました。近年では長距離種目にも、用具開発による大きな恩恵が生まれています。シューズの底に弾力のあるプレートを埋め込み、反発力を利用して高いレベルの記録につなげています。

ドーピング問題

ドーピングは自分の日頃のレベル以上の競技成績を出すことを狙い、違法な薬物や物理的方法で運動能力・筋力を向上させる行為で、それらを隠すことも含まれます。公正な競技の前提を破壊し、フェアプレイの精神に反する行為で、競技の正当性を失わせ、スポーツの価値を損なう恥ずべき行いです。不注意による「うっかりドーピング」も一定の制裁を科されます。

競技会での検査に加え、世界のトップレベルの競技者は検査対象者リストに登録されて競技会外の検査（抜き打ち検査）を受けます。検査を受けられないことが重なると、それだけで資格停止処分を受けます。一定の均一な条件下での公正な争いはすべてのスポーツの前提で、地域や時代を越えて記録を競う陸上競技では根幹にかかわる重大なテーマです。

各種目の成り立ちと発展

「走・跳・投」の各種目がどのように発生し、その後どのように発展してきたのか。ここで概要をまとめておきます。

《短距離走》

古代ギリシャのオリンピア競技場跡などから、スタート時に用いられた「足止め器」が発掘されており、当時から短距離走ではスタートが重視されていたことが分かります。1924年パリ五輪を舞台にした映画「炎のランナー」では、各選手が自分でスタート地点にシャベルで穴を掘っている場面が描かれています。1948年のロンドン五輪で初めて採用されたスターティングブロックは、すぐに世界中へ普及しました。

100mで初の10秒台が記録されたのは19世紀末で、1968年には人類の大きなテーマだった「10秒の壁」が初めて破られました。女子では1932年に11秒台に突入し、1970年代に入って10秒台が記録されました。

《中長距離走・マラソン》

現代の中長距離走へ直接つながる競走は、19世紀中頃に英国で行われるようになったクリケット場などでの周回レースでした。19世紀後半には競技場で実施する学生のレースが主流になり、その後は1マイル（1609.34m）が人気を集め、1954年にバニスター（Roger Bannister 英国）が「人類の壁」と言われた4分を切る偉業（3分59秒4）を達成しました。20世紀後半からはオセアニア勢がリードし、その後は欧州勢、アフリカ勢の競り合いで飛躍的に記録が向上。長距離も同じ頃に登場したケニア、エチオピア勢が抜群の強さをみせています。

第1回のアテネ五輪で、ペルシャ戦争の故事を基に始まったマラソンは、その後の五輪でも大会の花となり、現在では大都市での大衆マラソンへ発展しています。2019年にはキプチョゲ（Eliud Kipchoge ケニア）が、非公式レースながら1時間59分40秒2で走り、「夢の2時間突破」を果たしました。

《競歩》

19世紀中頃、クリケット場などで中距離の賭けレースが開催される中に競歩も組み入れられ、19世紀後半には競技会のトラック種目として実施されるようになります。五輪では「歩型違反」に絡むもめごとが多く、1928年アムステルダム五輪でいったん廃止されました。次のロサンゼル五輪では道路での50km競歩が実施され、競技規則が明確化されます。1956年メルボルン五輪から20km競歩が導入され、以後は50kmとの2種目が定着します。競技時間の長い50kmは東京2020五輪で打ち切りとなり、2022年世界選手権オレゴン大会からは新種目の35kmが実施されました。

《ハードル競走》

障害物競走は1830年代後半から、英国のパブリックスクールで盛んになりました。自然の野原や放牧場の障害物を飛び越すレースだったのが、グラウンド内に障害物を置いて走る形式に変容。現在の3000mSCの原型です。19世紀後半の英国の大学対校戦では、現在の110mHとほぼ同じ規格のハードルレースが行われました。その後、記録の伸びを阻害していた牧場の柵のような「倒れないハードル」から、ぶつけても倒れる「L字型ハードル」が登場したことで状況が一変。一気に13秒台へ突入し、1980年代には12秒台の記録が生まれています。女子の80mH（高さ76.2cm）は、競技力向上に伴って1972年ミュンヘン五輪からハードル間のインターバルを広げた100mH（高さ83.8cm）へ変更されました。

《跳躍競技》

走高跳はバーをまたぎ越す原初的な跳躍から、正面跳、はさみ跳、ロールオーバー、ベリーロールと跳躍スタイルが進化。1968年のメキシコ五輪では米国のフォスベリー（Richard Fosbury）が背面跳で優勝したことで、一気にこの跳躍スタイルが世界中へ広まりました。人々を驚かせた新技術の登場とともに、安全なウレタン製の着地マットが広く普及しました。

棒高跳では使用するポールの素材が木、竹からスチール、アルミニウム・ジュラルミン合金ポールへと変遷。1960年代からは弾力性のあるカーボンファイバー製が登場しました。弾性強度も増し、軽量化が図られたことで大幅に記録が向上。4m台、5m台、さらには6m台へと高まる過程で着地場は砂場、おがくずからウレタン製のマットへ移行しました。

走幅跳では、踏切板から着地点の最短の痕跡までを測る記録測定の仕組みは変わりません。男女とも20世紀末に樹立された世界記録が更新されておらず、1970年代に出現した前方宙返りでの「回転跳び」は、安全性が確保できないとして禁止されました。

《投てき競技》

初期の五輪では身体のバランスを考慮して各種目とも左右の手で投げた記録を合算して競いましたが、まもなく廃止されます。第1回のアテネ五輪では、円盤投は古代ギリシャの投法にならって1辺2.5mの正方形の囲いから、重さ2kgの円盤を投げました。同じくアテネ五輪から実施された砲丸投は、1950年代に後ろ向きから投げ出す革新的な「オブライエン投法」によって大幅に記録が伸び、近年では円盤投のような「回転投法」で記録は23m台に乗っています。

やり投は、1908年ロンドン五輪では利き手でやりの尾部を押し出して投げる「フリースタイル投法」も行われましたが、国際陸連設立後に公認記録から削除されました。やりの素材や形状の研究が進んで飛距離が伸びて危険性が高まり、世界記録が100mを越えた男子では、1984年に重心位置を4cm前に移行する規則変更によって飛距離を制限。女子は1999年に重心位置を3cm先端寄りに移しました。1956年に考案されて世界記録を大きく越えた「回転式やり投」投法は、投てき方向が不安定で危険なため禁止されました。

サークルから回転して投げる円盤投とハンマー投は、危険防止のための防護ネットが用いられています。投てきの有効角度も狭められており、高速回転から囲いの“すき間”に投げるには極めて高度な技術が要求されます。

《混成競技》

混成競技は陸上競技の「走・跳・投」三要素で構成された種目の記録を得点化し、合計得点で競う種目です。五輪では男子が十種競技、女子は七種競技を実施。古代ギリシャのオリンピア競技で重視された調和のとれたアスリート像の理想形として、優勝者は「キング・オブ・アスリート（King of Athlete)」「クイーン・オブ・アスリート（Queen of Athlete)」と高く評価されます。

図版の出典

図1:An Illustrated Weekly Newspaper 1871年4月15日号朝刊
図2:The Illustrated London News 1867年4月20日号

▶第1章 短距離競走の歴史

1 短距離競走の距離

五輪や世界選手権の陸上競技の花形は、何といっても「世界最速」を決める男女の100mでしょう。時速40km前後のスピードで競われるスリリングな競走の面白さと、10秒前後の短時間で決まる勝敗の厳しさが人気の要因と考えられます。人間はどこまで速く走れるのか、その限界と可能性を垣間見せてくれる究極のレースでもあります。

記録に残る最も古い紀元前776年のオリンピア祭典競技で最初に行われたのは、スタディオン競走と呼ばれる短距離レースでした。3000年近い時の流れを経て、現代の陸上競技短距離種目へ脈々と受け継がれているのです。

オリンピアの遺構発掘が本格化したのは18世紀以降です。当時のレース

図1 古代ギリシャのスタディオン競走の想像図

の距離についても明らかになり、オリンピアでは192.25mであったと判明しています。地域によって微妙に異なりますが、他の遺跡もほとんどが200mよりわずかに短い距離でした。なぜこの距離で実施されたかについては明らかになっていませんが、人間が直線コースを全速力で走って競い合うのにふさわしい距離と認めていたのです。

現在の世界記録を時速に換算すると、最もスピードが速いのは100m競走（2021年現在）ですが、200m競走が100m競走を上回っていた時期もありました。正確な時計を持っていなかったにもかかわらず、古代の人々はこの距離が最速を競うのに適していると見抜いていたのでしょう。

2　古代のスタート法

オリンピアでのスタートはどのようなものだったのでしょうか。競技場跡から発掘された石製の足止め器、バルビス（Balbis：図2や図3）を用いていたことが分かっています。スタート時の姿勢は、出土した小像やつぼ絵などから、両手を前方へ差し出し、中腰に近い姿勢のスタンディング・スタート

図2 デルフィー遺跡のバルビス

図3 エピダウルス遺跡の全容とスタート台のバルビス（左下）

図4 スタート姿勢を取る選手の小像

図5 古代ギリシャの盃に描かれたバルビスでスタート練習する若者

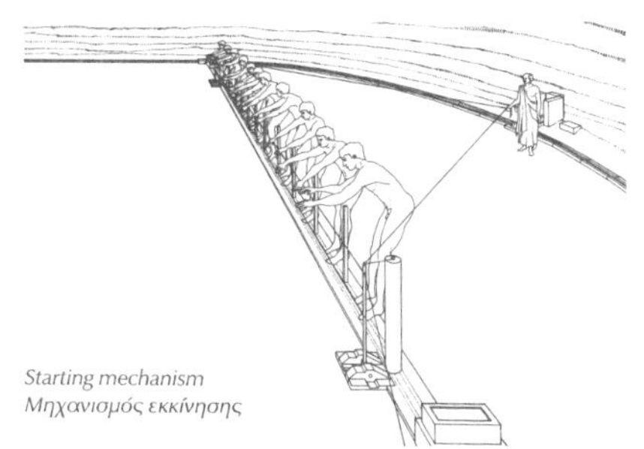

図6 スタート装置を使ったスタートの想像図

(図4) だったとみられます。別の出土品などから、片手を地面に着いた現代のクラウチング・スタートに近い姿勢 (図5) も用いられていたとの説もあります。

スタート時の合図は主としてラッパの音や掛け声で行われており、走者の前に張られた綱を審判員が落とす方法 (ネメア遺跡、図6) や棒を落とす方法 (イストモス遺跡) も行われていたようです。1レースの出場人数は、バルビスの足型の数から多いときには20人に達していたと推測されます。

3 クラウチング・スタート誕生

時を経て、近代陸上競技の母国、英国では19世紀中ごろにはパブリックスクールの生徒や、大学生らが参加して競技会が開かれるようになります。まだ現代のようなトラックはなく、芝生の上でのレースでした。記録に残る

図7 芝生のコースで行われた19世紀末英国での短距離競走

最も古いアマチュア選手による短距離競走は、1845年の英国イートン校でのレースとされますが、当時はもちろんスタンディング・スタートでした(図7)。

スタートの合図は、ハンカチを振る、太鼓をたたくなどでしたが、1876年以降は銃の空砲を撃つことがルール化されました。記録が重視されるようになると、ピストルの雷管を使って計時員に煙が見える仕掛けが定着します。距離は当時の英米の人々が用いていたヤードやフィートが単位で、代表的な種目は100ヤード(91.44m)。1860年代の記録は10秒5(100mで11秒4前後)程度でした。

クラウチング・スタートの誕生

古代ギリシャの各地で行われた祭典競技でも重要視されていたスタートは、近代の陸上競技でも中心的なテーマになります。19世紀後半の米国では、図8のように中腰（stand-up crouch)、腰を屈めるダブ（dab)、腰と腕をねじるランジ（lunge）など各選手の体格などに合わせたさまざまなスタイルが試みられます。現代の標準になっているクラウチング・スタートも、これらの試行錯誤の末に誕生しました。

地面に手を着いたクラウチング・スタイル（crouch)〈屈んだ姿勢〉の発祥は、1887年に米国イエール大学コーチのマーフィー（Michael Murphy)

図8 1880～1890年代の特徴的な四つのスタート方法。
左からランジ、クラウチ、スタンドアップ・クラウチ、ダブの各スタート姿勢

が学生たちに指導したのが、最も古い確かな記録です。実際のレースで初めて披露されたのは、1888年5月にニューヨークで行われた「ロックアウェー・ハント・クラブ大会」でした。イエール大学のシェリル（Charles Sherrill）が位置に着いた際、見慣れない「四つんばい」の姿勢が失笑を買いました（図9）。しかし、レースでその優位性が証明されると、新しいスタート方式はすぐに広まります。最近みつかった資料では、マーフィー自身が1880年にプロのレースで使ったと述べています。詳細は不明ながら年代はさらにさかのぼるようです。

図9 1888年にシェリル（右端）が披露して驚かせたクラウチング・スタート

クラウチング・スタートの先駆者

このスタート方式を取り入れたニューヨーク・アスレチック・クラブのリー（Thomas Lee）は、やや窮屈だったシェリルの構えから前足を後ろに下げ、現在のクラウチング姿勢に近いフォームへ修正したことで、米国ではクラウチング・スタートの先駆者と呼ばれているそうです。

発祥については異説もあり、オーストラリアのクームズ（Richard Coombes）が調査し、アボリジニー出身のマクドナルド（Bobby McDonald）が、母国のカンガルーの動作観察からヒントを得て1884年にこのスタートを行ったとしています。マクドナルドのスタイルは「カンガルー・スタート」ともてはやされました。

このように、米国では第1回のアテネ五輪前の1890年ごろにはクラウチング・スタートがかなり浸透していたようです。もちろん、最初から完成形だったわけではなく、多くの人によって改良の手が加えられたことは言うまでもありません。

五輪をクラウチングが制覇

初めての世界的な大会となった1896年アテネ五輪の100mで、唯一クラウチング・スタートを用いて優勝したのが米国のバーク（Thomas Burke）でした（図10）。このスタイルの優位性が示されて世界的に普及します。ただ、

図10 第1回アテネ五輪100m決勝のスタート。左から2人目がバーク

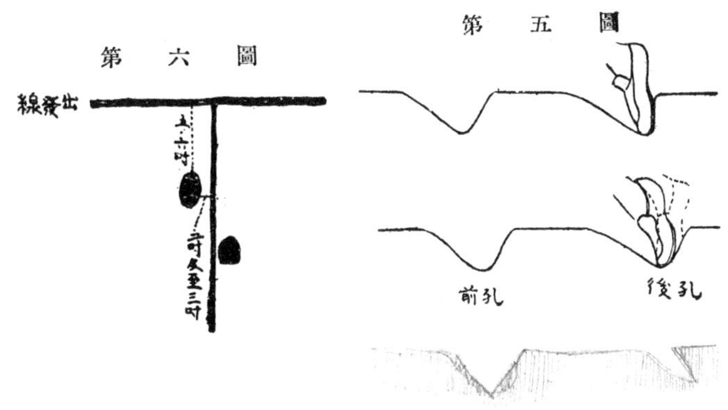

図11 スタート用の穴の掘り方

図12 室内でスタート練習する1924年パリ五輪200m優勝者のショルツ

すでに欧州では10秒台の記録が出ており、このときの優勝記録12秒0はあまりにも平凡でした。この時代のストップウォッチの精度の問題に加え、開催地ギリシャに競技場整備のノウハウがなく、表面が非常に滑りやすかったことが主な要因だったようです。100ヤードで10秒2(100m11秒1前後)の記録を持っていた実力者バークにとっては、極めて不本意な記録だったはずです。

20世紀前半の競技会では、選手自らがグラウンドに穴を掘り、自分に合った位置からスタートしていました。日本でも1920～30年代の指導書に、蹲踞(そんきょ)発走法として図11のように穴の掘り方を図示しています。トラックに穴を掘る方式は、スターティング・ブロックが普及する1950年代まで続き、選手は常に小さいシャベルを持参していたものです。

スターティング・ブロック登場で記録向上

米国では1920年代、床に穴を開けることができない室内練習のため、木製のスターティング・ブロックを考案（図12)。アイオワ大コーチのブレス

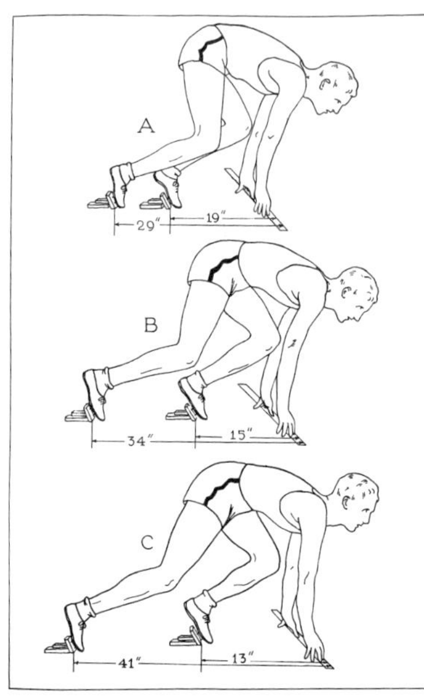

図13 スターティング・ブロック使用時の前後の足の置き方。上からバンチ、ミディアム、エロンゲイテッドのスタート姿勢

各スタート姿勢の特徴
・バンチ型はスタート合図後の第1歩の接地を早くすることができる
・ミディアム型は多くの選手に用いられている
・エロンゲイテッド型は200mや400m走者に多く、スターティングタイムは長いがブロックを離れる際の速度が大きい

ナーン（George Bresnahan）とタトル（Waid Tuttle）が、1927年ごろに移動可能なブロックを試作し、屋外でも使用可能となりました。1929年の全米学生選手権でこれを用いたシンプソン（George Simpson）が、100ヤードを9秒5（100mで10秒4前後）の記録で優勝して驚かせました。

両コーチが開発したブロックの使い方は、彼らの著書で図13のように三つの足幅のbunch（丸くなる）medium（中間）elongated（縦長）の特徴を示して解説しています。当初は不当に有利になるとして禁止されますが、第二次大戦後には両手・両足のつま先の一部が地面に着いていることを条件に認可されました。五輪では1948年ロンドン五輪から解禁となり、日本では翌年から使用されました。

その後は弾力性に富む全天候型トラックが普及し、スタート・インフォメーション・システム（不正スタート判定のための測定装置）が仕組まれたブロックが開発されるなど改良が進みました。

column

不正スタートの歴史

古代オリンピアのスタディオン競走では、不正スタートをした場合は衆人の前でむち打ちが行われたことが知られています。19世紀に近代陸上競技が幕開けした当時、不正スタート（フライング）にはレース距離のほぼ100分の1スタートラインを下げるペナルティが与えられました。2回目以降はその距離が2倍になり、3回目では失格になりました。1928年には各選手とも2回目の不正で失格となる規則に変更され、これが定着しました。

IAAFは1990年、主要な競技会ではブロックにかかる足の圧力を検知するフライング発見装置の使用を義務化し、反応時間が1000分の100秒（0.1秒）未満を違反とする規則を制定。2003年からは、1回目のフライングによる再スタート後は全て失格とする規則に変更し、2010年からは1回目で直ちに失格となる厳罰化に踏み切ります。競技の盛り上がりに水を差すことを回避し、運営のスピードアップを図る規則改定でした。厳罰化後の世界大会では、それ以前の大会より反応速度が有意に遅くなっています。

速さを極める短距離走は反応時間を短縮するトレーニングも行っています。反応時間に関する研究が進み、単純反応時間では0.08秒台を示すデータもあります。また、スタートで最初に反応を示す腕の動作を考慮する必要も指摘されています。WAは1000分の100秒という反応時間を見直す時に来ているようです。

4　男子の短距離競走

世界最速を決めるレース

米国では1890年にオーエン（John Owen）が100ヤードで9秒8（100m

で10秒7前後）をマークしており、第1回のアテネ五輪の優勝タイム（12秒0）は当時としてもレベルが低く、五輪はまだ「世界一速い男」を決める大会ではありませんでした。しかし、1900年の第2回パリ五輪の優勝記録は11秒0になり、同大会の予選や準決勝では、当時の世界最高記録の10秒8が記録されています。それ以降は五輪が世界最速を決める舞台になりました。

国際陸上競技連盟（IAAF）が創立され、1914年からは世界記録の公認がスタート。男子100mは一貫して人気が高く、世界12カ国の選手が世界記録を樹立しているグローバルな種目です。最初の公認記録は1912年ストックホルム五輪3位のリピンコット（Donald Lippincot 米国）が日本人五輪初出場の三島弥彦と同組で走った予選の10秒6が遡って公認されました。

北米勢が主導して記録短縮

その後のスプリント界は北米勢がリードします。1920年アントワープ五輪は、ジャンプして「万歳フィニッシュ」するパドック（Charley Paddock 米国）が制し、翌年には10秒4の世界記録を樹立。1928年アムステルダム五輪金メダリストのウィリアムズ（Percy Williams 米国）が2年後に10秒3で走って更新します。日本勢では1932年のロサンゼルス五輪ファイナリストの吉岡隆徳が1935年に10秒3の世界タイ記録を2度マークして世界へアピールしました。1936年6月にはオーエンス（Jesse Owens 米国）が10秒2をマークして世界記録を書き換え、8月のベルリン五輪では4冠（100m、200m、4×100mR、走幅跳）の偉業を達成しました。

第二次大戦後はウィリアムズ（Willie Williams 米国）が1956年に10秒1で走って20年ぶりに世界記録を更新。1960年6月には、抜群のスタートを誇るハリー（Armin Hary 西ドイツ）が10秒0をマークし、人類の夢「10秒の壁」に肉迫しました。

誰がこの壁を最初に突破するのか—。世界が注目した1964年の東京五輪では、この大会まで100ヤード（91.44m）を含めて49連勝中だった21歳のヘイズ（Bob Hayes 米国）が、準決勝で追い風参考記録ながら9秒9で走って期待が高まります。決勝では2位に2mの大差をつける圧倒的な強さで10秒0をマーク。当時の規則に沿った手動計時では9秒9でしたが、電気計時（10秒01）をもとにした公式記録は10秒0の世界タイ記録で、惜しくも人類初の9秒台はなりませんでした。

ハインズが初の９秒台

初の栄冠を手にしたのはハインズ（Jim Hines 米国）でした。1968年の全米選手権準決勝でついに9秒9をマーク。同日の準決勝で同タイムをマークしたスミス（Ronnie Ray Smith）とグリーン（Charlie Greene）も9秒台スプリンターの仲間入りをしました。ハインズは、海抜2240mの高地で初の合成樹脂製トラックを使用して開催されたメキシコ五輪では9秒9（9秒95）で優勝し、電気計時で初めて10秒を切った選手になりました。空気抵抗の小さい高地での記録を国際陸連はそのまま公認しましたが、現在では「高地記録」として別扱いされています。

平地の電気計時で最初に9秒台をマークしたのは、1983年に9秒97で走ったルイス（Carl Lewis 米国）で、ハインズの記録の15年後でした。ルイスは同年の第1回世界選手権ヘルシンキ大会で3冠（100m、4×100mR、走幅跳）に輝きました。翌年のロサンゼルス五輪ではオーエンスに続く4冠を達成。1988年ソウル五輪では100mで2位にとどまりますが、1位でフィニッシュしたジョンソン（Ben Johnson カナダ）がドーピング違反によって記録（9秒79）を抹消されたことで、この時の9秒92が世界記録とされました。ルイスは1991年世界選手権東京大会では9秒86で快勝し、文句なしの世界記録を樹立しました。2位のバレル（Leroy Burrell 米国）も従来の記録を上回る9秒88で走り、6位までが9秒台という空前のレースでした。

図14 1932年ロサンゼルス五輪100m決勝の吉岡隆徳（左端）

図15 1936年ベルリン五輪4冠のオーエンス。地面に穴を掘ってスタートする200m

図16 1968年に初めて10秒の壁を破ったハインズ

図17 1991年世界選手権東京大会で9秒86の世界記録で優勝したルイス

column

電気計時で阻まれた「人類初」

100mで人類初の9秒台が期待された1964年東京五輪のヘイズは、圧倒的強さでしたが、公式記録は10秒0で惜しくも「10秒の壁」突破はなりませんでした。当時の規則による手動計時（9秒9、9秒9、9秒8）では文句なしの世界記録でしたが、「人類初の9秒台」の栄誉は五輪史上初めて採用された電気計時によって阻まれたのです。

手動計時では、電気計時より平均で0秒2前後タイムが速くなるとされていますが、東京五輪では号砲から時計を0秒05遅らせてスタートさせる競技者には不利な設定でした。その結果、ヘイズのタイム「10秒01」は、当時のルール（四捨五入処理）で10秒0になりました。

東京のトラックはアンツーカー製でした。合成樹脂製トラックと、キックでロスが出る土のトラックでは、記録の差が0秒2前後ある（土のトラックの方が遅くなる）ことが後の研究で明らかになっています。ヘイズはしかも、他のレースで荒らされていた1レーンを走っています。4×100mRでは、米国のアンカーで5～6番手から一気にごぼう抜きして金メダルを獲得。後に本人が「過去のどんなレースよりも速く走れた。あの時のトラックでも9秒80くらいでは走れただろう」と語ったほどの爆走でした。

ヘイズは筋肉の塊のような体の有望なフットボール選手でもありました。五輪後はプロフットボールNFLのダラス・カウボーイズ入りし、快速のワイドレシーバーとして大活躍し、1971年のスーパーボウル制覇に貢献しました。五輪の金メダルとスーパーボウルの優勝リングの両方を手にした唯一の選手。がんのため、2002年に59歳で死去しました。

ジャマイカ勢が短距離界を席巻

1992年のバルセロナ五輪はクリスティ（Linford Christie 英国）が制し、続くアトランタ五輪ではベイリー（Donovan Bailey カナダ）が9秒84と大きく世界記録を短縮して金メダルを獲得。ともにジャマイカ出身のスプリンターが世界を席巻しました。1999年にはグリーン（Maurice Greene 米国）が初の9秒70台となる9秒79をマークし、翌年のシドニー五輪で2種目（100m、200m）を制覇。21世紀を迎えた2005年には再びジャマイカ勢のパウエルが9秒77と記録を短縮しました。パウエルはこの記録をさらに2度マークし、2007年には9秒74で走って4度の世界記録樹立を果たしました。

その記録を同じジャマイカ出身のボルトが次々に書き換えます。ジュニア時代から200mでは非凡な才を発揮していた大型スプリンターでしたが、大幅に筋力を強化して100mで突然に開眼し、2008年6月に9秒72の世界記録を樹立。8月の北京五輪ではそれを上回る9秒69で制し、200m（19秒30）、4×100mR（37秒10）の3種目で世界記録をマークする異次元の強さで優勝し、一躍スーパースターの座に就きました。

ボルトは翌年の世界選手権ベルリン大会では、100mで9秒58、200mでも19秒19の驚異的な世界記録を樹立。五輪では続くロンドン、リオデジャネイロでも両種目を制し、3大会で金メダル9個（後にリレー1個は他選手のドーピング違反のためはく奪）を手にします。世界選手権では合計で金メダル11個（リレーの4個を含む）を獲得する空前の成績を残し、スプリントの頂点を極めました。

日本勢では、1912年ストックホルム五輪に三島弥彦が初参加しますが、欧米勢との力の差を見せつけられます。1925年に谷三三五が国内初の10秒

表1　男子100m 世界記録の主な変遷

記録	競技者(国)	年	備考
12.0h	T. バーク(米国)		クラウチングスタートで1896年アテネ五輪金
10.6h	D. リピンコット(米国)	1912	国際陸連初の公認記録、ストックホルム五輪銅
10.4h	C. パドック(米国)	1921	「万歳フィニッシュ」でWR、アントワープ五輪金
10.2h	J. オーエンス(米国)	1936	ベルリン五輪4冠(100、200、400R、走幅跳)
10.0h	A. ハリー(西独)	1960	ローマ五輪金、五輪前に初の10秒0
10.0h(10.06)	B. ヘイズ(米国)	1964	東京五輪金、10秒0世界タイ(電気10秒06、手動9秒9)
9.9h(9.95)	J. ハインズ(米国)	1968	メキシコ五輪で初の9秒台で金(手動9秒9、電気9秒95)五輪前に初の9秒9
9.86	C. ルイス(米国)	1991	ロス五輪4冠、五輪連覇、WC3連覇、平均速度最速タイ(91-95)
9.79	M. グリーン(米国)	1999	最初の9秒7台、シドニー五輪金、97年WC3冠(100、200、400R)
9.69	U. ボルト(ジャマイカ)	2008	北京/ロンドン/リオ五輪100、200mで3連覇、五輪金8(1個はく奪)
9.58	U. ボルト(ジャマイカ)	2009	09年WCでWR金、WC3大会金、平均速度最速(09年~)

注)年:世界記録樹立年、h:手動計時、WR:世界記録、WC:世界選手権

台（10秒8）をマークしますが、世界との隔たりは依然大きいままでした。

この差を一気に縮めたのは吉岡隆徳でした。「ロケットスタート」を武器にロサンゼルス五輪では決勝進出を果たします。1935年には10秒3の世界タイを2度マークしました。その吉岡の指導を受けた飯島秀雄が、吉岡の記録を破る10秒1をマークしたのは29年後の1964年。大きな期待を受けた同年の東京五輪では準決勝敗退でしたが、国際的な舞台で活躍しました。電気計時になってからは1998年に伊東浩司が出した10秒00が厚い壁になり、2017年に桐生祥秀が9秒98で走ってようやく9秒台に突入しました。現在の日本記録は2021年に山縣亮太がマークした9秒95です。2022年世界選手権オレゴン大会では、サニブラウン・アブデル・ハキームが日本選手で初めて決勝に進出して7位に入賞（10秒06）。世界大会では1932年ロサンゼルス五輪の吉岡隆徳以来90年ぶりの快挙でした。

column

ストップウォッチの出現

草創期の陸上競技会では、長く「5分の1秒計」が計測の主役でした。

もともと医療現場で患者の心拍数計測を目的に開発されたストップウオッチでしたが、スポーツに用いられたのは1820年代の馬術競技の持ち時間を測定したのが最初でした。1896年の第1回アテネ五輪には、スイスのロンジン社が「1/5秒計」を大会に間に合わせて開発。1912年にリピンコットが樹立した最初の国際陸連公認の世界記録も、10秒3/5（10秒6）と表記されています。

秒速10mを超える種目を1/5秒計で計測するのはそもそも無理がありましたが、当時はこれが精いっぱい。本格的に「1/10秒計」が採用されたのは1932年ロサンゼルス五輪からで、スイスのオメガ社が開発した最新鋭器がオフィシャルタイマーを務めました。着順が全てだった時代から、主役の座はタイムへと移り変わります。さらに1935年には、200mまでの種目と走幅跳、三段跳では、風速が＋2.0m以下の記録が公認されることとなりました。

ストップウォッチの精度はあがったものの、もともと、計時員の“反射神経”に頼る手動計時の精度には限界がありました。計時員は100m先のピストルの合図（白煙＝光）でストップウオッチを押しますが、人間の反応時間では目から入った刺激でボタンを始動させるまでに0秒2前後を要します。さらに、ゴール前では走り込んでくる走者のフィニッシュを予測し、早めにボタンを押す傾向があり、電気計時と比較すると0秒2～0秒3の誤差（実際の記録より速くなる）が生まれます。1977年に電気計時による記録だけが公認されるまでは、電気計時と手動計時では「0秒24」の誤差があると認識されていました。「10秒24」の電気計時記録は、手動なら「10秒0」に匹敵するとの見立てでした。

加えて、当時の主要競技会では1人の選手を3人の計時員が計測しますが、「10秒2、10秒3、10秒4」と分かれた場合は、公式記録は10秒3となります。優先されるのは着順で、2位とされた選手のタイムが、1位と判定された選手のタイムより速い場合は、1位の選手は2位の選手のタイムに調整されます。

現在では電気計時で1000分の1秒単位（発表は1/100秒単位）の精密な測定ができますが、目視による着順判定と計時から電気計時へ移行するには1世紀近い時間を要しました。

表2　男子200m 世界記録の主な変遷

記録	競技者(国)	年	備考
21.2sh	B. ウェファース(米国)	1896	国際陸連初の直走路公認記録
22.2ch	J. テュークスベリー(米国)		1900年パリ五輪(曲走路)初代優勝者
20.8sh	C. パドック(米国)	1921	直走路で初の20秒台
20.3sh	J. オーエンス(米国)	1935	ベルリン五輪金(20秒7)
19.8h(19.83)	T. スミス(米国)	1968	メキシコ五輪金WR(直走路19秒5:66年)平均速度最速(68年-78年)
19.72	P. メンネア(イタリア)	1979	高地でのWR、平均速度最速(79年-94年)
19.32	M. ジョンソン(米国)	1996	アトランタ五輪WR金、WC優勝2回、平均速度最速(96年-08年)
19.30	U. ボルト(ジャマイカ)	2008	北京五輪金WR、五輪3連覇、平均速度最速(08年)
19.19	U. ボルト(ジャマイカ)	2009	09年WCでWR金、WC4連覇、WC3大会で3冠、金11

注)S:直走路、C:曲走路、h:手動計時、年:世界記録樹立年、WR:世界記録、WC:世界選手権

直走路もあった200m

古代オリンピアでは競技が始まって以来50年以上もスタディオン競走のみが実施されていました。現在の200mは競走距離がスタディオン競走に近く、古代ギリシャの原初的なレースが現代につながっている種目といえます。200mは曲走路で実施されるのが通常ですが、古代ギリシャの競技場は直走路でした。近代陸上競技黎明期にはしばしば直走路でも行われていました。五輪では1900年パリ五輪から曲走路種目として登場し、チュークスベリー(John Tewkesbury 米国)が22秒2で優勝。その後の大会も全て曲走路で実施されています。

1956年には公認記録は曲走路に限る規則となり、過去にさかのぼって曲走路の記録を公認しました。1968年からは走路が加速や最大速度だけでなく、速度維持に効率的な全天候型に変わるなど競技環境が向上します。1977年からは電気計時のみが世界記録として認められました。直走路の最高記録はスミス(Tommie Smith 米国)が1966年に樹立した19秒5です。記録と競走距離から平均速度で比較すると、1968年からの40年間のほぼ大半の期間で200mが最速種目の座を占めています。例外は100mと200mが同速度だった1991年からの３年間と、100mが最速となった1994年からの2年間。2009年以降は、ボルトが9秒58の大記録を樹立したことで、100mが最速種目の座を占めています。

図18の競技者名は各時期の最速選手を示しています。200mでは長身でスピード持続力に優れた選手が高いパフォーマンスを発揮し、1968年メキシ

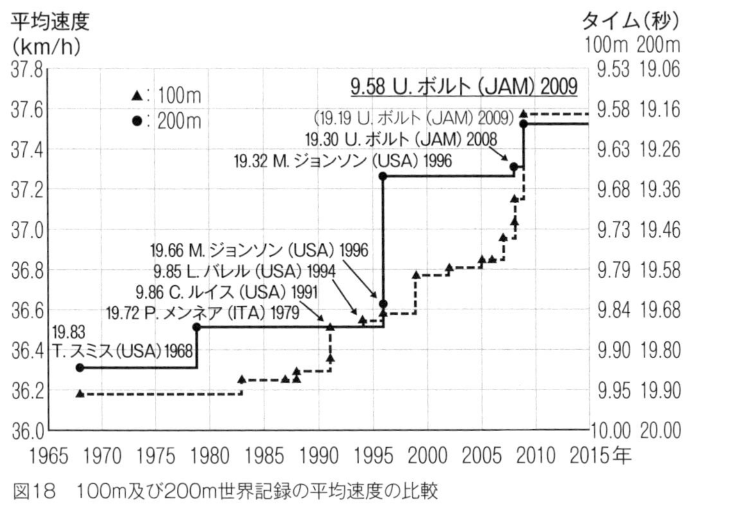

図18　100m及び200m世界記録の平均速度の比較

コ五輪で初の19秒台（19秒8＝電気計時19秒83）を記録したスミスらスペシャリストが出現しました。

スミスは五輪の表彰式で、銅メダルの僚友カーロス（John Carlos）とともに黒手袋をした拳を高く掲げるパフォーマンスで黒人差別に抗議しました。米国オリンピック委員会は、これを五輪憲章で禁止されている政治的行動だったとして選手村から追放。2人は長く不遇でしたが、後に名誉回復されています。

そのスミスの記録を更新したのは、1979年に同じ競技場で開かれたユニバシアード大会で19秒72で優勝したイタリアのメンネア（Pietro Mennea)。17年間破られなかったこの記録を、1996年のアトランタ五輪米国代表選考会でジョンソン（Michael Johnson）が19秒66に書き換え、五輪本番ではさらに大きく更新する19秒32で優勝しました。不滅とされたこの記録を、2008年北京五輪でジャマイカのボルト（Usain Bolt）が19秒30に更新し、さらに翌年の世界選手権ベルリン大会で19秒19まで引き上げ、現在に至っています。

日本選手では、2003年世界選手権パリ大会で銅メダルを獲得した末續慎吾の快走が特筆されます。末續は同年に20秒03の日本記録を樹立しています。

column

ボルトはピッチ型!?

近年のスプリント界はジャマイカ勢の活躍が目立ちます。中でも、パウエル（Asafa Powell）、ボルトの両選手はともに1m90を超える長身。2人で100m、200mにおいて計9回も世界記録を樹立し、リレーでも世界記録を3回更新しています。

走速度は「ピッチ×ストライド」で表されます。男子ではボルトの最大速度でのストライド（277cm：身長196cm）は過去最大の計測値。それに続くのは米国勢のルイス（271cm：身長188cm）や、バレル（Leroy Burrell 264cm：身長180cm）ですが、身長比ではボルトが1.41、ルイスが1.44、バレルが1.47となり、ボルトは3人の中では最小です。ピッチを見ると、1秒当たりでボルトが4.49、ルイスが4.45、バレルが4.50回となっています。

ボルトの実測値からはストライドタイプと見えますが、果たしてそうなのでしょうか？　宮代賢治ら（2013年）は、身長と100m走タイムからピッチやストライドなどの至適な値を提示するために多くのデータを集め、競技レベルに応じた身長別のモデルピッチやストライドなどを探りました。

これを9秒58で走った身長196cmのボルトに当てはめると、100mでの総歩数は40.0歩（誤差範囲37.13－42.87歩、40.0歩で求めた平均ストライド2.5m、平均ピッチ4.18回／秒）に相当します。実際には40.92歩（平均2.44m、平均ピッチ4.27回／秒）で走っています。身長を考慮すれば、ボルトはストライド型よりもむしろピッチ型に分類されます。高い長身の割に素早く動い

図19 2009年に100mで9秒58の世界記録を樹立したボルト（中央）

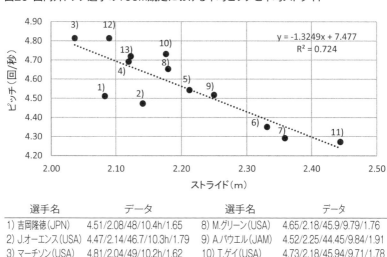

図20 国内外トップ選手の100m競走における平均ピッチと平均ストライド

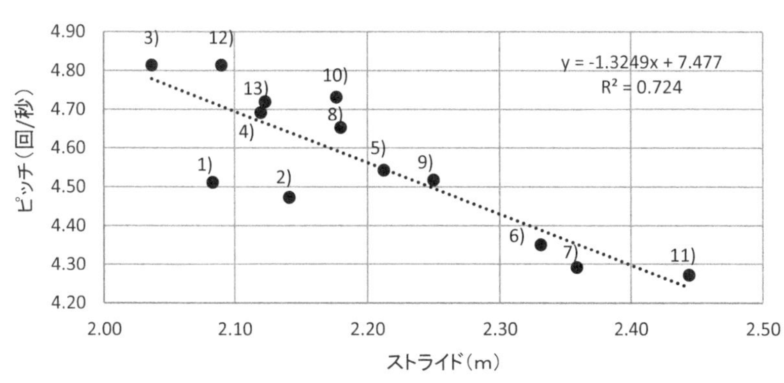

選手名	データ	選手名	データ
1) 吉岡隆徳（JPN）	4.51/2.08/48/10.4h/1.65	8) M.グリーン（USA）	4.65/2.18/45.9/9.79/1.76
2) J.オーエンス（USA）	4.47/2.14/46.7/10.3h/1.79	9) A.パウエル（JAM）	4.52/2.25/44.45/9.84/1.91
3) マーチソン（USA）	4.81/2.04/49/10.2h/1.62	10) T.ゲイ（USA）	4.73/2.18/45.94/9.71/1.78
4) B.ヘイズ（USA）	4.69/2.12/47.2/10.06/1.80	11) U.ボルト（JAM）	4.27/2.44/40.92/9.58/1.96
5) J.ハインズ（USA）	4.54/2.21/45.2/9.95/1.83	12) 山縣亮太（JPN）	4.81/2.09/47.9/9.95/1.77
6) C.ルイス（USA）	4.35/2.33/42.9/9.86/1.88	13) 桐生祥秀（JPN）	4.72/2.12/47.1/9.98/1.76
7) L.バレル（USA）	4.29/2.36/42.4/9.85/1.80		

備考）データ欄は順に100mの平均ピッチ（回/秒）/平均ストライド長（m）/100mの総歩数（歩）/100mタイム（秒）/身長（m）、h:手動計時:電気計時換算時は手動タイム+0.24秒、JAM:ジャマイカ
図中の破線は13選手の近似傾向、数式は近似式、R^2:決定係数

ていることが、圧倒的な記録を生み出した要因と言えます。

人類はスピードの壁を次々と突破してきましたが、次世代の最速争いはどんなスプリンターが主役になるのでしょうか。

100年前のリレー記録に迫る400m

古代オリンピアの祭典競技では、第14回大会からスタディオンを往復するディアウロス競走（384.54m）が加えられました。現在では短距離種目とされる400mですが、明治の移入期には「300mから1500mまで」が中距離種目と位置付けられていました。短距離種目とみなされたのは昭和に入ってからです。

1896年の第1回アテネ五輪から実施された400mですが、同大会のトラック（右回り）はコーナーが急で走りにくく、100mも制したバークの優勝タイムは54秒2の凡記録でした。続くパリ五輪はコーナーの緩い1周500mのトラック（右回り）で行われ、優勝記録はアテネ五輪を大きく上回る49秒4でした。

再びアテネで開かれた中間五輪でも優勝記録は53秒2と低調で、カーブがきついトラックでは記録が望めないことが実証されます。その後は左回りの400mトラックが標準となり、1939年に46秒0まで記録が伸びました。第二次大戦後はジャマイカ勢が台頭して45秒台を連発。1948年ロンドン、52年ヘルシンキ五輪を連覇し、一時代を築きました。

図21 リオデジャネイロ五輪で43秒03の世界記録を樹立したファンニーケルク

その後は米国のアフリカ系選手たちが席巻。記録は44秒台に伸び、1968年メキシコ五輪ではエバンス（Lee Evans 米国）が43秒8の大記録を出して43秒時代に突入しました。電気計時最初の公認記録はこのときのエバンスの43秒86です。この記録は高地で樹立されたこともあり、1988年のソウル五輪直前にレイノルズ（Butch Reynolds 米国）が43秒29で走るまで、更新に20年を要しました。さらに、レイノルズの記録を破ったのは200m世界記録保持者のジョンソンで、1999年世界選手権セビリア大会で43秒18をマークし、2種目の記録保持者となりました。2人のレースの特徴は、前後半の差がそれぞれ「0秒5」「0秒74」と小さく、後半もスピードの落ちない走法だったことでした。

メキシコ五輪からほぼ半世紀後の2016年リオデジャネイロ五輪では、ファンニーケルク（Wayde Van Niekerk 南アフリカ）が43秒03で快勝しました。スタートから飛び出し、100mから200mまでの100mを史上初の9秒台で通過して逃げ切る圧巻のレースで、前後半の差1秒87で走り抜きました。ほぼ1世紀前のストックホルム五輪4×100mリレーの優勝記録は42秒4でしたが、これに迫る素晴らしい走りでした。

日本勢では、1992年バルセロナ五輪で決勝に進出（8位）した高野進が、五輪前年の6月に44秒78の日本記録をマーク。高野は88年9月に44秒90、91年8月にも44秒91で走った日本で唯一の44秒台スプリンターです。

表3 男子400m 世界記録の主な変遷

記録	競技者(国)	年	備考
54.2h	T. バーク(米国)		1896年アテネ五輪100mとの2冠
47.8yh	M. ロング(米国)	1900	国際陸連初の公認記録、パリ五輪金
45.8h	G. ローデン(ジャマイカ)	1950	ヘルシンキ五輪/WRの1600Rとの2冠
44.9h	O. デービス(米国)	1960	ローマ五輪金/1600R金、C. カウフマン(西独)と初の44秒台
43.8h(43.86)	L. エバンス(米国)	1968	メキシコ五輪金(初の43秒台)WR1600Rとの2冠
43.29	B. レイノルズ(米国)	1988	ソウル五輪銀/1600R金WRタイ
43.18	M. ジョンソン(米国)	1999	アトランタ/シドニー五輪連覇、WC4連覇(99年大会でWR)
43.03	W. ファンニーケルク(南ア)	2016	リオ五輪金WR、100m9秒94、200m19秒84の記録保持者

注)年:世界記録樹立年、h:手動計時、y:440ヤード、WR:世界記録、WC:世界選手権

5 女子の短距離競走

初めて五輪に女子の種目が加わった1928年アムステルダム大会では、女子短距離種目は100mの1種目だけでした。200mが加わったのは1948年ロンドン大会からで、400mは1964年東京大会からでした。男女の種目数格差は長く続きました。

クン夫人の4冠で脚光

国際女子スポーツ連盟(FSFI)が認定した100mの最初の世界最高記録は、1922年にメジリコバ(Marie Mejzlíková チェコスロバキア)がマークした13秒6でした。FSFI時代最後の最高記録はポーランドのワラシェビッチ(Stanislawa Walasiewicz)が樹立した11秒8でした。

1948年ロンドン五輪ではクン夫人("Fanny" Blankers-Koen オランダ)が100m、200m、80mH、4×100mRを制し、女子で初の五輪4冠に輝いて短距離種目が一躍、脚光を浴びます。1973年にはシュテッヘル(Renate Stecher 東独)が初めて11秒の壁を突破する10秒9をマーク。1977年には同国のエルスナー(Marlies Oelsner/Göhr、後に結婚してゲールと改姓)が超ピッチ走法で10秒88の記録を出し、電気計時でも10秒台に突入しました。後にドーピングが広く浸透していたことが明らかになりますが、当時の東ドイツ勢の活躍は際立っていました。

1988年ソウル五輪の米国代表選考会では、ジョイナー(Florence Grif-

表4　女子100m 世界記録の主な変遷

記録	競技者(国)	年	備考
13.6h	M. メジリコバ(チェコスロバキア)	1922	FSFI初の公認記録
12.2h	人見絹枝	1928	第15回日本選手権(大阪)
12.2h	B. ロビンソン(米国)	1928	アムステルダム五輪で初代女王WRタイ
11.7h	S. ワラシェビッチ(ポーランド)	1934	国際陸連初の公認記録、ロス五輪金、ベルリン五輪銀
11.5h	F. クン(オランダ)	1948	ロンドン五輪で女子初の4冠(100、200、80H、400R)
11.0h (電気計時11.08)	W. タイアス(米国)	1968	東京／メキシコ五輪連覇(メキシコでWR11秒08)
10.9h	R. シュテッヘル(東独)	1973	初の11秒突破、ミュンヘン五輪WR(11秒07、22秒40)で2冠
10.88	M. エルスナー(東独)	1977	電気計時初の10秒台、83年WC金／1600Rとの2冠
10.79	E. アシュフォード(米国)	1983	ロス五輪金／400Rと2冠
10.49	F. ジョイナー(米国)	1988	ソウル五輪3冠、五輪前のWRは現在まで平均速度最速

注)年:世界記録樹立年、h:手動計時、WR:世界記録、WC:世界選手権

fith-Joyner）が10秒49という異次元の世界記録を樹立。五輪の本番でも追い風参考（＋3.0m）ながら10秒54で優勝しました。200mでも21秒34の世界記録を樹立し、4×100mRとあわせて五輪3冠を達成。両種目の記録はいまだに破られていません。ジョイナー後、世界記録は更新されていませんが、男子同様に1990年代以降のジャマイカ勢の活躍は目覚ましく、フレイザー・プライス（Shelly-Ann Fraser-Pryce）が北京とロンドンの両五輪で連覇を達成。続くリオデジャネイロ、東京2020五輪では同国のトンプソン・ヘラー（Elaine Thompson-Herah）が200mとの2種目で連覇を果たす大活躍でした。2人の記録は歴代3位と2位の10秒60と10秒54で、難攻不落だったジョイナーの記録に肉迫しています。

日本勢では1928年に人見絹枝が世界記録を樹立しましたが、それに続く選手が現れず、1964年東京五輪の80mHで5位に入った依田郁子が1960年代前半に11秒6まで記録を伸ばしたのが目立つ程度。21世紀に入ってからは2014年広州アジア大会で100m、200mの2冠に輝いた福島千里が100mで11秒21、200mでも22秒88の日本記録を出し、長く女王の座を保ちました。

女子の最速種目は、平均速度で100mと200mを比較すると100年間の大部分の期間が100mでした。唯一、コッホ（Marita Koch 東独）が1979年に200mで21秒71の記録を出し、同国のゲールが83年に100mで10秒88を出すまでの4年間は200mが優っていました。女子の最速、ジョイナーの

図22 スプリント種目でも欧州勢を圧倒した人見絹枝

図23 1988年ソウル五輪で女子短距離3冠を達成したジョイナー

100mの平均秒速は9.53m（時速34.3km）です。

スピード持久力は欧州勢優位

FSFIに初めて公認された200mの世界最高は、キャスト（Alice Cast 英国）が樹立した27秒8でした。1928年にロンドンで行われた英国女子選手権の準決勝で、人見絹枝が220ヤードで25秒8（非公認ながら当時の世界最高）をマークし、決勝では26秒2で優勝しています。

国際陸連時代になってからも、23秒台から22秒台へは長い年月を要しますが、1960年のローマ五輪米国代表選考会でルドルフ（Wilma Rudolph）がついに22秒9をマーク。1974年にはシェビンスカ（Irena Szewinska ポーランド）が22秒0の手動計時最高（電気計時で22秒21）を樹立しました。

電気計時では、東ドイツのコッホが1978年に22秒06で走り、翌年には4度目の世界記録21秒71をマークしました。現在の世界記録は、100mの記録保持者のジョイナーが1988年に樹立した21秒34。この種目は伝統的に欧州勢が優勢でしたが、近年ではジャマイカ、米国勢が圧倒しています。

ジョイナー以降では、アトランタ五輪でペレク（Marie-José Pérec フランス）が200mと400mの2冠を達成し、その後はジャマイカと米国がメダルをほぼ独占しています。ジャマイカのキャンベル・ブラウン（Veronica Campbell-Brown）がアテネ、北京両五輪で連覇を果たし、同国のトンプソ

表5　女子200m 世界記録の主な変遷

記録	競技者(国)	年	備考
27.8h	A. キャスト(英国)	1922	FSFI初の公認記録(500mトラック300mの途中計時)
24.7sth	人見絹枝	1929	直走路のWR:第5回女子体育大会(明治神宮外苑)
23.6h	S. ワラシェビッチ(ポーランド)	1935	初の23秒台、100/200でWR
22.9h	W. ルドルフ(米国)	1960	五輪3冠(100、200、400R)五輪前に初の22秒台WR
22.1h(22.38)	R. シュテッヘル(東独)	1973	ミュンヘン五輪2冠WR(11秒07、22秒40)
22.0h(22.21)	I. シェビンスカ(ポーランド)	1974	手動計時最高記録、メキシコ五輪金WR
21.71	M. コッホ(東独)	1979/84	83年WC金、WR4回、平均速度最速(79-83年)
21.34	F. ジョイナー(米国)	1988	ソウル五輪WRで金、現在もWR

注)年:世界記録樹立年、y:220ヤード、s:直走路、h:手動計時、WR:世界記録、WC:世界選手権

ン・ヘラーがリオデジャネイロ、東京2020両五輪でも連覇を達成。その間の2012年ロンドン五輪では米国のフェリックス（Allyson Felix）が悲願の優勝を果たしました。

世界で初めて60秒を切った人見

400mが五輪種目に加わったのは1964年東京五輪から。それより半世紀近く前のFSFI時代、英国のラインズ（Mary Lines）が440ヤードを64秒4で走ったのが最初の世界最高記録（1922年）となっています。1928年にはスーパーアスリートの人見絹枝が、奈良県の美吉野運動場で行われた第5回日本女子オリンピック大会で59秒0の世界最高記録を樹立。女子で史上初めて60秒を切ったのは特筆されるべきでしょう。

その後、1959年にイトキナ（Maria Itkina ソ連）が53秒4で走り、30年あまりの間に記録は5秒以上短縮されました。1964年東京五輪の初代女王は、52秒0で快勝したカスバート（Betty Cuthbert オーストラリア）でした。

その後この種目の伸びは目覚ましく、1974年には200mの世界記録保持者シェビンスカが50秒の壁を破る49秒9の大記録を樹立、これが手動計時での最高記録となりました。電気計時では1976年にブレーメル（Christine Brehmer 東ドイツ）が最初の49秒台となる49秒77をマークしています。

今も残るコッホらの大記録

1985年には200mの世界記録保持者コッホが、ワールドカップ大会（キャンベラ）で今も残る47秒60の大記録を打ち立てました。コッホはこの種目で世界記録を7回更新。200mの4回、リレーの4回を含めて世界記録を計15回も更新しました。男子は圧倒的に米国勢が強い種目ですが、女子では長く

欧州勢が主導権を握っています。

クラトフビロワからコッホ以後では、フランスのペレクがアトランタ五輪で歴代4位の48秒25をマークして連覇を達成。続くシドニー五輪では地元のフリーマン（Cathy Freeman）が優勝を飾りました。開会式で聖火に点火したフリーマンは、金メダルを獲得した初の聖火最終走者となりました。近年ではアテネ五輪を制したウィリアムズ・ダーリング（Tonique Williams-Darling)、リオデジャネイロと東京2020五輪を連覇したミラー・ウイボー（Shaunae Miller-Uibo）のバハマ勢が活躍。男子でも東京2020五輪でガーディナー（Steven Gardiner）が優勝しました。

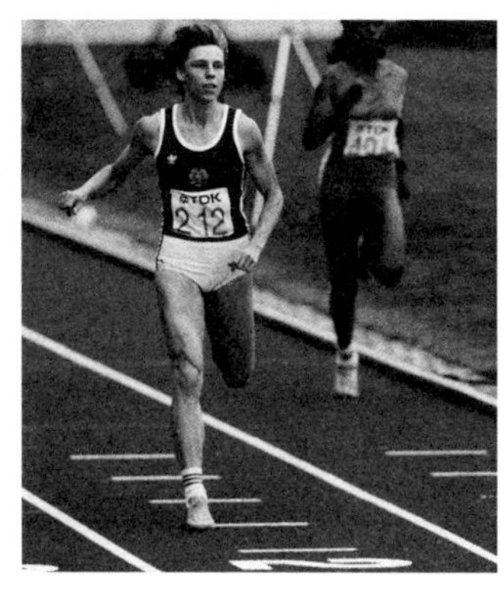

図24 今も破られない47秒60の世界記録を持つコッホ

日本勢では1982年アジア大会（ニューデリー）で高校生の磯崎公美が200m、400m、リレー2種目に優勝して4冠を達成し、同大会400mでは唯一の日本人優勝者となっています。現在の日本記録は丹野麻美が2008年に樹立した51秒75です。

女子の活躍の跡をたどると、現在の短距離3種目の世界記録は全て1980年代に樹立されたもので、現代のスポーツ科学と最新のトレーニングをもってしても越えられない超人的な記録ばかりです。ドーピング疑惑が絡むとはいえ、この厚い壁を乗り越える日が近いことを願いたいものです。

表6 女子400m 世界記録の主な変遷

記録	競技者(国)	年	備考
64.4yh	M. ラインズ(英国)	1922	FSFI初の公認記録
59.0h	人見絹枝	1928	初の60秒突破(世界最高)
57.0yh	M. マシューズ(豪)	1957	初の国際陸連公認記録
53.4h	M. イトキナ(ソ連)	1959	世界記録を55秒台から53秒台へ
52.0h	B. カスバート(豪)	1964	東京五輪WRで初代女王、メルボルン五輪3冠(100、200、400R)
49.9h	I. シェビンスカ(ポーランド)	1974	初の50秒突破、モントリオール五輪WR(49秒29)金
47.99	J. クラトフビロバ(チェコ)	1983	83年WC初の47秒台で金／800mとの2冠
47.60	M. コッホ(東独)	1985	モスクワ五輪金、83年WC200m金、WR7回

注）年:世界記録樹立年、y:440ヤード、h:手動計時、WR:世界記録、WC:世界選手権

column

広く深く浸透するドーピング

語源は戦いの前の強い酒

ドーピングの語源は南アフリカの先住民、カフィール族が祭礼や戦いの際に飲んで士気を高めた強い酒（dope）とされます。古代オリンピア競技やローマ帝国の戦車競走の馬に使用した記録もあり、近代五輪でも草創期から行われていたことが明らかになっています。

瞬発系の種目では興奮剤や筋肉増強剤、持久系の種目ではヘモグロビンなど血液成分を増加させる薬物が使われます。近代では、19世紀に競走馬へカフェイン、モルヒネ、コカインなどが使用され、次第にスポーツ界で人間にも用いられるようになりました。自転車競技やサッカー選手らが、カフェイン、コカインなどを使用した記録が残っています。

国際陸連は1928年に興奮剤の使用を禁止しますが、検査が伴わず実効性に欠けました。1950年代に入ると、筋肉そのものを強化して競技力を向上させるたんぱく同化剤のアナボリックステロイドが登場し、急速にスポーツ界に広まります。そんな中、1960年のローマ五輪で、興奮剤のアンフェタミンを摂取した自転車選手1人が死亡する事件が起こり、IOCは2年後に対策に乗り出しますが、小規模な検査が行われただけでした。

検査が本格化したのは1976年のモントリオール五輪からでしたが、ソ連・東欧勢が国家の威信をかけて研究した高度なドーピング戦略を突き崩すのは難しかったのです。検査手法が進歩しても、検出困難な新たな薬物の開発が相次ぎ、ドーピングの痕跡を消す利尿剤による「マスキング」使用も頻発。筋力向上に効果がある男性ホルモン（テストステロン）を注入することも行われますが、もともと人体に存在するホルモンであるため、違反の判定は一段と難しくなっています。

金メダリスト失格の衝撃

1988年ソウル五輪では、陸上男子100mで金メダルに輝いたベン・ジョンソン（カナダ）から筋肉増強剤のスタノゾロールが検出され、世界に衝撃を与えました。ジョンソンがマークした9秒79の世界記録は抹消され、金メダルもはく奪されました。ドーピングに対する批判が高まり、検査の重要性が叫ばれましたが、直後にソビエト連邦が瓦解し、ベルリンの壁も崩壊。ドーピングに関する多くの情報や専門家が拡散し、中国を筆頭に世界中へ広く深く浸透する結果になりました。

近年では、持久力向上を狙う造血ホルモン、エリスロポエチン（EPO）が登場した他、自分の血液を抜いて保存して競技前に体内へ戻すことによって持久力向上を狙う「血液ドーピング」という抜け道も使われています。これらは通常の検査では検出されにくいため、選手の日ごろの血液組成を記録して変化を追跡する「生体パスポート」が開発されています。これはテストステロン値などで異常な数値が検出された場合は、禁止薬物が検出されなくてもドーピング違反とみなす仕組みです。

「遺伝子ドーピング」も可能になっています。瞬発力、持久力など機能別に人工遺伝子を注入し、競技力を大幅にアップさせます。検出もほぼ不可能で、効果はけた違いと言われます。どのような副作用が生じるか予測不能で、生体の限界を超えた人造人間の誕生も考えられます。

反ドーピング機関と検査技術向上

スポーツ界のドーピング汚染は深刻さを増し、IOCは1999年に独立機関の世界ドーピング防止機構（WADA）を設立しました。違反根絶と公正な防止活動を促進する目的で、国際的な検査基準やドーピング違反に対する制裁手続きが統一され、世界各国に防止機関が発足しています。

違反した場合の処罰規定は、興奮剤系の比較的軽い違反の場合は3カ月程度の資格停止処分が科されますが、筋肉増強剤で陽性反応が検出されると初犯で2年間の資格停止となり、2度目では永久資格停止処分となります。うっかり違反物質を摂取した場合も処分の対象になりますが、情状によって処分が軽減されることもあります。

通常の薬物検査は競技後に選手の尿を採取して行いますが、競技会外で実施する「抜き打ち検査」もあります。世界レベルの選手はトレーニング期間の居場所を連絡することが義務付けられており、検査官が突然に来訪して尿サンプルを採取します。連絡場所に不在で年間3度検査を受けられなかった場合は、違反をしたと見なされて処分を受けます。尿検査では見つからない薬物を検出する血液検査も導入されています。

主要大会で採取された検体は、その後も保存されて新たな検査技術が開発されると再検査されます。その結果により陽性反応が検出された場合は、さかのぼって記録抹消やメダルはく奪などの処分が行われます。

図版の出典

図1:Grant, M.(1980) The Olympic Games. Kestrel Books, p.20.

図2:著者撮影

図3:ガーディナー,E.N.:岸野雄三訳(1981)ギリシアの運動競技. プレスギムナスチカ,写真59.〈Gardiner, E.N.(1930) Athletics of the Ancient World. Oxford at the Clarendon Press.〉

図4:Yalouris, N.(1994) The Olympic Games in Ancient Greece. Ekdotike Athenon S.A.

図5:ガーディナー,E.N.:岸野雄三訳(1981)ギリシアの運動競技.プレスギムナスチカ,写真62.〈Gardiner, E.N.(1930) Athletics of the Ancient World. Oxford at the Clarendon Press.〉

図6:Miller, S.G.(1995) Nemea. p.14.

図7:Shearman, M.(1887) Athletics and Football. Longmans, Green, and Co., p.196-197.

図8:Hahn, A.(1924) How to sprint. American Sports Publishing Co., p.200

図9:Hahn, A.(1924) How to sprint. American Sports Publishing Co., p.198

図10:IML/アフロ

図11:安田弘嗣(1925)青年の競技トラック・フィールド篇. 更新出版社, p.13.

図12:Hahn, A.(1924) How to sprint. American Sports Publishing Co., p.170.

図13:Bresnahan, G.T. and Tuttle, W.W.(1947) Track and Field Athletics. C. V. Mosby Company, p.57.

図14:アフロ

図15:ロイター

図16:アフロ

図17,19,21:AP

図22:鈴木良徳・川本信正(1956)オリンピック. 日本オリンピック後援会. p.55

図23:AP

図24:アフロ

第2章 リレー競走の歴史

1 リレー(relay)競走の由来

同じチームの仲間が心をひとつにしてバトンをつなぐリレー（以後R）競走には、五輪や世界選手権から小学校の運動会まで、人々を興奮させる特別な魅力があります。

大会の締めくくりで定着

多くの陸上競技会はこのリレー種目で締めくくられます。一体いつごろからこのような「しきたり」ができたのかは明らかではありませんが、国別対抗の1600mメドレーR（200＋200＋400＋800mR）は早くも1908年のロンドン五輪で実施されています。このレースでは米国が800m金メダリストのシェパード（Mel Sheppard）を起用し、ドイツを大差で退けました。

続く1912年ストックホルム五輪では、今日まで続く4×100mRと4×400mRが実施され、その後の多くの大会のフィナーレは4×400mRが飾ってきました。しかし、個人種目に比べると、リレーの歴史はそれほど古くはありません。

そもそも「リレー（relay)」という英語は、中世英語や古いフランス語で「予備に控えておいた猟犬や馬」を意味する「relais」や、「中継する」という意味を持つフランス語の「relayer」が語源です。「中継をする」「引き継ぎをする」という動詞の他に、「猟や旅で犬や馬が疲れた際に取って代わる予備」の意味があります。20世紀に入ると競泳など他競技でも用いられるようになりました。

図1 たいまつ競走が描かれた古代ギリシャのアッティカ赤絵つぼ
(左)たいまつを持って走る走者
(中)たいまつリレーをする2人の走者(紀元前450~425年)
(右)古代オリンピアのたいまつリレー(年代不明)

2 リレー競走誕生以前

パリのルーブル美術館に所蔵されるギリシャの古代遺跡出土品の中に、たいまつ競走が描かれたつぼがあります。英国の古代史学者ガーディナー博士(Dr. Norman Gardiner)の『ギリシャの運動競技』(1930年)によれば「古代ギリシャの競技会では、新しい清らかな火を祭壇までできるだけ早く運ぶことを目的とした祭礼的な種目として「たいまつ競走」が数多く行われていた」と述べられています。

このたいまつ競走は、アテネでは個人競走と団体競走がありました。個人競走は、燃え盛るたいまつを持ってアテネ郊外を出発し、市中の祭壇に最も早く運んできた者に賞品が与えられました。団体競走は、それぞれの部族を代表するメンバーがコースに沿って待機し、現代の駅伝競走のようにたいまつを引き継ぎました。人類にとって神聖な火を祭礼の場へ運ぶ重要な儀式は、近代五輪の聖火リレーにもつながっています。

リレー競走の起源を考えるうえでもう一つ参考になるのは、古代から世界各地で用いられていた「駅伝」です。中央政府が地方行政府との間で、政治・軍事・生活上の重要情報を人や馬を使ってできるだけ早く伝達するための手段でした。洋の東西を問わず広く行われていたことですが、日本では世界に先駆けて競技化し、現代の人気イベントになっていることはご承知の通りです（「第5章　駅伝競走の歴史」参照）。

3 「ペン・リレー」が起源

今日のトラック種目のリレー競走は、19世紀末の米国ペンシルベニア大学で行われたレースが起源とされています。開拓期の米国では、町ごとに馬を次々に乗り換え、広大な国土の東部と西部をつないで人や郵便物、情報を運搬する駅馬車が活躍しました。エリス（Frank Ellis）とゲイエリン（Laussat Geyelin）の2人は、この駅馬車や早馬（pony express）からヒントを得てバトンを受け渡し、次々に走り続ける競走を発案しました。

2人は個人競技の陸上競技の練習の中で、どうすれば個人の力を引き出せるのかと知恵を巡らせ、リレーに取り組むことでそれが達成できるのではないかと考えました。冬季トレーニングを終えた1895年のトラックシーズン幕開けに、プリンストン大学のリレーチームを招待する計画を発案。両校が1/4マイル（＝約402.34m）ずつ各4人が走って引き継ぎ、合計1マイル（＝1609.34m）を競いました。

レースは大きな盛り上がりとなり、2年後にはペンシルベニア州が全米の学生を集めたリレー競技会ペンシルベニアのリレー・カーニバルを開催。大会は120年を超える今日も「ペン・リレー」の愛称で毎年4月、シーズン開幕を告げる恒例のイベントとして数千人の学生アスリートを集め、満員の観客の中で盛大に開催されています。

他大学もこれに習い、1910年にアイオワ州とドレイク大学が始めたドレ

図2 大観衆を集める1920年代初頭のペン・リレー大会

図3 1915年ペン・リレー大会の1マイル・リレー。前方シャツ「P」はペンシルベニア大学、「H」はハーバード大学

イク・リレーも長い歴史を誇るイベントで、米国の2大リレーとされる伝統の大会です。米国では各地でこの種のリレー大会が盛んに行われており、この伝統が陸上王国を支えていると言っても過言ではないでしょう。

4　草創期には体へタッチ

草創期のリレー競走ではバトンは用いられておらず、引き継ぎ時には体の一部にタッチする方法でした。これでは正確に引き継いだかどうかの判定が難しかったため、ひも状の引き継ぎ用具が用いられます。やがてより引き継ぎに便利な木製バトンが考案され、長さ、重さなどの規格が定まり、現在の規則へつながっています。近年まで「バトンタッチ」と呼び習わされたのは、初期の「身体へのタッチ」の歴史があったからです。また、引き継ぎ区間として20ヤード（18.28m）の「テイク・オーバー・ゾーン」（通称リレー・ゾーン）を設け、この区間内でバトンの引き継ぎを行うルールが生まれました。

米国発のルールは五輪でも採用されましたが、メートル基準の20mに定まったのは半世紀後の1962年のこと。2年後には、4×200mの距離までのリレーではさらに10m以内の助走（通称ブルー・ゾーン）が認められ、次走者がより高速でバトンを受けとることができるようになりました。バトンの引き継ぎは、近年では「バトンパス」が正式用語となっています。

わが国で初めて導入されたのは、1913（大正2）年に陸軍戸山学校（現在の東京都新宿区）の運動場で行われた第1回陸上競技大会でした。種目名は英語の呼称のまま「リレー・レース」とされました。

5 五輪のリレー競走と世界記録

リレー種目では4×100mR、4×400mRの他にも、対校戦などで行われる北欧発祥のスウェーデンR（メドレーR；100＋200＋300＋400m）が知られています。この他、世界記録として公認されているのは4×200mR、4×800mR、ディスタンスメドレーR（1200m＋400m＋800m＋1600m）、4×1500mRがあります。

米国由来の種目でもあり、リレー種目では短距離王国が他を圧倒してきました。男子4×100mRで世界記録のほぼ半数を米国勢が更新してきましたが、今世紀に入ってからはジャマイカ勢の強さが目立ち、世界記録は2012年ロンドン五輪でマークした36秒84（カーター・フレイター・ブレイク・ボルト）にまで伸びています。日本記録は2019年世界選手権ドーハ大会でマークした37秒43です（詳細はコラム参照）。

新短距離王国のジャマイカには「チャンプス」と呼ばれる高校生の全国大会があり、中でもリレーは大観衆を沸かせるジャマイカ最大の人気種目となっています。近年のジャマイカ勢が走力だけでなくバトンミスが少ないのは、わが国の高校野球の甲子園大会並の国民的イベントとなっている大会の華、リレーに対する思い入れが強いからと言われます。

4×400mRでは米国の強さがいっそう際立ちます。1912年以降は常に全米記録が世界記録でした。例外は1952年ヘルシンキ五輪のジャマイカチーム。3分03秒9で米国を抑え、米国勢以外で唯一の世界記録をマークしています。初めて3分の壁を破ったのも1966年の米国チームで、現在の世界記録は1993年の世界選手権シュツットガルト大会で樹立した2分54秒29（バルモン・ワッツ・レイノルズ・ジョンソン）です。日本記録は2022年の世界選手権オレゴン大会で、アジアで初めて3分の壁を破って樹立した2分59秒51（佐藤・川端・ウォルシュ・中島）です。

図4 アムステルダム五輪女子4×100mR決勝

図5 東京2020五輪の男女混合リレー決勝

6 女子のリレー競走

1921年にモンテカルロで女子だけで開かれた第1回国際女子陸上競技大会では、1人が75mを走る300mRが行われ、英国が49秒6で優勝しています。当時は距離が固定されておらず、翌年の第1回女子オリンピック大会では4×110ヤードRが実施されました。

1928年アムステルダム五輪では女子4×100mRが採用され、カナダが48秒4の世界記録で初代チャンピオンの座に就いています。1970年代に入ると東ドイツがリレーでも高いパフォーマンスを発揮し、1985年に41秒37まで記録を伸ばしました。21世紀には男子同様にジャマイカが台頭しますが、2012年ロンドン五輪では米国（マディソン・フェリックス・ナイト・ジェッター）が意地を見せ、現在の世界記録40秒82で快勝しました。4×400mRは1972年ミュンヘン五輪から加わり、東ドイツが3分22秒95の世界記録で圧勝。1988年ソウル五輪ではソ連（レドフスカヤ・ナザロワ・ピニギナ・ブリズギナ）が米国を振り切って勝ち、現在も残る3分15秒17の世界記録を樹立しました。

日本記録は、4×100mRが世界選手権オレゴン大会で樹立した43秒33（青木益・君嶋・児玉・御家瀬）、4×400mRは世界選手権北京大会で樹立した3分28秒91（青山・市川・千葉・青木沙）です。

7 男女混合リレー競走

2014年から始まった世界リレー選手権では、4×100mR、4×200mR、4×

400mR、4×800mR、4×1500mRの男女各5種目が行われています。2017年の第3回大会からは男女混合の4×400mRが加わり、五輪では東京2020大会で初めて正式種目に採用されました。

短距離種目で男女が一緒に走るのは異例のこと。当初は走順が自由であったため、戦術を駆使したレース展開の妙味が生まれました。決勝では出場全チームが男子／女子／女子／男子の順で走り、ポーランド（ザレフスキ・カチマレク・シュフィエティ・ドゥシニスキ）が初代優勝チームとなりました。世界記録は米国（ロンドン・フェリックス・オコロ・チェリー）が2019年ドーハ世界選手権でマークした3分9秒34。男女の走順は、2022年から男子／女子／男子／女子の順に固定されることになりました。

column

日本男子チームの躍進

日本の男子4×100mリレーは1932年ロサンゼルス五輪で初入賞（5位）していますが、次に入賞を果たしたのは60年後のバルセロナ五輪（6位）のことでした。その後は2019年ドーハ世界選手権までに五輪と世界選手権で計4個のメダルを獲得。決勝出場の常連国となり、世界最高峰のパフォーマンスを発揮し続けています。ドーハ大会で樹立した37秒43の日本記録は、2022年時点で国別世界歴代4位という高い水準です。

躍進の要因はアンダーパス

躍進の要因は、小学校時代から慣れ親しんでいるオーバーハンドパス（以下オーバー）を、2001年の世界選手権エドモントン大会からアンダーハンドパス（以下アンダー）に切り替えたことでしょう。利得距離（渡し手と受け手の距離）が大きいオーバーで何度か失敗があり、利得距離は小さくても安全性が高く、受け手の加速がスムーズなことが導入の狙いでした。導入後の世界大会15大会（表1）では、五輪4大会（銀メダル2）と世界選手権10大会（銅メダル2）で入賞という素晴らしい成果を挙

表1　オリンピック及び世界選手権における日本チームの成績とバトンパスの方法

年	オリンピック	順位	タイム(秒)	年	世界選手権	順位	タイム(秒)	バトンパス
1932	ロサンゼルス	5	41.3	1983	ヘルシンキ	出場せず		オーバーハンド
1984	ロサンゼルス	出場せず		1987	ローマ	準決落ち	39.49(予)	↓
1988	ソウル	準決落ち	38.90	1991	東京	予選落ち	39.19	
1992	バルセロナ	6	38.77	1993	シュツットガルト	準決落ち	39.01	
				1995	ヨーテボリ	5	38.67(準)	
1996	アトランタ	予選失格		1997	アテネ	準決落ち	38.31	
				1999	セビリア	出場せず		
2000	シドニー	6	38.31(準)					
				2001	エドモントン	4*	38.54(準)	アンダーハンド
				2003	パリ	6*	38.58(準)	↓
2004	アテネ	4	38.49	2005	ヘルシンキ	8	38.46(予)	アンダー 1期
				2007	大阪	5	38.03	
2008	北京	2*	38.15	2009	ベルリン	4	38.30	
				2011	テグ	予選落ち	38.66	アンダー 2期
2012	ロンドン	4*	38.07(予)	2013	モスクワ	6	38.23(予)	
				2015	北京	予選落ち	38.60	
2016	リオ	2	37.60	2017	ロンドン	3	38.04	アンダー 3期
				2019	ドーハ	3	37.43	
2021	東京	決勝途中棄権	38.16(予)					↓

注）タイム(秒)：各大会の最高記録、*：上位国のドーピング違反での繰上り

表2　各期ベストタイムのレースタイム、シーズンベスト合計、利得タイム及び利得率

項目		オーバー期	アンダー 1期	アンダー 2期	アンダー 3期
年		2000年	2007年	2012年	2019年
大会名		シドニー五輪	Wch大阪	ロンドン五輪	Wchドーハ
レースタイム	秒	38.31	38.03	38.07	37.43
シーズンベスト合計	秒	40.77	40.65	40.69	40.235
利得タイム	秒	2.46	2.62	2.62	2.805
利得率	%	6.03	6.45	6.44	6.97

注）Wch：世界選手権。シーズンベスト合計：100mの記録と200mの記録÷2のよいほうを採用し、合計したため、1000分の1秒の値に数値が入ることがある。

げています。

背景には、日本チームの指導者や代表選手による科学的、合理的な取り組みがありました。「アンダー時代」を3期に分け、各期の取り組みと成果を確認します（表2は各期のベスト記録時のレース分析結果）。

第1期ではアンダー導入後、安全性と加速による利得が確認されました。オーバー時代より走力が上がり、バトンパスによる利得タイム（4人のシーズンベスト合計からレースタイムを差し引いた時間）や、走力に対する利得タイムの割合を示すバトンパスの巧みさ「利得率」も向上。アテネ五輪では4位に入賞し、メダルにあとひと息に迫ります。

第2期では新評価法として「40mタイム」の測定を導入し、続く北京五輪へ向け、日本陸連科学委員会のサポートを得てバトンパスの効果をデータで検証する作業を開始しました。テイク・オーバー・ゾーン（以

下バトンゾーン）の20mとその前後10mの「40mタイム」を計測。これによってバトンパスの精度がさらに高まり、北京での初メダル獲得につながりました。走力よりバトンパスの巧みさで獲得したメダルでした。

第3期では「新型アンダー」を導入します。これは2014年の仁川アジア大会（韓国）で中国に大差（0秒5）で敗れたことで、選手主導で課題を話し合って「新型アンダー」で利得距離を稼ぐプランを提起。アンダーの長所「安全性」を捨て、並走前にパスを完了して利得距離が小さいアンダーの弱点を克服する試みでした。

図6 以前のアンダーハンドパス（上）と新型アンダーハンドパス（下）

この新方式で2015年世界リレー選手権の銅メダルを獲得し、翌年のリオデジャネイロ五輪では米国を破ってジャマイカに次ぐ過去最高の2位でフィニッシュ。一気に37秒台へ突入する37秒60をマークしました。4人の走力は北京五輪時より向上し、決勝の「40mタイム」の計測（3カ所）では全チーム中最速で、合計11秒27（平均3秒76）とほぼ目標タイムを達成します。優勝したジャマイカや、3位のカナダ、失格した米国を上回りました。

バトンパス完了位置の平均が、他チームよりゴール寄りであったことも「40mタイム」が短縮した要因。バトンパスの巧みさに加え、走力がアップした成果でしたが、9秒台選手が不在での日本記録更新でした。

金メダルへの挑戦

2019年の世界選手権ドーハ大会では、日本は3人の9秒台選手を抱えるまでに走力が向上。日本記録を37秒43にまで伸ばし、前回ロンドン大会に続く銅メダルを獲得しました。決勝の4人（多田・白石・桐生・サニブラウン）のシーズンベストは合計40秒235（平均10秒06）でリオ五輪とほぼ同じでしたが、2人の9秒台選手が含まれていました。利得タイムは北京五輪と同じ2秒805で、利得率は過去最高の6.97％にまで上がり、高い疾走の潜在力と世界レベルの巧みなバトンパスが結実しました。

走力が向上するとともに、「40mタイム」検証により利得距離を増す新型アンダーの精度がさらに上がり、蓄積してきたアンダーへの取り組みの成果が相乗的に表れた時期といえます。

金メダルを目指した東京2020五輪は、予選を最下位の8番目で通過する苦しい状況。「勝負を賭けた」思い切ったバトンパスを試みますが、1走と2走で受け渡しに失敗して途中棄権となり、念願を果たせませんでした。3人の9秒台選手（山縣、桐生、小池）と、抜群のスタートが武器の多田という過去最強メンバーをそろえましたが、個人種目の100mに出場した3人がいずれも予選落ち。コンディショニングと走力の不足を露呈し、磨き上げたバトンパス技術も本番で発揮することはできませんでした。この悔しさをばねに、再びメダル争いの舞台へ復活してもらいたいものです。

（本コラムはスプリント研究第26巻に掲載された土江寛裕および小林海両氏の特集論文を基に再構成したものです）

図版の出典

図1（左）:著者撮影

図1（中）:Olivová, V.（1984） Sports and Games in the Ancient World. Orbis Publishing Limited, p.126.

図1（右）:Harris, H. A.（1972） Sport in Greece and Rome. Cornell University Press, p.104-105.

図2:Meredith, J. E.（"Ted"）（1924） Middle Distances and Relay Racing. American Sports Publishing Co., p124.

図3:Meredith, J. E.（"Ted"）（1924） Middle Distances and Relay Racing. American Sports Publishing Co., p134.

図4:McWhirter, R.（1972） The Olympics 1896-1972. Scott International, p.37.

図5:ロイター

図6:日本陸上競技連盟（2016年2月28日撮影）

第3章 中長距離競走の歴史

中距離競走の歴史

1 古代の中距離競走

古代オリンピア競技が始まった当時、中距離競走は行われておらず、短距離レースの「スタディオン走」だけでした。スタディオンを1往復する中距離走の「ディアウロス走」(384.54m) が加えられたのは半世紀後の第14回大会から。競技場跡には折り返し点と推測される敷石が残っており、「敷石の中央にある穴に立てられた折り返し用の支柱を回って走った」との説が有力ですが、走者別に折り返し用支柱が立てられていたとの説もあります。

2 賭け向きだった中距離競走

古代ギリシャの祭典競技が廃れた後は、中距離競走は社会生活において実用性が乏しかったため、イギリスでプロ選手が「賭け競走」として細々と行う程度となりました。やがて所要時間が長い長距離走が観客から飽きられ、全体像を把握でき、数分間で終わるなど、「賭け」に向いた要素をもつ中距離競走が盛んになりました。この種の賭けレースでは、「1マイル(1609.34m)走」が人気種目になりました。

ストップウォッチが出現するまでの記録は正確さに欠けますが、「ロンドンの路上で1787年、肉屋の職人とプロ走者ポウプが1マイル競走で競い、肉屋が4分30秒で勝った」と伝えられています。このほか、1825年には「1000ギニー (現代の数千万円に相当) もの大金を賭けたレースでチャンピオンが4分30秒で勝ち、この記録は1849年まで破られなかった」(M.Shearman『Athletics』) とあります。

図1 クリケット場で行われたオックスフォード大対ケンブリッジ大対校戦1マイルレース

3 中距離競走の始まり

中距離レースは1850年代以降、英国のパブリックスクールや大学の校内大会で盛んに行われるようになり、対校戦でも実施されました。卒業生が各地でクラブを設立、競技場も建設されて競技会開催も増えました。1864年3月に行われた第1回オックスフォード大対ケンブリッジ大対校戦で、アマチュアの競技会としては初の1マイル競走が行われ、ケンブリッジ大学のローズ（Rose）が4分59秒で優勝しました。1866年に開催された第1回アマチュア選手権でもローズが4分39秒で優勝。アマチュア選手がプロの記録を上回ったのは、当時のスーパースター、ジョージ（Walter George）が4分26秒4を出した1879年のことで、4分20秒を切ったのはその5年後でした。

わが国では、1878（明治11）年5月、札幌農学校（現北海道大学）の力芸（運動会）で、1マイルと半マイルの競走が行われています。1885年6月の東京帝大（現東京大学）では、英語教師ストレンジ（Frederick W. Strange 英国）が主導した運動会で880ヤード（804.67m）競走を実施しています。帝大の運動会は教育界にも大きな影響を及ぼし、全国の学校で運動会が普及して中距離競走が定着していきました。

4　1マイル4分の壁

19世紀後半の英国で発展した1マイルレースは、欧州では最も人気の高い種目。そのレースで「4分の壁」が大きなテーマになったのは、1923年に「空飛ぶフィンランド人」の異名を取ったヌルミ（Paavo Nurmi）が、4分10秒4の驚異的な記録を打ち立てて以降でした。1945年にヘッグ（Gunder Hägg スウェーデン）が4分01秒4まで短縮します。その後、サンティー（Wes Santee 米国）、ランディ（John Landy オーストラリア）ら世界のトップランナーが壁に挑みますが、ことごとくはね返されます。1マイルを4分以内で走ることはエベレスト登頂よりも難しいとされました。

破ることが困難な「人類の壁」に挑んだのは、英国の名門オックスフォード大学医学生のバニスター（Roger Bannister）でした。1954年5月6日、母校の競技場で3分59秒4の世界記録を樹立し、ついに4分の壁を突破します。

いったん「壁」が破られると次々に記録は更新され、4年後の1958年にはエリオット（Herb Elliott オーストラリア）が3分54秒5まで短縮しました。1975年にはウォーカー（John Walker ニュージーランド）が3分49秒4の大記録をマークし、現世界陸連会長のコー（Sebastian Coe）やオベット（Steve Ovett）ら英国勢の競り合いでさらに記録が短縮されました。

現在の世界記録は、1999年にエルゲルージ（Hicham El Guerrouj モロッコ）が出した3分43秒13。日本記録は2019年に荒井七海がマークした3分56秒60（室内）。4分の壁は、今では並の記録になっています。

column

4分の壁を破った医学生

1マイル（1609.34m）4分の壁を破ったバニスターは、医学生らしく科学的な知見を取り入れたトレーニングを積み、レースプランを練りました。専門の精神医学の知識を生かし、メンタル面でも「自分が真っ先に突破する」との強い気持ちを持ってレースに臨みました。

当日はロンドンの病院でのシフト勤務を終え、午後6時からのレースに出場。風の強い中、チームメイト2人がペースメーカーになってレースを運び、「人間の能力では不可能」とされた4分を見事に突破し、3分59秒4の世界記録を樹立しました。2年前にはエリザベス女王が25歳の若さで即位し、前年には英国隊が世界最高峰のエベレスト（チョモランマ）の初登頂に成功したばかり。斜陽化する大英帝国で続いた慶事を締めくくった医学生は、一躍、時の人になりました。

図2 1マイル4分の壁を突破したバニスター

マラソンや駅伝が人気の日本ではめったに行われない1マイルですが、欧米では長く陸上競技の中心的な種目でした。1923年に4分10秒4の驚異的な記録が生まれたことで「1マイル4分の壁」が陸上界最大のテーマになり、1945年には4分01秒4まで短縮されていましたが、「人間の能力では不可能」とされて久しかったのです。この快挙によって、20世紀末に米国のライフ誌が選出した「この1000年で最も功績のあった世界の100人」に、コロンブス、ダビンチ、シェークスピア、マルクス、アインシュタインら歴史上の偉人とともに、バニスターはスポーツ界でただ一人選出されています。

世界に衝撃を与えたレースからわずか46日後、ライバルのランディが3分58秒0で走って記録を更新すると、その後も3分台の記録が続出しました。こうした不思議な現象は「ロジャー・バニスター効果」と呼ばれ、人間のパフォーマンスに心理面が及ぼす影響の大きさを示す好例とされます。バニスターには1975年、長年の医学界とスポーツ界への功績に対して女王からナイトの称号が贈られました。記録の壁を破って一時代を築いた稀代のアスリートですが、「記録を破ることより、五輪や英連邦大会で勝つことの方が重要。英連邦大会優勝の方がより達成感が大きかった」と述べています。

5 男子の中距離競走

パリ五輪までは右回り

五輪では第1回アテネ五輪から800mと1500mの2種目が行われました。第2回のパリ五輪までは、トラックを時計回り（右回り）する形式でした。

国際陸連が公認した800mの世界記録第1号は1912年のメレディス（Ted Meredith 米国）の1分51秒9。1932年にハンプソン（Tom Hampson 英国）が初めて1分50秒を突破（1分49秒8）しました。第二次大戦後は米国のホイットフィールド（Malvin Whitfield）が1953年に1分48秒6まで短縮し、五輪では1948年ロンドン、52年ヘルシンキ両五輪を連覇。1960年ローマ、64年東京を制したスネル（Peter Snell ニュージーランド）が1962年に1分44秒3の快記録を樹立しました。

異色の存在は1976年モントリオール五輪のファントレナ（Alberto Juantorena キューバ）です。スプリント種目の400mを制したスピードで、経験の浅い800mでも1分43秒5の世界記録で優勝しました。1981年には1500m

図3「時計回り」のトラック

表1　男子800m 世界記録の主な変遷

記録	競技者(国)	年	備考
1.51.9	T. メレディス(米国)	1912	ストックホルム五輪800m／1600R2冠、400m4位
1.49.8	T. ハンプソン(英国)	1932	ロス五輪800m金／1600R銀
1.48.6	M. ホイットフィールド(米国)	1953	ロンドン／ヘルシンキ五輪800m連覇
1.44.3	P. スネル(ニュージーランド)	1962	ローマ／東京五輪連覇、東京五輪1500mと2冠
1.43.5	A. ファントレナ(キューバ)	1976	モントリオール五輪400m／800m2冠
1.41.73	S. コー(英国)	1981	モスクワ五輪銀　モスクワ／ロサンゼルス五輪1500m連覇
1.41.11	W. キプテケル(デンマーク)	1997	シドニー五輪銀、ケニアから国籍変更
1.40.91	D. ルディシャ(ケニア)	2012	ロンドン／リオ五輪連覇、WC金2回

注)年:記録樹立年、WR:世界記録、WC:世界選手権

や1マイルでも活躍したコーが1分41秒73まで記録を短縮しています。

近年はケニア勢が強く、1988年ソウル五輪から最近の東京2020五輪までの9大会で6個の金メダルを獲得。2012年ロンドン五輪では、前半から高速レースを展開したルディシャ（David Rudisha）が1分40秒91の世界記録を樹立し、続くリオデジャネイロ五輪で連覇を果たしました。

五輪の日本勢では、1956年メルボルン五輪の室矢芳隆と1964年東京五輪の森本葵が準決勝に進出しています。その後の出場は永井純（1968年メキシコ五輪)、横田真人（2012年ロンドン五輪)、川元奨（2016年リオデジャネイロ五輪）のわずか3人です。

1500m 五輪連覇はコー１人

第1回のアテネ五輪1500mはフラック（Edwin Flack オーストラリア）が4分33秒2で優勝しました。1904年セントルイス五輪では地元米国のライトボディ（James Lightbody）が4分05秒4の世界記録で制しています。国際陸連の公認世界記録第1号は1912年にキビアット（Abel Kiviat 米国）がマークした3分55秒8です。

1924年パリ五輪は中長距離王のヌルミが制し、32年ロサンゼルス五輪金メダリストのベッカリ（Luigi Beccali イタリア）は翌年に3分49秒0の世界記録を樹立。第二次大戦中には、ヘッグ（Gunder Hägg）らスウェーデン勢の活躍で3分43秒0まで記録が短縮されました。1954年には1マイルで3分58秒0の世界記録を樹立したランディが、途中計時で3分41秒8をマークします。1958年にはエリオットが3分36秒0で走り、2年後のローマ五輪ではさらにこれを更新する3分35秒6で優勝しました。

五輪での連覇は、1980年モスクワ、84年ロサンゼルス両五輪を制した現

世界陸連会長のコーただ一人。3分30秒を初めて切ったのは1985年のクラム（Steve Cram 英国）の3分29秒67。現在の世界記録はエルゲルージが1998年に樹立した3分26秒00です。東京2020五輪では弱冠20歳のインゲブリクトセン（Jakob Ingebrigtsen ノルウェー）が3分28秒32の五輪新記録で優勝。四半世紀破られていない世界記録の更新が期待されます。

図4 ローマ五輪の1500mを世界記録で制したエリオット

この種目に出場した日本人はわずか4人で、1936年のベルリン五輪には瀬古利彦を指導した中村清が出場しています。1964年東京五輪以降は出場者がありません。

五輪２種目制覇は５人

五輪で800mと1500mの2種目を制したのは5人。第1回アテネ五輪のフラックに始まり、続く1904年セントルイス五輪のライトボディと08年ロンドン五輪のシェパード（Melvin Sheppard）の米国勢が達成しています。1920年アントワープ五輪のヒル（Albert Hill 英国）、その44年後の1964年東京五輪でも、スネル（Peter Snell ニュージーランド）が同種目制覇しています。

2004年アテネ五輪1500m優勝のエルゲルージは、この大会の5000mも制

表2 男子1500m 世界記録の主な変遷

記録	競技者(国)	年	備考
3.55.8	A. キビアット(米国)	1912	ストックホルム五輪銀、室内3種目で世界記録
3.52.6	P. ヌルミ(フィンランド)	1924	五輪3大会で金9、WR22回
3.43.0	G. ヘッグ(スウェーデン)	1944	1500m／1マイル／3000m／5000mで世界記録
3.41.8	J. ランディ(オーストラリア)	1954	メルボルン五輪銅、バニスターのライバル
3.35.6	H. エリオット(オーストラリア	1960	ローマ五輪金、1500m／1マイルで不敗
3.30.77	S. オベット(英国)	1983	モスクワ五輪800m金／1500m銅
3.29.67	S. クラム(英国)	1985	初の3分30秒突破、ロス五輪銀
3.27.37	N. モルセリ	1995	アトランタ五輪金、WC3連覇
3.26.00	H. エルゲルージ(モロッコ)	1998	アテネ五輪1500m／5000m2冠、WC4連覇

注）年:記録樹立年、WR:世界記録、WC:世界選手権

し、1924年のヌルミ以来史上2人目の中長距離2冠に輝いています。

6 女子の中距離競走

女性には厳しすぎると除外

1928年のアムステルダム五輪で初めて採用された800mは、ラトケ（Lina Radke ドイツ）が人見絹枝との激闘を制し、2分16秒8で初代チャンピオンに輝きました。しかし、ゴール後に全員が倒れこむ壮絶なレースとなったことから、中距離種目は廃止されます。復活したのは32年後の1960年ローマ五輪からでした。

復活したローマ五輪の800mでは、シェフツォワ（Lyudmila Shevtsova ソ連）が2カ月前に自分が出した世界記録と並ぶ2分04秒3で金メダル。1964年東京大会では、パッカー（Ann Packer 英国）が得意の400mで銀メダルに終わったためこの種目に出場し、2分01秒1の世界記録で優勝しました。1972年ミュンヘン五輪は初めて2分突破をしたファルク（Hildegard Falck 西ドイツ）が金メダルを獲得。続くモントリオール、モスクワ両五輪は、ソ連勢が世界記録で優勝しています。近年ではロンドン、リオデジャネイロ両五輪でセメンヤ（Caster Semenya 南アフリカ）が連覇しましたが、テストステロン（男性ホルモンの一種）値が基準より高いとの理由で、3連覇がかかった東京2020五輪の出場はなりませんでした。世界記録は1983年にクラトフビロワ（Jarmila Kratochvilova チェコスロバキア）が樹立した1分53秒28です。

表3　女子800m 世界記録の主な変遷

記録	競技者(国)	年	備考
2.16.8	L. ラトケ(ドイツ)	1928	五輪初代チャンピオン、女子競技のパイオニア
2.04.3	L. シェフツォワ(ソ連)	1960	ローマ五輪金
2.01.1	A. パッカー(米国)	1964	東京五輪800m金／400m銀
1.58.5	H. ファルク(東ドイツ)	1971	ミュンヘン五輪金／1600R銅　初の2分突破
1.54.9	T. カザンキナ(ソ連)	1976	モントリオール五輪1500mと2冠、1500m連覇
1.53.43	N. オリザレンコ(ソ連)	1980	モスクワ五輪800m金／1500m銅
1.53.28	J. クラトフビロワ(チェコスロバキア)	1983	83年WC400mと2冠、モスクワ五輪400m銀

注）年:記録樹立年、WR:世界記録、WC:世界選手権

column

偏見の時代に女性初の快挙

1928年のアムステルダム五輪へ日本女性としてただ1人出場した人見絹枝は、メダルを狙っていた100mでまさかの準決勝敗退。「このままでは日本に帰れない」。決死の思いを抱き、周囲の反対を押しきって経験のない800mに出場します。短距離レースで用いるクラウチングスタートで飛び出し、2周目にいったん遅れますが、鬼気迫る追い上げでドイツのラトケに迫って銀メダル(2分17秒6)を獲得しました。表彰台に立った人見は「国家の名誉と自分の名誉のために責任を果たしたのだと思うと、ますます涙が止まらなかった」とこの時の心境を記しています。

当時は女性がスポーツをすることに対して強い偏見があり、肌を露出して走ることが非難された時代でした。わが国初の女性スポーツ記者でもあった人見は、世界で活躍する一方で、強い使命感を持って執筆、講演、指導、募金など多方面で精力的に活動。自伝的な『スパイクの跡』(1929年)のほか、『最新女子陸上競技法』(1926年)、『女子と運動競技』(1930年)、『女子スポーツを語る』(1931年)など最先端の女子スポーツに関する著作を残しています。しかし、欧州遠征に続く休みなしの働き

図5 アムステルダム五輪800m決勝のスタート(右端が人見絹枝)

がたたり、五輪の800m決勝からちょうど3年後の8月2日に24歳の若さで亡くなりました。

強さとしとやかさを併せ持った人見の活躍は、当時の欧州の人々に強い印象を与えました。チェコのプラハには死後に功績をたたえる記念碑が建立されており、「愛の心をもって世界を輝かせた女性に感謝を捧げる」と刻まれています。

1500mはソ連、中国勢がリード

国際陸連公認の1500m世界記録第1号は、1967年にスミス（Anne Smith 英国）が出した4分17秒3。1970年代にはブラギナ（Lyudmila Bragina ソ連）が世界記録を4度更新して4分01秒4まで引き上げます。ブラギナは、五輪種目になった1972年ミュンヘン五輪を世界記録で制して初代女王の座に就きました。

1976年にはカザンキナが初めて4分を切る3分56秒0をマークし、80年には3分52秒47で走りました。カザンキナは1980年モスクワ五輪で連覇を達成。1993年には中国の曲雲霞が3分50秒46まで記録を伸ばし、2015年にはディババ（Genzebe Dibaba エチオピア）が3分50秒突破へあとひと息の3分50秒07をマークしました。

東京2020五輪では、田中希実、卜部蘭が日本勢で初めてこの種目に出場しました。田中は準決勝で4分を切る日本記録（3分59秒19）を出し、決勝でも果敢なレースを展開。中距離ではアムステルダム五輪の人見絹枝以来、93年ぶりの歴史的な入賞（8位）を果たしました。

表4　女子1500m 世界記録の主な変遷

記録	競技者（国）	年	備考
4.17.3	A. スミス（英国）	1967	東京五輪800m8位
4.09.6	K. バーネライト（東ドイツ）	1971	ミュンヘン五輪4位
4.01.4	L. ブラギナ（ソ連）	1972	ミュンヘン五輪予選、準決勝、決勝3レースWRで金
3.52.47	T. カザンキナ（ソ連）	1980	モントリオール／モスクワ五輪連覇
3.50.46	曲雲霞（中国）	1993	バルセロナ五輪銅
3.50.07	G. ディババ（エチオピア）	2015	リオ五輪金、4種目で世界記録

注）年:記録樹立年、WR:世界記録、WC:世界選手権

図6 東京2020五輪の女子1500mで93年ぶりの入賞を果たした田中希実（中央）

長距離競走の歴史

1 伝達や通信の手段

短距離競走が競走そのものに注目が集まり、身体訓練にも重用されたのに対し、長距離走は古くから政治や経済・軍事上の実用的な手段として用いられました。

紀元前7世紀の古代エジプトで制作された「タハカル王の競走石碑」には、片道50kmを9時間で往復したとの記述があります。古代ギリシャ時代の紀元前5世紀ごろには、1日に60里（約240km）を走った記録（『プルターク英雄伝』）があります。

南米のインカ帝国では、「駅制」を設けて各都市間の主要道路2.5kmごとに「カスキ」と呼ばれる走者を2人ずつ待機させました。走者は時速約10kmで1日平均240kmほどを走り、各地へ情報を伝達しました。また、トルコ皇帝の支配下にあったペルシャの飛脚は、のどの渇きを癒すために「銀のビー玉」を口に入れてコンスタンチノープルとアドリアーノ間の約350kmを2昼夜で走破したそうです。「馬飛脚」に取って代わられるまで、走るプロは各地で活動していました。

図7 古代ギリシャのつぼ絵に描かれた長距離走者

2 長距離競走の誕生

古代オリンピアの長距離競走

古代オリンピア競技で長距離競走が行われたのは、中距離の「ディアウロス走」が加わった第14回大会の4年後。距離約2.7km〜9.3kmの「ドリコス走（Dolichos)」）はスタディオンを7〜24回往復するレースで、タイムは問題にされず、優勝者だけが記録されています。

フットマンやペデストリアンの登場

中世から近代にかけて、英国の貴族たちは、フットマンあるいはペデストリアンと呼ばれる使用人を雇っていました。地方にある領主の邸宅とロンドンの別宅間を走ってメッセージを伝えさせ、移動する際に馬車より先に旅館に到着して段取りを整えることが主な仕事です。高額な報酬が得られるため、走力のテストもありました。貴族たちは、互いの使用人を賭けの対象として競走させるだけでなく、自らレースに参加することもありました。

1774年生まれのパウエル（Foster Powell）は、39歳のときにロンドンからヨークまでの往復396マイル（約637km）を、5日と18時間で走って高額

図8 17世紀後半に公道での賭けレースで重いブーツを履いて素足の兵士に勝ったとされる俊足自慢の貴族モンマス公

賞金（100ギニー＝数百万円に相当）を獲得しました。53歳のときには、ロンドンからカンタベリーまでの往復109マイル（約175km）を23時間50分で走破します。5年後には再びロンドン・ヨーク間を、予告より1時間25分早い5日と15時間15分で走り切りました。

このイベントを契機に、50〜100マイル（約80〜161km）の超長距離賭けレースが各地で開催されて人気を博し、スーパースターが出現します。この種のレースは、選手自身が予告時間内で走破したかどうかが賭けの対象。新聞の大量発行が始まった時期とも重なり、一般市民がレースに関する情報を得て賭けに加わりました。18世紀末から19世紀初頭に行われた144レース中、47レースが100km以上の超長距離でした。

column

1609kmの超耐久走

そんな時代のスーパースターがバークレー大尉でした。スポーツ万能の陸軍軍人が挑んだのは「1時間のうちに1マイルを歩いたり走ったり（残りの時間は睡眠・休憩・食事）することを1000回反復する」という合計1000マイル（約1609km）の超耐久レースでした。成功すれば1000ギニー（現代の数千万円に相当）の莫大な賞金が得られるとあって、ロンドン中の評判になりました。

1809年6月1日深夜0時にスタート。最も速かった序盤の昼間は1マイルの所要時間は11分でしたが、最も遅い7月の深夜では36分30秒を要しました。それでも、7月12日午後3時37分、41日と15時間余りで完走して賭けに勝利。正味所要時間は296時間、12日と8時間でした。

図9 バークレー大尉

賭けレースが興行化

産業革命が進行する英国では、第二次囲い込み運動で農地を失った農民たちがロンドン、リバプール、マンチェスターなどの工業都市に集中します。人々にとって賭けを伴う競走は疲れや不満を癒す娯楽となり、興行化が進みます。

「ディアフット（鹿の足）」の異名を持つ米国先住民族のベネット（Lewis Bennett）が1861年に招かれ、ロンドンで英国の第一人者ジャクソン（W Jackson）と対決。ケンブリッジでは皇太子ら大観衆の前で競走しました。

賭けレースはエスカレートし、1870年代には英国や米国で総距離が数百kmにもなる6日間レースが盛んに行われました。

やがて道路でのレースは観客からレース全体が見えないため廃れ、19世紀後半にはクリケット場や公園の広場での「周回コース」が主流になります。距離も6マイル（約9.6km）前後に短縮され、まもなくアマチュアの選手による競技場でのレースに取って代わられました。

わが国の長距離競走の始まり

日清戦争を契機に文部省は陸軍の強兵策として、全国の学校に長距離競走を奨励しました。1898（明治31）年、東京高等師範がお茶の水–池上本門寺間の健脚競走を挙行しました。翌99年には旧制山口高等学校（山口大学

図10 ケンブリッジで走る“ディアフット”ベネット

図11 6日間レースの開催ポスター

の前身）が11マイル競走を、第一高等学校（現東京大学教養学部）が13マイル競走（約20.9km）を相次いで実施しました。これらが新聞や雑誌などで報道され、全国の学校に長距離競走が普及していきました。

1909年11月、時事新報社がメディアが主催するわが国最初のスポーツイベント不忍池12時間長距離健脚競争会を実施。そのわずか1カ月後の12月、堺大浜公園で大阪毎日新聞社主催による「長距離健脚競争大会（8時間）」が開かれ、結果は欧州各国にも打電されました。

図12 不忍池のレースの様子

3 近代陸上競技の長距離競走

男子の長距離競走

英国のAAA選手権では1880年から4マイル（約6.4km）と10マイル（約16km）を実施しています。当時の出場選手はオックスフォード大学やケンブリッジ大学の現役やOBが中心でしたが、薬局の従業員ジョージ（Walter George）が登場し、英国選手権4種目制覇を2度達成するなど、圧倒的な強さを発揮しました。五輪で5000mと10000mが実施されたのは1912年ストックホルム五輪からです。

圧倒的だったフィンランド勢

ストックホルム五輪5000mの優勝記録は14分36秒6で、これが世界記録第1号となります。この大会ではコーレマイネン（Hannes Kolehmainen）が5000m、10000m、クロスカントリーの3冠を達成しました。初期五輪では、起伏のある自然の地形を生かした練習で力を蓄えたフィンランド勢が圧倒的な強さを発揮。1920年アントワープ五輪からの3大会では「空飛ぶフィンランド人」の異名をとったヌルミ（Paavo Nurmi）が5000m、10000mなど9つの金メダルを獲得して王座に君臨しました。1936年ベルリン五輪ではサルミネン（Ilmari Salminen）らが10000mで表彰台を独占し、5000mでも1、2位を占めました。

1942年にはヘッグ（Gunder Hagg スウェーデン）が14分の壁を突破。その45年後の1987年にアウィータ（Said Aouita モロッコ）が13分の壁を破りました。現在の世界記録は、2020年にチェプテゲイ（Joshua Cheptegei ウガンダ）が出した12分35秒36。この1世紀で記録は2分以上短縮されました。

図13 パリ五輪5000mでストップウォッチを見ながら走るヌルミ

10000m最初の公認世界記録は、1911年にブワン（Jean Bouin フランス）がマークした30分58秒8。1939年にメキ（Taisto Maki フィンランド）が30分を突破し、1954年にはインターバルトレーニングで鍛え上げたザトペック（Emil Zátopekチェコスロバキア）が29分の壁を破ります。ザトペックは1948年ロンドン五輪で5000m銀メダル、10000m では金メダルを獲得。続くヘルシンキ五輪では10000mを連覇、5000mとマラソンにも優勝して3冠を達成しました。世界記録を18回も更新し、その力強い走りから「人間機関車」と呼ばれました。

60年代をリードしたクラーク

1952年ヘルシンキ五輪からソ連が参戦。国家に支援された「ステートアマ」

表5 男子5000m 世界記録の主な変遷

記録	競技者(国)	年	備考
14.36.6	H. コーレマイネン(フィンランド)	1912	ストックホルム五輪3冠、アントワープ五輪マラソン金
14.28.2	P. ヌルミ(フィンランド)	1924	五輪3大会で金メダル9、WR22回
13.58.2	G. ヘッグ(スウェーデン)	1942	1500m／1マイル／3000m／5000mでWR
13.57.2	E. ザトペック(チェコスロバキア)	1954	ヘルシンキ五輪3冠、インターバルトレ普及に貢献
13.35.0	V. クーツ(ソ連)	1957	メルボルン五輪5000m／10000m2冠
13.24.2	K. ケイノ(ケニア)	1965	メキシコ五輪1500m金／5000m銀
13.16.6	R. クラーク(オーストラリア)	1966	東京五輪10000m銅、世界記録17回
12.58.39	S. アウィータ(モロッコ)	1987	ロサンゼルス五輪金／ソウル五輪800m銅
12.39.36	H. ゲブレシラシエ(エチオピア)	1998	アトランタ／シドニー五輪10000m連覇
12.35.36	J. チェプテゲイ(ウガンダ)	2020	東京五輪5000m金／10000m銀、

注）年:記録樹立年、WR:世界記録、WC:世界選手権

図14 ヘルシンキ五輪5000mのザトペック

の活躍は目覚ましく、4年後のメルボルン五輪でクーツ（Vladimir Kuts）が5000m、10000mの2種目を制覇し、世界記録を3回更新します。続くローマ五輪ではボロトニコフ（Pyotr Bolotnikov）が10000mを制しました。

その後の1960年代をリードしたのはオーストラリアのクラーク（Ron Clarke）でした。10000mでは1965年に自分の持つ記録を34秒も更新する27分39秒4の驚異的な世界記録を樹立し、翌年には5000mでも13分16秒6で走りました。ラストの切れ味がなく、五輪では1964年東京大会の銅メダル1個でしたが、世界記録を17回も書き換えた圧倒的存在でした。

アフリカ勢が世界を席巻

続いて台頭したのはアフリカ勢。パイオニアとなったガムーディ（Mohamed Gammoudi チュニジア）は、1964年の東京五輪10000mで銀メダル、続く高地開催のメキシコ五輪5000mでは金メダルを獲得しました。メキシコでは、両種目とも表彰台をアフリカ勢が占め、その後はケニア、エチオピア勢の天下となりました。1984年ロサンゼルス五輪からはモロッコなども加わり、アフリカ系ランナーが五輪を席巻しています。

中でも、エチオピアのゲブレシラシエ（Haile Gebrselassie）は2000年シドニー五輪で10000mの連覇を達成し、世界選手権では4連勝を飾ります。後輩のベケレ（Kenenisa Bekele）もアテネ五輪の10000mで優勝、5000mでは2位となり、続く北京五輪では両種目を制覇しました。世界選手権では10000mで4連覇を果たし、2009年ベルリン大会では2冠を達成しています。現在の世界記録は5000mの記録保持者、チェプテゲイ（Joshua Cheptegei ウガンダ）が2020年に樹立した26分11秒00です。

column

ペースメーカー

五輪など大舞台では勝負が優先されて好記録はなかなか出ませんが、世界の主要レースではペースメーカーを付けてハイペースの展開を設定しています。2020年10月にスペインのバレンシアで開催された世界記録挑戦記録会では、人間のペースメーカーと並行してトラック内側に設置したLED灯が世界記録ペースで先導して注目されました。男子10000mはチェプテゲイが26分11秒00で走り、従来の記録を15年ぶりに更新。女子5000mはギデイが14分06秒62をマーク、12年ぶりに世界記録を書き換えました。

図15 チェプテゲイとトラック内側のLED灯

日本選手の奮闘

日本選手では、ベルリン五輪の5000mと10000mで村社講平がフィンランド勢に食い下がって両種目で4位に入賞。小柄な日本人の奮闘は大観衆の

表6　男子10000m 世界記録の主な変遷

記録	競技者(国)	年	備考
30.58.8	J. ブワン(フランス)	1911	ストックホルム五輪5000m銀
30.06.2	P. ヌルミ(フィンランド)	1924	五輪3大会で金メダル9、世界記録22回
29.54.2	E. ザトペック(チェコスロバキア)	1954	ヘルシンキ五輪5000m／10000m／マラソンの3冠
28.30.4	V. クーツ(ソ連)	1956	メルボルン五輪5000m／10000m2冠
27.39.4	R. クラーク(オーストラリア)	1965	東京五輪銅、世界記録を17回更新
26.58.38	Y. オンディエキ(ケニア)	1993	91年WC5000m金、最初の27分突破
26.27.85	P. テルガト(ケニア)	1997	アトランタ／シドニー五輪銀、
26.22.75	H. ゲブレシラシエ(エチオピア)	1998	アトランタ／シドニー五輪連覇、WC4連覇
26.17.53	K. ベケレ(エチオピア)	2005	北京五輪5000m／10000m金、世界クロカン5連覇
26.11.00	J. チェプテゲイ(ウガンダ)	2020	東京五輪5000m金／10000m銀、19／22年WC連覇

注）年:記録樹立年、WR:世界記録、WC:世界選手権

図16 ベルリン五輪の5000mで先頭を走る村社

拍手を浴びました。その後は長く不振が続きましたが、1964年東京五輪で円谷幸吉が28年ぶりに10000mで入賞（6位）。1984年ロサンゼルス五輪では金井豊、2000年シドニー五輪で高岡寿成がともに7位に入っていますが、その後は入賞から遠ざかっています。

五輪での活躍とは無縁でしたが、澤木啓祐は1966年の欧州遠征で世界の強豪を破って当時としては画期的な13分36秒2の日本記録で優勝。マラソンで世界最強の呼び声があった瀬古利彦は、1985年のストックホルムで10000m（27分42秒17)、翌年にはロンドンの5000m（13分24秒29）で日本記録を更新しています。

五輪２種目連覇の偉業は２人

フィンランドのビレン（Lasse Viren）は、1972年ミュンヘン、続くモントリオールの両五輪で、5000mと10000mの2種目連覇（ダブルダブル）を

初めて達成。ミュンヘンの10000mでは途中転倒しながら世界記録を更新する強さでした。2人目の"ダブルダブル"は2012年ロンドン、16年リオデジャネイロ五輪を制した英国のファラー（Mo Farah）。ソマリア難民のファラーは英国に移住して成功を収め、莫大な賞金や出場料を得ました。近年は、選手層の厚いアフリカ勢が五輪や世界大会の代表になるために、財政が豊かな中東諸国へ国籍変更しているケースが増えています。

4 女子の長距離競走

女子長距離界のけん引者

女子の長距離は、五輪種目に加えられていなかった1980年前後に登場したノルウェーのワイツ（Grete Waitz）とクリスチャンセン（Ingrid Kristiansen）が強力にけん引します。ワイツは1975、76年に3000mの世界記録を更新したスピードランナー。世界クロスカントリー選手権4連覇などの輝かしい戦績もあり、後にマラソンに進出して新時代を切り開きます。

クリスチャンセンは出産後の1985年ロンドンで2時間21分06秒の世界最高記録で優勝。翌年には5000mで14分37秒33、10000mでは30分13秒74という異次元の記録を樹立しますが、五輪でのメダルには無縁でした。

ソ連と中国勢の活躍からアフリカ勢の台頭

五輪に女子長距離種目が加えられたのは1984年のロサンゼルス五輪の3000mが最初。この種目は3大会だけ実施され、プイカ（Maricica Puica ルーマニア）が最初の金メダルを獲得しました。1996年アトランタ五輪から実施された5000mでは、中国の長距離チーム「馬軍団」のエース王軍霞が初代チャンピオンになりました。続くシドニー五輪はサボー（Gabriela Szabo ルーマニア）が制し、1500mでも銅メダルを獲得しました。

2004年アテネ五輪からはアフリカ勢が金メダルを独占します。デファー（Meseret Defar エチオピア）はアテネ五輪と2012年ロンドン五輪で金メダルを手にしています。エチオピア難民だったハッサン（Sifan Hassan）はオランダ国籍を取得し、東京2020五輪では10000mとのダブルタイトルを獲得しました。

表7　女子5000m 世界記録の主な変遷

記録	競技者(国)	年	備考
15.14.51	P. ファッジ(英国)	1981	英連邦大会3000m金
15.08.26	M. デッカー・タブ(米国)	1982	83年WC1500m／3000m2冠
14.37.33	I. クリスチャンセン(ノルウェー)	1986	ロサンゼルス五輪10000m4位
14.16.63	M. デファー(エチオピア)	2007	アテネ／ロンドン五輪金
14.11.15	T. ディババ(エチオピア)	2008	北京五輪10000mとの2冠、アテネ／ロンドン五輪銅
14.06.62	L. ギディ(エチオピア)	2020	東京五輪10000m銅

注)年:記録樹立年、WR:世界記録、WC:世界選手権

表8　女子10000m 世界記録の主な変遷

記録	競技者(国)	年	備考
32.17.20	Y. シバトワ(ソ連)	1981	80／81年世界クロカン銅
30.13.74	I. クリスチャンセン(ノルウェー)	1986	ロサンゼルス五輪4位
29.31.78	王軍霞(中国)	1993	アトランタ五輪10000m銀／5000m金、93年WC金
29.17.45	A. アヤナ(エチオピア)	2016	リオ五輪WRで金／5000m銅
29.06.82	S. ハッサン(オランダ)	2021	東京五輪5000m／10000m2冠、19年WC1500mとの2冠
29.01.03	L. ギデイ(エチオピア)	2021	東京五輪銅、19年WC銅、22年WC金

注)年:記録樹立年、WR:世界記録、WC:世界選手権

10000mは1988年ソウル五輪からの実施で、優勝したのはボンダレンコ(Olga Bondarenko ソ連)。続くバルセロナ五輪では、ツル（Derartu Tulu）がエチオピア女性初の金メダルを獲得しました。僚友のディババ（Tirunesh Dibaba）は北京、ロンドン両五輪を制して初の連覇を達成します。

10000mでは、5000m初代女王の王軍霞が1993年に樹立した29分31秒78の驚異的な記録が長く破られず、アヤナ（Almaz Ayana エチオピア）が29分17秒45で走って書き換えたのは23年後のリオデジャネイロ五輪でした。現在の世界記録は5000mの記録保持者、ギデイ（Letesenbet Gidey エチオピア）が2021年6月にマークした29分01秒03。29分の壁に肉迫しました。

日本勢はアトランタ五輪で千葉真子が5位、川上優子が7位とダブル入賞。千葉は翌1997年の世界選手権アテネ大会で、トラック種目では日本勢唯一となるメダル（銅）を獲得しています。今回の東京2020五輪では、20歳の広中璃梨佳が7位に食い込みました。

column

トレーニング小論

トレーニングは運動を定期的に繰り返して、体の構造や機能に持続性のある変化（適応:トレーニング効果）をもたらそうとするものです。陸上競技では次のようなトレーニングがよく行われています。

1 持続走トレーニング

長距離走に必要な持久力養成に長い距離を走ることは、古くから行われてきました。体の中にはおよそ2,000kcalの糖質がありますが、これだけではマラソンに必要なエネルギー（2,500kcal以上）をまかなえません。そこで利用されるのが蓄積量の多い脂質です。運動時の脂質の利用は強度が低いほど、時間が長いほど活発になります。脂質の利用は乳酸が発生すると抑制されますので、強度は乳酸が発生しない範囲にする必要があります。心臓1拍動で押し出される血液量（1回拍出量）は、心拍数が120拍/分前後で最大になるので、心臓への負荷を維持するにはこの強度以上で持続走を行う必要があります。

2 インターバルトレーニング

30～60秒前後で心拍数が180拍/分ほどに達する無酸素的運動と、そのあと心拍数が120拍/分程度になるまでジョッグする不完全な休息を繰り返します。インターバルトレーニングは、1952年のヘルシンキ五輪で5000m、10000m、マラソンの長距離3種目で金メダルに輝いたザトペック（Emil Zátopek）が行っていたことから、注目を浴びるようになりました。短いランと休息の反復で長距離走の能力が向上するのは、休息期に1回拍出量が最大になり、心臓のポンプ能力が高められるためです。トレーニングの至適な負荷が運動中ではなく、その後の休息期に得られる珍しいトレーニングです。

近年は最大酸素摂取量と無酸素能力を同時に高めることを目的に、20

秒程度の全力運動と10秒程度の短い休息を繰り返す高強度インターバルトレーニングも行われていますが、このトレーニングでは回復期に1回拍出量が最大になることはありません。

3　ファルトレクトレーニング

1930年、スウェーデンの長距離コーチのホルマー（Gösta Holmér）は、フィランドのヌルミ（Paavo Nurmi）に勝つために、スピードプレーと称して、自然の地形の中を走り、歩きながら休息するファルトレク（Faltrek）トレーニングを開発しました。トレーニングの中心は、レースペースより速い2km前後の急走にあり、スピードと持久力の養成が狙いでした。

4　レペティショントレーニング

最大努力による疾走と完全休息を反復します。有酸素能力の養成には1〜3kmが、短距離選手の無酸素能力の養成には300〜400mが主に用いられています。回復には5分程度のクールダウンのあと、15分〜30分の比較的長い安静による休息が取られます。

5　高地トレーニング

標高2240mの高地で開催された1968年メキシコ五輪で、一躍脚光を浴びました。低酸素環境（標高1,500〜3,000m）での居住やトレーニングは、赤血球数やヘモグロビン濃度を増加させて酸素輸送能力を高め、持久力が向上します。

しかし、①赤血球数やヘモグロビン濃度の増加には少なくとも3週間の高地滞在が必要②高地では運動の物理的強度が低下する③低酸素環境でのトレーニングと生活が疲労からの回復を遅延させることから、近年はトレーニングを平地で行い、その後の生活は平地で酸素濃度だけを低くした部屋で行う試みも行われています。

いずれにしろ、低酸素は人体にとっては異常環境で一時的に免疫機能の低下も起こることから、さまざまな医科学指標の動きを観察しながら、慎重に行うことが必要です。

なお、低酸素環境下では運動時に無酸素的なエネルギー代謝が促進されますので、近年はスプリント力の向上を意図した高地トレーニングも行われています。

6 ウェイトトレーニング

ウェイトトレーニングは筋力トレーニングの代表格です。紀元前2500年ごろから行われていましたが、競技の世界への積極的導入は、第二次世界大戦後のことです。それは重量物を持ち上げると、
①筋が硬くなり、動作のスピードも鈍化するため、パフォーマンスの発揮に不利に働く
②呼吸を止めて力む（努責）ため、心臓を中心とする循環系に悪影響をおよぼす
③脊柱や腰を痛める
などの考えがあったからです。しかし、戦後、研究によって①の心配はなく、②と③の懸念は正しい呼吸法と挙上姿勢により回避できることが示されました。特に、1950年代に砲丸投の記録を17m台から19m台へ引き上げたオブライエン（Parry O'Brien 米国）が、積極的に取り入れていたことから瞬く間に広がり、現在、筋力・瞬発系種目でウェイトトレーニングを行わない選手は、ほとんど見当たりません。

7 プライオメトリックトレーニング

急激な筋の伸張と短縮により筋パワーの増強を図るもので、1980年代に登場した比較的新しいトレーニングです。代表例として、台から飛び降りてすぐに跳び上がるデプスジャンプ（ドロップジャンプ）やバウンディングがあります。着地の際、筋が引き伸ばされると筋を元の長さに戻そうとして、反射的に脊髄から筋を収縮させる命令が出されます。これが意思による命令に加えられ、より多くの筋線維が縮みトレーニングされます。

筋が急激に伸ばされると、弾力性のある筋腱に“バネ”のエネルギーが蓄えられ、そのあと素早く筋を縮めれば跳躍に利用されます。従って、その利用能力を高めれば、筋中のATP（アデノシン三リン酸）を余分に

使用せずに運動できるので、運動の効率がよくなります。陸上競技では、筋が伸ばされた後に素早く短縮されることはよくあるので、このトレーニングの持つ意味は大きいでしょう。

8 サーキットトレーニング

1953年、モーガン（Ronald Morgan）とアダムソン（Graham Adamson）によって開発された全面的な体力づくりトレーニングの方法で、特に筋機能と呼吸循環機能の漸進的発達を目的として行われます。このトレーニングで高められる体力は、特定の競技に必要な筋機能や持久力の代用とはなりません。通常、トレーニングには10回程度反復できる負荷を用い、6〜12種目の運動を短い休息を入れながら連続して行い、それを3循環実施します。3循環に要する時間は10〜30分とされています。反復回数が少ない負荷では筋力に、多い負荷では筋持久力の発達に主眼が置かれます。

9 新しいトレーニングの概念

これまでは、一つのトレーニングで筋力・筋パワー・筋肥大と筋持久力を同時には高められないと考えられてきました。しかし、負荷を段階的に減らしながら疲労するまでトレーニングすると、これらの能力を同時に向上させることができます。さらに、このような考えに従ってトレーニングすれば、最大酸素摂取量、無酸素パワーおよび無酸素的エネルギー供給量を同時に高められることも分かりました。トレーニングが難しい中距離選手にとっては福音となる可能性があります。

図版の出典

図1:Lovesey, P.(1980) The Official Centenary History of the AAA. Guinness Superlatives Ltd, p.63.

図2:AP

図3:Hugman, B.J. and Arnold, P.(1988) The Olympic Games: Complete Track and Field Results 1896-1988. Facts on File, p.39.

図4:Tyler, M. and Soar, P.(1980) History of the Olympics. Marshall Cavendish,

p.61.
図5:Coote, J.(1980) The 1980 book of the Olympics. Webb Publications Internationa, p.45.
図6:アフロスポーツ
図7:ガーディナー,E.N.:岸野雄三訳(1981)ギリシアの運動競技.プレスギムナスチカ,写真66. 〈Gardiner, E.N.(1930) Athletics of the Ancient World. Oxford at the Clarendon Press.〉
図8:Shearman, M.(1887) Athletics and Football. Longmans, Green, and Co., p.21.
図9:Thom, W.(1813) Pedestrianism; or An Account of the Performances of Celebrated Pedestrians during the last and present Century.
図10:Lovesey, P.(1980) The Official Centenary History of the AAA. Guinness Superlatives Ltd, p.17.
図11:Algeo, M.(2014) Pedestrianism. Chicago Review Press.
図12:棚田真輔·青木積之介(1988)阪神健脚大競走.いせだプロセス出版,p.19.
図13:Killanin, L. and Rodda, J.(1975) The Olympic Games: 80 Years of People, Events and Records. Barrie & Jenkins, p.49.
図14:鈴木良徳·川本信正(1956)オリンピック.日本オリンピック後援会,p.114.
図15:AFP/WAA
図16:Achilles Club(1938) Athletics. J.M. Dent and Sons LTD, p.90-91.

第4章 ハードル競走・障害物競走の歴史

ハードル競走の歴史

ハードル(hurdle)とは

ハードル競走は、野原や放牧地にある自然の障害物を飛び越して走った運動形態を、グラウンド内に人工的な障害物を設置し競技化したものです。設置する障害物を英国で「ハードル」と呼んだことから生まれた競技名です。

「ハードル（hurdle)」は古英語の「hyrdel」や、ドイツ語の「Hürde」、オランダ語の「horde」などに由来する言葉です。英語の「果物類を運ぶ竹や柳で編み上げた「籠（かご)」を意味する「crate」や、「鉄格子」を表す「grate」、ラテン語の「バスケット」(cratis）も同じ系統の語です。

1 110mハードル

110m ハードル競走の始まり

競技としてのハードルレースの起源については、1930年まで英国陸連会長を務めたシャーマン卿（Sir Montague Shearman）が『陸上競技とフットボール』(1887年）で、1837年と38年にイートン校の校庭で100ヤード(91.44m）に10台のハードルを置いた競走が行われていたと述べています。

1853年のロンドンの新聞は、今の110mHと同規格の高さ3.5フィート(106.7cm）のハードル50台（距離、レース方式とも不明）を跳び越すレースを2人の競技者が行ったと報じています。当時はハードルの台数やインターバルはさまざまでしたが、高さに関しては現代と同じ3.5フィートが主流でした。1850年代から本格化した学校での競技会にはすべてハードル種目が組み込まれており、各地のパブリックスクールや大学で広く行われました。

図1 19世紀後半のハードル競走

今日とほぼ同じ形式の110mHが行われたのは、1860年に開かれた第1回オックスフォード大学競技会が最初でした。大会プログラムには120ヤード（109.73m）に10台のハードルを置いた競走が記載されています。

4年後の第1回オックスフォード大対ケンブリッジ大対校戦でも同レースが行われており、規格（ルール）は今日とほぼ同じ。ケンブリッジ大のダニエル（A. W. T. Daniel）が17秒3/4で優勝し、翌年の学生選手権は19秒0で制しました。

規格基準とハードル技術

当時のハードルは、牧場の木製柵を芝生のフィールドに埋め込んだ頑丈な作り。台数に限りがある場合は並べる台数を減らし、インターバルの距離を長くして実施しました。台数が確保できた1860年代には120ヤードに10台、140ヤード（128.0m）なら12台を置いて実施しました。

初期のレースでは、走高跳のような「跳び越える（jump over）」「膝を曲げた状態（bend knee）」のクリアランスが主流（図1、2参照）。両足でほぼ同時に着地し、ハードル間を5歩で走るのがやっとでした。

その後も「倒れないハードル」という厳しい条件は続きますが、1870年代に記録は16秒台に入り、94年の全米選手権でチェイス（Stephen Chase）が15秒6（120ヤードH）で走り、第1回アテネ五輪前年の全英選手権では、ショー（Godfrey Shaw）が15秒8をマークしました。

図2 芝生上で、倒れないハードルでの競走

図3 1900年パリ五輪で優勝したクレンツレーン

現在の110mHの規定は、英米で実施されていた120ヤード（109.73m）Hの10台目からフィニッシュまでの距離に約30cmを加えた110mとなっており、メートル法のおひざ元フランスによって1888年に定められました。

第1回アテネ五輪で優勝したカーチス(Thomas Curtis 米国）の記録は、17秒6と低調でした。100m（優勝記録12秒0）と同様、トラックの状態が悪かったことが主な要因だったと思われます。

従来の技術に一大革命をもたらしたのが、クレンツレーン（Alvin Kraenzlein 米国）でした。ペンシルベニア大学の学生だった彼は、リード脚を真直ぐに伸ばし、踏み切った脚を側方で直角に曲げてハードルを越える技術を体得。スピードを落とさずハードル間を3歩で走り、1898年に15秒2（120ヤードH）の画期的な世界記録を樹立しました。2年後のパリ五輪を15秒4の好記録で制し、200mHでも25秒4で優勝します。その後、上体を前傾しながらハードルを越え、素早く接地して疾走に移るテクニックが生み出され、1920年に世界記録は14秒台（110mH14秒8、120ヤードH14秒4）に入りました。

column

革新的なハードル技術が誕生！

ハードル種目の歴史で最も画期的だったのは、1900年パリ五輪で優勝したクレンツレーン（Alvin Kraenzlein 米国）のハードル飛越技術でした。

図4 1900年当時のフランスの競技者（M.ポンティエ選手）のハードリング（上）とパリ五輪110mハードル優勝のクレンツレーンのハードリング（下）

（Marey, onlineにおける図を著者改変）

前回アテネ五輪の記録（17秒6）を大きく上回る15秒4で金メダルに輝き「近代ハードリング技術の父」と言われたクレンツレーンの革新的な技術とはどのようなものだったのでしょうか。

当時のハードル（高さ106.7cm）は基底部が逆T字型で倒れにくくなっていたため、スピードを殺しても安全にクリアする技術が優先されていました。図4上のように振り上げ脚をハードル手前で内側に曲げ、上体を起こして「あぐら」をかくような姿勢で飛越します。このため、ハードルの近くで踏み切って遠くへ着地せざるを得ず、大きな減速につながりました。

それに対し、クレンツレーンはハードルに向かって直線的に振り上げ脚を伸ばして「またぎ越す」動作を導入（図4下）。重心位置を低く運び、抜き脚を側方から前方へと引き下ろす現在の技術が出来上がりました。踏み切り位置が遠くなり、着地位置がハードルの近くになったことで、スムーズに疾走へ移行でき、着地でのブレーキが減り、ハードル間の疾走スピードは格段に向上しました。図4上の選手の頭の位置がハードル前後で大きく上下動しているのに対し、図4下では頭部の位置がほぼ不変です。

ハードルの改良で記録向上

さらなる記録向上に大きな役割を果たしたのが、ハードルの構造改良でした。19世紀末には米国で移動可能な「四脚型ハードル」が製作され、20世紀に入るとそれを軽量化した「逆T字型ハードル」が出現しました。1920年代後半には今日のハードルの原形となる、ぶつけても倒れてくれる木製の「L字型ハードル」が考案されました。

1929年には14秒4のタイムが誕生します。「L字型ハードル」がちょうどそのころに普及し始め、思い切ったレースができるようになりました。1936年には14秒1まで記録が伸び、同年のベルリン五輪後の競技会でタウンズ（Forrest Towns 米国）が一気に13秒台へ突入する13秒7をマークします。画期的なハードルの改良が、急速な記録向上に貢献したことは間違いないでしょう。

1959年にはラウアー（Martin Rauer 西ドイツ）が13秒2をマーク。13秒

図5 倒れる「L字型ハードル」が用いられた1936年ベルリン五輪の110mH決勝

の壁に迫りましたがこの壁は厚く、手動計時では1975年にドルー（Guy Drut フランス）が出した13秒0どまりでした。電気計時に移行した1981年、ニアマイア（Renaldo Nehemiah 米国）が12秒93を記録して先陣を切り、2006年には劉翔（Xiang LIU 中国）が12秒88をマークしました。現在の世界記録は2012年にメリット（Aries. Merritt 米国）が樹立した12秒80です。

日本勢は、1928年アムステルダム五輪で三木義雄が準決勝へ進出。続くロサンゼルス五輪でも藤田辰三が準決勝で4着と決勝進出にあとひと息のレースでした。手動計時では1973年に大木繁男が14秒0をマーク。電気計時では1991年に岩崎利彦が13秒58まで記録を短縮しました。

表1　男子110mH 世界記録の主な変遷

記録	競技者(国)	年	備考
15.6y	S. チェイス(米国)	1894	初の15秒台(全米選手権)
15.2y	A. クレンツレーン(米国)	1898	パリ五輪4冠(110mH、60m、200mH、LJ)
15.0	F. スミスソン(米国)	1908	IAAF最初の公認記録、ロンドン五輪金
14.8	E. トムソン(カナダ)	1920	アントワープ五輪金
14.4	E. ウエンストレム(スウェーデン)	1929	29年から34年まで世界記録保持
13.7	F. タウンズ(米国)	1936	ベルリン五輪金(L字型ハードル)、WR3回
13.2	M. ラウアー(西ドイツ)	1959	ローマ五輪4位／400R金
13.0	G. ドルー(フランス)	1975	モントリオール五輪金
12.93	R. ニアマイア(米国)	1981	初の電気計時12秒台、WR3回
12.88	劉翔(中国)	2006	アテネ五輪金、07年WC金
12.80	A. メリット(米国)	2012	ロンドン五輪金

注）y:120ヤードH、年:世界記録樹立年、WR:世界記録、WC:世界選手権

東京2020五輪を迎えて一気にレベルが向上し、金井大旺、高山峻野、泉谷駿介らが次々に記録を書き換え、2021年6月には泉谷がその年の世界ランク5位となる13秒06をマークしました。決勝進出が期待された五輪の本番では、泉谷の準決勝3着（0秒03差で落選）が最高の成績でした。

column

L字型ハードルの特許取得

初期のハードル競技では、選手にとって「倒れないハードル」は恐怖の対象でした。それを一気に解消したのが1920年代後半にヒルマン（Harry Hillman 米国）が考案した木製の「L字型ハードル」でした。

「ぶつければ倒れるハードル」のおかげで一気に記録が伸びたことは本文で紹介していますが、1933年にはオースチン（Frank Austin 米国）が種目の規格に合わせて高さが変えられる用具を制作。高さによって「重心の位置も変えられるハードル」では特許を取得しました。このハードルは、上部の横木の部分に3.6kgの力が加わると前方に倒れる構造で、選手たちの心理的負担は一気に軽くなりました。1956年には横木以外の材質を鉄製にし、練習場でも気軽に使える「折りたたみ式ハードル」も誕生し、競技の普及や技術向上に大きな貢献をしました。

2 200mハードル

この種目は、200mまたは220ヤード（201.17m）に2.5フィート（76.2cm）の低いハードルを10台、20ヤード（18.28m）間隔で置いて実施されました。1864年の第1回オックスフォード大対ケンブリッジ大対校戦でも行われ、26秒3/4の記録が残っています。米国でも広く行われ（図6）、1935年にオーエンス（Jesse

図6 1935年ビッグ10大学選手権のオーエンス

図7 1895年全米学生選手権の220ヤードH（直走路）

Owens 米国）が220ヤードHで22秒6の世界記録をマークしましたが、第二次大戦後は400mHが主流になって廃れます。

3 400mハードル

400mまたは440ヤード（402.34m）に高さ3フィート（91.4cm）のハードルを10台置いて実施されます。古くは1860年のオックスフォード大学の学内大会で440ヤードに12台のハードルを置いて行われた記録があります。1900年パリ五輪から導入され、テュークスベリー（J. Walter Tewksbury 米国）が57秒6で優勝しました。

この種目はフランスでは英国に先駆け、1893年の国内選手権から実施されました。ヤード制の距離を400mへシフトし、インターバルもスタートラインから1台目までを45m、他のハードル間は35m、フィニッシュラインまでを40mに整えています。

世界記録は1934年に50秒台へ入り、56年には49秒台へ突入。1968年に48秒台、72年には47秒台へ記録が向上しています。1983年には五輪2大会で金メダルを獲得したモーゼス（Edwin Moses 米国）が46秒台へあとひと息の47秒02をマーク、92年バルセロナ五輪ではヤング（Kevin Young 米国）が46秒78の世界記録をマークしました。

その後、29年間も更新されなかったこの記録は、2021年7月にワーホルム（Karsten Warholm ノルウェー）が46秒70で走って書き換え、翌月の東京2020五輪では45秒94の衝撃的な記録を樹立。2位に続いたベンジャミン（Rai Benjamin 米国）も46秒17の大記録でした。

図8 1928年アムステルダム五輪の400mH決勝

表2 男子400mH 世界記録の主な変遷

記録	競技者(国)	年	備考
55.0	C. ベーコン(米国)	1908	IAAF最初の公認記録、ロンドン五輪金
50.6	G. ハーディン(米国)	1934	ロス五輪銀／ベルリン五輪金
49.5	G. デービス(米国)	1956	メルボルン／ローマ五輪連覇
48.12	D. ヘメリー(英国)	1968	メキシコ五輪金／ミュンヘン五輪銅
47.82	J. アキーブア(ウガンダ)	1972	ミュンヘン五輪金
47.02	E. モーゼス(米国)	1983	モントリオール／ロス五輪金、WC連覇、WR4回
46.78	K. ヤング(米国)	1992	バルセロナ五輪金、93年WC金
45.94	K. ワルホルム(ノルウェー)	2021	東京五輪WR金、五輪前にWR46.70、17／19年WC連覇

注)年:世界記録樹立年、WR:世界記録、WC:世界選手権

日本勢にとっては世界から遠い種目でしたが、1958年に52秒台に突入した大串啓二が52秒1まで記録を短縮。1978年には長尾隆史が初の50秒突破(49秒59)を果たします。1990年代には苅部俊二、斎藤嘉彦、山崎一彦らが国際級の活躍をします。これに続き、2001年には為末大が47秒89の高いレベルの日本記録を樹立し、世界選手権で銅メダルを2度(2001年エドモントン大会、2005年ヘルシンキ大会)獲得しました。

4 女子のハードル競走

始まりは米国の女子大

20世紀を迎えるころには欧米では女子の教育制度が充実し始め、ニューヨーク州のバッサー大学では1895年に米国最初の女子陸上競技会フィールドデー（5種目）が開催されました。このとき行われた120ヤードHの1位は25秒0と記録されています。

80mハードル

80mHが五輪に初登場したのは1932年ロサンゼルス大会でした。高さ2.5フィート（76.2cm）のハードルを8m間隔で8台、スタートから1台目と8台目からフィニッシュまでを12mの距離で実施。優勝は地元の万能選手、ディドリクソン（Babe Didrikson）で、タイムは11秒7でした。

第二次大戦後の最初の五輪、1948年ロンドン大会では、短距離種目で4冠に輝いたクン夫人（“Fanny” Blankers-Koen オランダ）が80mHに11秒2の五輪新で優勝しました。

続くヘルシンキ大会ではストリックランド（Shirley Strickland オーストラリア）が10秒9の世界記録をマークし、11秒の壁も破りました。その後の記録の伸びは目覚ましく、混成競技の女王、プレス（Irina Press ソ連）が1965年に10秒3をマーク。ハードル間8mの距離では狭くなり、100mハードルへとルール変更されました。

100mハードル

新規格の100mHは高さ2.75フィート（83.8cm）で、スタートから1台目

図9 バッサー大学でのハードル走の風景

図10 1932年ロサンゼルス五輪の80mH予選。右端は優勝したディドリクソン、左隣は中西みち（途中棄権）

図11 1948年ロンドン五輪の80mH（一番手前は優勝したクン夫人）

までが13m、各ハードル間8.5mで、10台目からフィニッシュまでが10.5mとなりました。世界記録第1号はバルツァー（Karin Balzer 東ドイツ）が1969年にマークした13秒3。1964年東京五輪金メダリストのバルツァーは、71年にマークした12秒6まで世界記録（電気計時の13秒29を含む）を計7回更新しました。

電気計時では、ドンコワ（Yordanka Donkova ブルガリア）が1988年にマークした12秒21が長く破られず、28年後の2016年にハリソン（Kendra

表3　女子100mH（80mH）世界記録の主な変遷

記録	競技者(国)	年	備考
11.7	B. ディドリクソン(米国)	1932	ロス五輪WRで金、JTとの2冠、HJ銀の万能選手
11.6	R. エンゲルハルト(ドイツ)	1934	初の国際陸連公認記録
11.0	F. B.クン(オランダ)	1948	ロンドン五輪金、女子初の4冠
10.9	S. ストリックランド(豪)	1952	メルボルン五輪金
10.3	I. プレス(ソ連)	1965	ローマ五輪金、東京五輪五種競技金
〈80mHから100mHへ移行〉			
13.3	K. バルツァー(東ドイツ)	1969	東京五輪(80H)金、手動計時で12秒6まで短縮
12.59	A. エールハルト(東ドイツ)	1972	ミュンヘン五輪WRで金
12.21	Y. ドンコワ(ブルガリア)	1988	ソウル五輪金／バルセロナ五輪銅
12.20	K. ハリソン(米国)	2016	28年ぶり更新、東京五輪銀、19／22年WC銀
12.12	T.アムサン(ナイジェリア)	2022	22年WC準決勝／決勝12秒06は追風参考

注）年:世界記録樹立年、WR:世界記録、WC:世界選手権

Harrison、米国）によって12秒20に書き換えられました。2022年世界選手権オレゴン大会では、アムサン（Tobi Amusan ナイジェリア）が準決勝で12秒12と世界記録を大きく更新しました。決勝ではさらに記録を伸ばす12秒06で優勝しましたが、惜しくも追い風参考記録となりました。

世界レベルには遠かった日本勢ですが、80mH時代の1964年東京五輪で依田郁子が5位（10秒7＝追い風参考）に入賞したのは画期的な成果でした。100mHに切り替わってからは13秒の壁が厚く、寺田明日香が12秒97をマークしたのは2019年のこと。寺田は2021年に12秒87まで記録を伸ばし、東京2020五輪でも準決勝へ進出しました。寺田の活躍もあって3人が12秒台に突入する活況となり、2022年オレゴン世界選手権では福部真子が準決勝で12秒82の日本記録をマーク。福部は9月に12秒73で走って大きく自分の記録を更新し、遠かった世界の舞台が見えてきました。

400mハードル

男子と同じインターバルに高さ76.2cmのハードルを置いて実施。1983年にヘルシンキで開かれた第1回世界選手権で導入され、翌年のロサンゼルス五輪から正式種目になりました。同年に53秒台へ入り、1986年にはステパノワ（Marina Stepanova ソ連）が52秒94の世界記録をマークしました。

東京2020五輪シーズンの2021年にマクローリン（Sydney McLaughlin 米国）が51秒90で走り、五輪ではこれを上回る51秒46の大記録を樹立しました。22歳のマクローリンは、2022年世界選手権オレゴン大会では50秒68の驚異的な世界記録を樹立。1年余りで4度も世界記録を更新しており、ま

表4 女子400mH 世界記録の主な変遷

記録	競技者(国)	年	備考
56.51	K. カスペルチュク(ポーランド)	1974	国際陸連初の公認記録
53.55	S. ブッシュ(東ドイツ)	1985	87年WC金
52.74	S. ガネル(英国)	1993	バルセロナ五輪金、93年WC金WR
52.16	D. ムハンマド(米国)	2019	19年WC金WR/22年銀、東京五輪銀
51.46	S. マクラフリン(米国)	2021	東京五輪金WR/1600R金
50.68	S. マクラフリン(米国)	2022	22年WC金WR/1600R金

注)年:世界記録樹立年、WR:世界記録、WC:世界選手権

表5 ハードルの高さとインターバル

性別	種目	ハードルの高さ(cm)	第1障害までの距離(m)	ハードル間の距離(m)	最終障害からの距離(m)
男子	110mH	106.7(3.5ft)	13.72(15yd)	9.14(10yd)	14.02
	120yH	106.7(3.5ft)	15yd	10yd	15yd
	200mH	76.2(2.5ft)	18.29(20yd)	18.29(20yd)	17.1
	220yH	76.2(2.5ft)	18.29(20yd)	18.29(20yd)	18.29(20yd)
	400mH	91.4(3ft)	45	35	40
女子	80mH	76.2(2.5ft)	12	8	12
	100mH	83.8(2.75ft)	13	8.5	10.5
	400mH	76.2(2.5ft)	45	35	40

y=ヤード(91.44cm) ft=フィート(30.48cm)

だまだ記録を伸ばしそうです。

日本勢では2011年に55秒34の日本記録を樹立した久保倉里美が、2016年リオデジャネイロ五輪まで五輪3大会に連続出場する息の長い活躍でした。

障害物競走とクロスカントリーの歴史

1 障害物競走とクロスカントリーの起源

太古の人類が生活の糧を求めて獣を追いかけ、森林や草原を走り回っていた形式を競技化したものが障害物競走とクロスカントリーの始まりです。

中世英国の王侯貴族は、軍事訓練や娯楽や交流を目的に、乗馬してシカ狩りやウサギ狩りを楽しんでいました。これが大学生達に受け継がれ、やがて競技場で行う障害物競走やクロスカントリーに発展していきました。また、子どもたちが貴族の狩猟をまねて、キツネ役やウサギ役の子を猟犬役の子が追いかける、日本の鬼ごっこに似た遊び(Hare and Hounds)が登場します。この遊びがパブリックスクールの生徒たちや多くのクラブに引き継がれ、ここからも競技場で行う障害物競走やクロスカントリー競走へ発展していきま

した。

障害物競走（Steeple Chase）の語源

西欧では、狩猟は特権階級だけの楽しみでした。彼らは馬に乗り、遠くに見える「十字架に付いた教会の尖塔（せんとう）（steeple）」を目指して広大な荘園内の障害物を越え、キツネやウサギなどの獲物を「追いかけ（chase）」ました。障害物競走（Steeplechase）はこれを組み合わせた言葉です。その後、競馬場で行うレースや競技場で行われるレースにも障害物競走の言葉を用いるようになりました。また、野原や湿原を走るレースもクロスカントリー・スティープルチェイスが用いられていました。

クロスカントリーと障害物競走の始まり

1838年、6人のバーミンガム大学医学生が健康目的で、クロスカントリー・スティープルチェイスを実施します。工業化が進んだ19世紀の英国では、運動不足で人々の体力が低下して病人が増加。この競走が人々の健康増進に効果があると考えた医学生たちが、ランニングシャツ、パンツ姿で1マイルの湿原を走ってみせるという画期的な行為でした。

1850年秋、オックスフォード大学のエクセター校の学生が、2マイル（約3218.68m）のコースに24の障害物を設置して自分たちの脚で走るクロスカントリー・スティープルチェイス（通称：College foot grind）を実施。大観衆が見守る中、学生たちが野原や小川の土手、高い柵を越えてヘトヘトになってゴールインしました。このレースの面白さが評判となって各地へ広まり、対抗戦も行われるようになりました。

競技場で行う障害物競走の始まり

1860年代になると、競技場に障害物や水濠を設置した「障害物競走」が行われるようになり、陸上競技の重要な種目になります。1864年の第1回オックスフォード大対ケンブリッジ大対校戦では、初めての2マイル障害物競走が行われました。OBたちはクラブを結成し、陸上競技場を作って今日と同じような水濠（water-jump）を設営しました。AAA（Amateur Athletic Association）選手権では、1888年の第1回大会から障害物競走を実施しま

図12 学内の競技場に設置された水濠（1887年）

した。

もう一つのクロスカントリー

1831年ロンドン西部のパブリックスクール、シュルズベリー校の生徒達が、ウサギ狩りごっこ（Hare and Hounds）を実施。これが最初のクロスカントリー競走と言われています。このゲームは英国中の学校に拡大。ラグビー校では1837年に「クリック・ラン」が、イートン校では1845年にクロスカントリーが始まりました。

1867年にテームズ・ローイング・クラブが、冬場のトレーニングの一つとしてThames Handicap Steeplechaseを実施。翌1868年にテームズ・ヘア・アンド・ハウンド・クラブが設立され、「撒紙競走（Paperchase）」という愛称で行われ、やがて現代のクロスカントリー形式の大会に発展していきました。

図13 ウサギ役を追いかける猟犬役のランナーたち

column

原点はウサギ狩りごっこ

この遊びは、兎役の2人の生徒が、校長が書いた文法書や新聞紙を引きちぎって袋に詰め、その紙切れを痕跡として落としながら走ります。他の生徒達は猟犬役となり、紙切れを見つけながらウサギ役を追いかけ、最初に捕まえた生徒が表彰されました。生徒の中には、レースの度にコースを外れてパブに立ち寄りビールを飲んでいた者がおり、立腹した校長はレースを禁止してしまったそうです。

この種の遊びは英国中の学校に広まり、ラグビー校では1837年から「クリック・ラン」が行われています。ラグビー校に在校したトーマス・ヒューズ（Thomas Hughes 英国）は、自分の学校生活の体験をもとに、『トム・ブラウンの学校生活』を執筆。主人公のトムが、仲間達とウサギ狩りごっこに初めて参加し、途中道に迷いずぶ濡れになりながら散々な思いをした様子が詳しく書かれています。

テームズ・ヘア・アンド・ハウンド・クラブの「撒紙競走」は、ラグビー校の「クリック・ラン」や『トム・ブラウンの学校生活』に影響を

図14 1869年のテームズ・ヘア・アンド・ハウンド・クラブの撒紙競走

受けて始まった大会でした。創設者の一人ライは、第2回大会にヒューズを招待。ヒューズは審判を担当しました。世界で初めて1マイル4分を切ったバニスターやバニスターのペースメーカーを務めたチャタウェイ(Chris Chataway)もこのクラブの会員として活動していました。

2 3000m障害物競走

障害物競走は、競技場に下図のような水濠と障害物を設置して行われてい

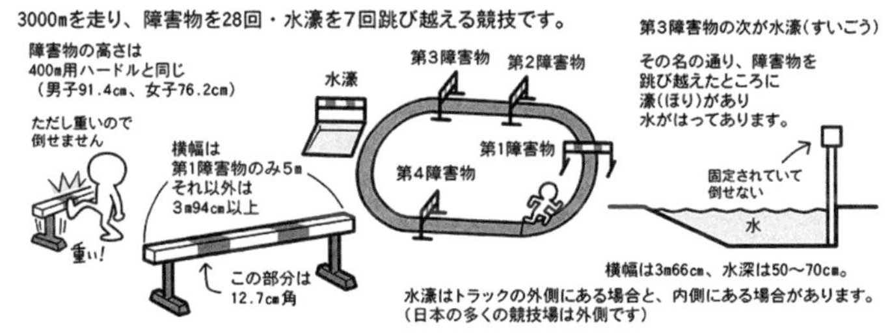

図15 3000m障害物競走

ます。現在の3000m障害物競走は19世紀後半から行われ、五輪では1900年パリ大会から実施されています。女子は2005年世界選手権ヘルシンキ大会から導入され、五輪では08年北京五輪から行われています。

始まった頃の障害数や距離はまちまちで、3000mの距離が標準になったのは1920年のアントワープ五輪からです。1913年の国際陸連総会でハードルの高さは3フィート(91.4㎝)と定まり、21年の総会で水濠は最深2.5フィートまたは76㎝以下と決められました。1954年には障害物の数や形が統一され、世界記録の公認もこれ以降の記録が対象になっています。

1968 年メキシコ五輪からはケニア勢の天下

1900年パリ五輪は2500mの距離で実施されました。1920年のアントワープ五輪で実施された3000mの距離がその後の基準となりました。同大会ではホッジ（Percy Hodge 英国）が10分0秒4で優勝しました。1956年のメルボルン五輪では、1マイルで初めて4分の壁を破ったバニスターのペースメーカーを務めたブラッシャー（Chris Brasher 英国）が金メダルを獲得。1964年東京五輪までは欧州勢がメダルを量産しました。

1968年のメキシコ五輪を初制覇したケニア勢は、その後も圧倒的な強さを発揮。2016年リオデジャネイロ五輪までの13大会で11個の金メダルを獲得しましたが、東京2020五輪では、エルバッカリ（Soufiane El Bakkali モ

図16 1928年アムステルダム五輪の3000mSC

表6 男子3000mSC 世界記録の主な変遷

記録	競技者(国)	年	備考
8.49.6	S. ロズニョイ(ハンガリー)	1954	メルボルン五輪金
8.29.6	G. ローランツ(ベルギー)	1963	東京五輪金
8.14.0	B. ジプチョ(ケニア)	1973	ミュンヘン五輪銀
8.08.0	A. ヤーデルード(スウェーデン)	1976	モントリオール五輪WRで金
8.05.4	H. ロノ(ケニア)	1978	3000m/5000m/10000m/3000mSCでWR
7.59.18	M. キプタヌイ(ケニア)	1995	アトランタ五輪銀、95年5000mWR
7.53.63	S. S. シャヒーン(カタール)	2004	03/05年WC連覇、ケニアから国籍変更

注)年:記録樹立年、WR:世界記録、WC:世界選手権

ロッコ)が優勝して、ケニア勢の10連覇を阻みました。

1932年ロサンゼルス、36年ベルリン両五輪を制したイソ=ホロ(Volmari Iso-Hollo フィンランド)が唯一の連覇達成者。優勝2回(2004年アテネ、12年ロンドン)もケンボイ(Ezekiel Kemboi ケニア)だけです。

図17 東京2020五輪で日本人初入賞を果たした三浦龍司

日本選手は、1972年のミュンヘン五輪で小山隆治が決勝に進出(9位)。1980年にはマラソンでも活躍した新宅雅也が、国際レベルの日本記録(8分19秒52)を樹立しました。東京2020五輪では、19歳の三浦龍司が8分09秒92の画期的な日本記録をマーク。決勝でも果敢なレースで7位入賞を果たしました。

国際陸連が最初に公認した世界記録は、1954年のロズニョイ(Sandor Rozsnyoi ハンガリー)の8分49秒6でした。1963年に8分30秒を切ったローランツ(Gaston Roelants ベルギー)が、翌年の東京五輪で金メダルを獲得。1976年モントリオール五輪ではヤーデルード(Anders Gärderud スウェーデン)が8分08秒0(電気計時8分08秒02)に短縮し、1995年にはキプタヌイ(Moses Kiptanui ケニア)が8分を突破(7分59秒18)しました。現在の世界記録は、ケニアからカタールに国籍を変更したシャヒーン(Saif Saaeed Shaheen)が2004年に出した7分53秒63。

表7　女子3000mSC 世界記録の主な変遷

記録	競技者(国)	年	備考
9.48.88	Y. モタロワ(ロシア)	1999	最初の公認世界記録
9.16.51	A. トゥロワ(ベラルーシ)	2002	06年欧州選手権金
8.58.81	G. S. ガルキナ(ロシア)	2008	北京五輪金、初の9分突破、WR3回
8.52.78	R. ジェベット(バーレーン)	2016	リオ五輪金
8.44.32	B. チェプコエチ(ケニア)	2018	19年WC金

注)年:記録樹立年、WR:世界記録、WC:世界選手権

五輪の女子は2008年北京から

女子には過酷すぎるとして採用が遅れ、世界選手権で実施されたのは2005年ヘルシンキ大会のことでした。五輪では2008年北京大会から行われ、ガルキナ（Gulnara Galkina ロシア）が8分58秒81で初代女王になりました。

最初の公認世界記録は、1999年モタロワ（Yelena Motalova ロシア）の9分48秒88。2001年にバク（Justyna Bak ポーランド）が9分30秒を破り、2003年から3回記録を書き換えたガルキナが2008年に9分の壁を突破しました。現在の世界記録は2018年にチェプコエチ(Beatrice Chepkoech ケニア)が樹立した8分44秒32です。

日本選手では中長距離のベテラン早狩実紀が取り組み、日本選手権でこの種目が採用された2006年から6連覇を達成。北京五輪の他、世界選手権に3回出場するなど新種目のけん引役になりました。

column

1周余分に走って金メダル

1932年ロサンゼルス五輪の3000m障害で、まさかの珍事件が発生しました。先頭のイソホロ（Volmari Iso-Holló フィンランド）が世界記録で優勝かと見えましたが、周回板が「あと1周」となっていたため、やむなくレースを続行。3460mの距離を走ったゴールでは、2位との差を広げて金メダルを獲得しました。

収まらなかったのは3000m地点で2位だったマックラスキー（Joseph McCluskey 米国）でした。余分なもう1周でエベンソン（Thomas Evenson 英国）に抜かれ、3位に転落したため猛抗議します。審判団から翌日の再レースを提案されますが、「1回のレースは1回のゴールラインしかない」と憤慨して断りました。

間違いが起きたのは担当の審判員が病気で休み、不慣れな審判員が周回板をめくるのを忘れたため。おかげでフィンランド選手は世界記録を逃し、米国選手は銀メダルを失うという罪な失態となりました。

3 クロスカントリー競走

1973年から世界選手権として実施

1877年にAAA主催の英国クロスカントリー選手権が開催され、個人戦と団体戦を実施。五輪では1912年ストックホルム大会で12km、1920年アントワープ大会で8km、1924年パリ大会では10kmで個人戦と団体戦が行われました。炎天下のパリ大会では、レース途中にスペイン選手が死亡する事故が起き、五輪から除外される要因となりました。

1903年から国際クロスカントリー選手権として始まった大会は、1973年から世界選手権に格上げされます。2011年までは毎年春に実施されていましたが、現在は、隔年（奇数年）での開催になっています。1986年の第14回大会からはアフリカ勢の独壇場。男子のテルガト（Paul Tergat ケニア）とベケレ（Kenenisa Bekeleエチオピア）がともに5連覇を達成しています。

図18 1924年パリ五輪のクロスカントリーで優勝したヌルミ（右）

図19 ゴール間近の田舎片善治選手

アジア初開催となった2006年の福岡大会で福士加代子が6位に入ったのが日本勢シニアの最高成績となっています。

わが国のクロスカントリー

わが国では1905（明治38）年1月に、学習院が「断郊競走」と言う名称で、初めてのクロスカントリー競走を実施しました。1912（明治45）年4月、わが国最初の大会となる大阪箕面山野横断競走（クロッスカンツリーレース）が大阪毎日新聞社の主催で行われ、愛知一中の17歳田舎片善治が優勝。1913年マニラで開催された第1回東洋オリンピックに、09年のマラソン大競走予選会で1位だった井上輝治と共に派遣され、田舎片が5マイルと1マイル競走の2種目を制覇しました。

大日本体育協会（現日本スポーツ協会）主催の初めての「断郊競走」は1916年、東京帝大農科（東京帝大の前身校に設置された農学の分科大学）運動場–多摩川二子渡し往復10マイルで行われました。その後、駅伝ほど盛んにはならず、1962年から千葉市で開かれた全国断郊競走大会（後に奈良公園と千葉市の交互開催）が数少ないビッグイベントでした。1987年に福岡で始まった大会が2016年から日本選手権に昇格しました。

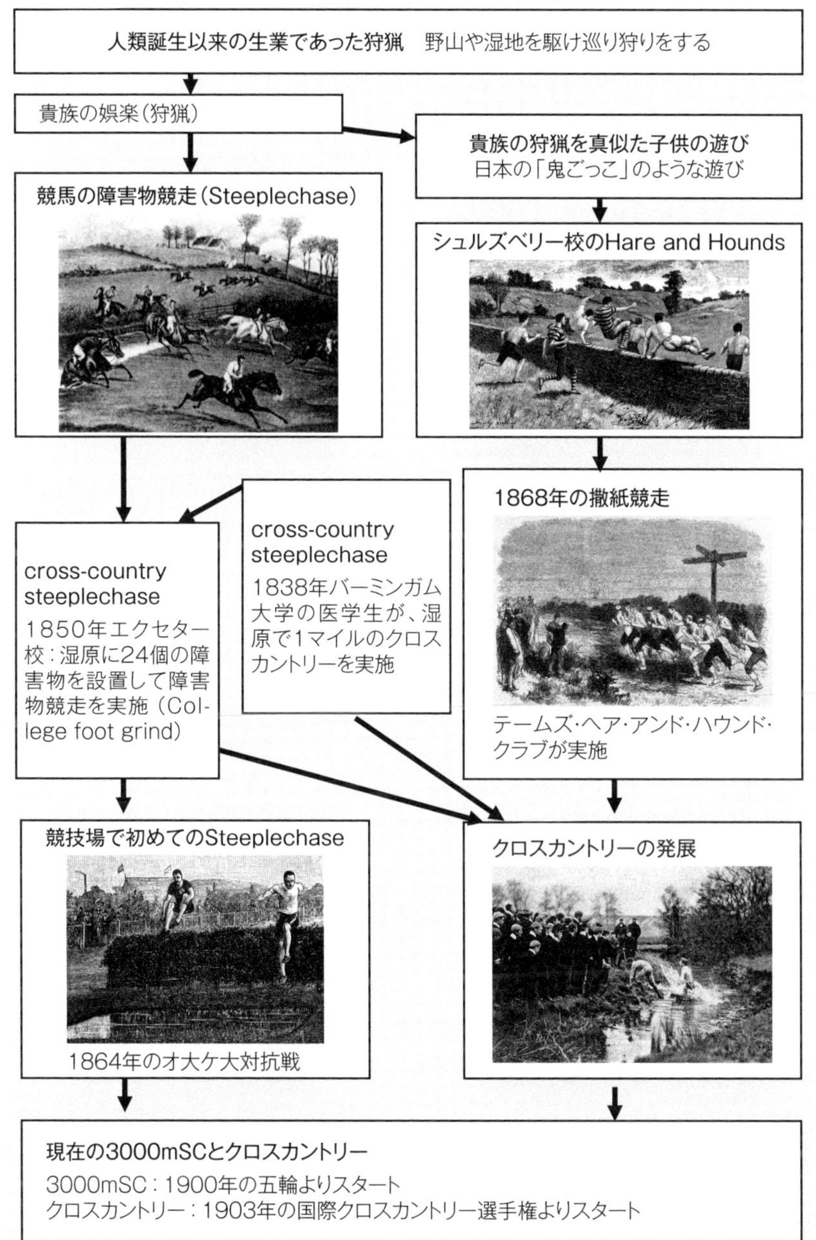

図20 障害物競走とクロスカントリーの歴史

図版の出典

図1:Shearman, M.(1887) Athletics and Football. Longmans, Green, and Co., p.126.

図2:Webster, F.A.M.(1929) Athletics of To-day -History development & training. Frederick Warne & Co., Ltd., p.148-149.

図3:Killanin, L. and Rodda, J.(1975) The Olympic Games: 80 Years of People, Events and Records. Barrie & Jenkins, p.31.

図4:Marey, E.J.(online) ANALYSE DES ACTES MUSCLAIRESPAR LA CHRONOPHOTOGRAPHIE. Official Report of the 1900 Olympic Games, pp390-393.

図5:Cigaretten-Bilderdienst(1936) Die Olympischen Spiele 1936 Band 2. Cigaretten-Bilderdienst Verlag.p.45.

図6:Matthews, P.(1982) The Guinness book of track & field athletics: Facts & feats. Guinness Superlatives, p.2.

図7:Interscholastic Sport(1896) Track Athletics in Detail. Harper and Brothers, p.37.

図8:Kruse, B(1995) Die Chronik 100 Jahre Olympische Spiele 1896-1996. Chronik Verlag, p.54.

図9:Quercetani, R.L.(1990) Athletics—A History of Modern Track and Field Athletics(1861-1990) Man and Women—. p.357.

図10:鈴木良徳・川本信正(1956)オリンピック.日本オリンピック後援会,p.70.

図11:IAAF(1982) 70 Golden Years IAAF 1912-1982, p.44.

図12:Shearman, M.(1887) Athletics and Football. Longmans, Green, and Co., p.123.

図13:Shearman, M.(1887) Athletics and Football. Longmans, Green, and Co., p.415.

図14:A Paper-Chase of the Thames Hare-and-Hounds Club, at Roehampton Bottom. The Illustrated London News, Nov. 27, 1869.

図15:日本陸上競技連盟(イラスト:とくこくりえ)

図16:Hugman, B.J. and Arnold, P.(1988) The Olympic Games: Complete Track and Field Results 1896-1988. Facts on File, p.93.

図17:アフロスポーツ

図18:Lancaster, A.B.(2011) Enhanced Cross Country Running Course Design: A Study Of Historic And Recent Course, Other Landscape-Based Sports, Athletic Psychology, And Course Elements. p.7.

図19:棚田真輔・青木積之介(1988)阪神健脚大競走.いせだプロセス出版,p.321.

図20:(競走馬の障害物競争)Cadfryn-Roberts, J.(1963) British Sporting Prints. Ariel Press.

図20:(クロスカントリーの発展)Shearman, M.(1904) Athletics. Longmans, Green, and Co., p.254.

第5章 マラソン・ロードレースの歴史

マラソンの歴史

1　近代五輪とマラソンの誕生

図1 クーベルタン男爵

マラトンの戦いの故事から発案

1894（明治27）年、クーベルタン男爵（Baron Pierre de Coubertin フランス）が近代五輪開催を提唱しますが、ギリシャ政府は開催に難色を示しました。この苦境を打開しようと、パリ・ソルボンヌ大学のブレアル（Alfred Breal フランス）教授に助言を求めたところ、教授は「マラトンの戦い」の故事にちなんだマラトンの古戦場からアテネまで走る長距離競走を提案。これが起爆剤となり、資金が集まって五輪開催の目途が立ちました。

column

「マラトンの戦い」の故事

マラトンはアテネから約40km離れた平原です。紀元前490年にペルシャの大軍が侵攻してきたとき、数的には劣勢だったアテネ軍が巧みな戦法でペルシャ軍を打ち破りました。この知らせをアテネにもたらした伝令が「喜べ、勝ったぞ」と告げて絶命したとの逸話が残されています。しかし、ヘロドトスの「歴史」にはアテネへの戦勝報告は触れられておらず、後年の作り話だったようです。

五輪支えたマラソンの成功

記念すべきアテネ五輪のマラソンは、4月10日午後2時に17人（13人がギリシャ人）がスタート。地元ギリシャの羊飼いルイス（Spiridon Louis）が先頭でスタジアムに入ってくると、8万人の大観衆が総立ちとなります。興奮した皇太子が貴賓席からグラウンドへ下りてルイスと並走する劇的な幕切れ。優勝記録は2時間58分50秒でした。先行きが不安視された五輪でしたが、古代の故事にちなんだこのユニークなレースのおかげで、世界へ大きなインパクトを与えることができました。

マラソンの大成功は世界へ打電されます。米国ではアテネ五輪のわずか5カ月後、ニューヨークで「ニッカ・ボッカー・クラブ」が25マイル（約40.2km）のレースを開催します。1897年4月19日には独立戦勝記念日にボストンマラソン（24.7マイル＝約39.74km）が開かれ、欧州各国でも相次いでマラソン大会が開催されました。わが国では1909（明治42）年に、初めての「マラソン大競走—神戸大阪間二十哩（約32.18km）長距離競走」が行われました。主催した大阪毎日新聞社はマラソンの特集記事を掲載。電鉄会社とタイアップして大観衆を集めるなど、見て楽しむスポーツの先駆け

図2 ゴールインするルイスと皇太子（左下）

図3 日本最初のマラソンのスタート

となりました。

2 42.195kmになった経緯

第1回アテネ五輪でのレース距離は40kmでしたが、当時はマラソンの距離は定まっていません。1908年ロンドン五輪では由緒ある場所、市民の声援を受けられるコース取りを模索します。王族の居城ウィンザー城東テラスをスタート地点とし、競技場内を半周余りしたロイヤルボックス前をゴールと決めました。距離は少し長くなり、競技場入り口まで26マイル、そこからロイヤルボックス前までが385ヤード、合計26マイル385ヤード（42.195km）でした。

レースは、先頭のピエトリ（Dorando Pietriイタリア）が審判員の助力を得てゴールしたため失格となり、ヘイズ（Johnny Hayes米国）が2時間55分18秒4で金メダルを獲得しました。

図4 ウィンザー城からの下り坂からスタートするロンドン五輪コース

3 その後の男子マラソン

ロンドン五輪翌年の1909年にはポリテクニックハリアーズマラソン（ウィンザーマラ

ソン）が創設され、五輪と同じコースでレースを実施。これを尊重した国際陸連が1921年に42.195kmをマラソンの正式距離と決めます。1924年のパリ五輪はこの距離で実施され、優勝したステンロース（Albin Stenroos フィンランド）の記録は2時間41分22秒6でした。

その後、1935年には日本勢の池中康雄、孫基禎が立て続けに世界最高を更新。1936年ベルリン五輪では孫基禎がアジア初の金メダルを獲得します。第二次大戦後しばらく記録は足踏みしますが、1953年にピータース（Jim Peters 英国）が初めて2時間20分を切る2時間18分40秒4をマーク。1965年には重松森雄が2時間12分0秒をマークして2時間10分の壁へあと2分に迫りました。

衝撃の２時間１０分切り

あと2分とはいえ、10分の壁突破がまだ現実のものと思われていなかった1967年、福岡国際マラソンでクレイトン（Derek Clayton オーストラリア）が2時間09分36秒4の大記録をマーク、世界に大きな衝撃を与えました。この記録は、1981年に再び福岡で同国のドキャステラ（Robert de Castella）が上回るまで14年間も破られませんでした。

1970年代にはスピードランナーが次々に登場。1972年ミュンヘン五輪で金メダル、続くモントリオール五輪では銀メダルを獲得したショーター（Frank Shorter 米国）は、全米の爆発的なランニングブームの火付け役となりました。2008年の北京五輪以降は、アフリカ系ランナーが金メダルを独占しています。

連覇はアベベら３人

アベベ（Abebe Bikila エチオピア）が1960年ローマ五輪と64年東京五輪を制し、初めて五輪の連覇を達成しました。2人目はチールピンスキー（Waldemar Cierpinski 東ドイツ）。1976年モントリオール五輪は、前回ミュンヘン五輪覇者のショーターを破る五輪新での快勝で、続くモスクワ五輪は接戦を制しました。3人目のキプチョゲ（Eliud Kipchoge ケニア）は2016年リオデジャネイロ五輪と続く東京2020五輪を圧倒的な強さで制覇しました。

column

裸足でも金、シューズでも金

1960年ローマ五輪では、無名のアベベが裸足で優勝して世界を驚かせました。レース前に試したシューズが足に合わなかったため、慣れた裸足でレースに出場。30kmからトップに立つと、2時間15分16秒2の世界最高でゴールに駆け込みました。インタビューで「まだ余力はある。走れと言われれば、もう20kmは走れる」と答え、再び驚かせました。

図5 裸足で優勝したローマ五輪

図6 東京五輪ではシューズを履いて優勝

この年は植民地だった各国が次々に独立した「アフリカの年」でもありました。長い歴史を持つエチオピアですが、1930年代にイタリアの侵攻を受けた歴史があり、古代ローマ時代のアッピア街道を裸足で駆け抜けたアベベの快挙に、エチオピア国民は熱狂しました。

続く東京五輪では、スポンサー契約していたプーマ製シューズを履いて2時間12分11秒2の世界最高で圧勝。五輪史上初の2連覇を達成し、「裸足でもシューズでも金メダル」を手にしました。哲学者のような風貌で独走するアベベの姿は、五輪では初めてのテレビ完全中継を通して強いインパクトを与えました。続くメキシコ五輪は脚の故障のため途中棄権しましたが、後輩のマモ（Mamo Wolde）が優勝し、エチオピアが3連覇を果たしました。

それから半年後、アベベは運転中の自動車事故で半身不随の大けがを

column

負い、世界に衝撃が走りました。それでも、けがのリハビリで試みたアーチェリーや卓球で障がい者の大会に出場し、犬ぞりレースではノルウェーの大会で優勝。1972年ミュンヘン五輪に招かれ、その翌年10月に41歳で死去しました。

高速化進んだ20世紀終盤

20世紀終盤には一段と高速化が進み、1998年にはベルリンでダ・コスタ（Ronardo da Costa ブラジル）が1kmの平均ペースで初めて3分を切る2時間06分05秒をマーク。この時代、ベルリンのような平坦なコース設定、ペースメーカーによる誘導、高額な優勝賞金など諸条件がそろい、好記録誕生を支えました。

2003年にテルガト（Paul Tergat ケニア）が2時間04分55秒をマークして2時間05分を突破。2008年にはゲブレシラシエ（Haile Gebrselassie エチオピア）が2時間03分59秒にまで引き上げます。両選手とも、トラック、クロスカントリーで輝かしいキャリアを積んだ後にマラソンへ進出し、大きな成功を収めました。

現在の世界記録保持者、キプチョゲもトラックで磨いたスピードと無駄のないフォームで異次元の強さを発揮しています。2018年のベルリンマラソンで2時間01分39秒の世界記録を樹立。37歳になった2022年の同大会では、自身の記録をさらに短縮する2時間01分9秒で走り、“2時間の壁”に肉迫しました。2019年には非公認レースで夢の2時間突破（1時間59分40秒2）を果たしています。

ハーフマラソンも盛況

近年ではマラソンの半分の距離（21.0975km）のハーフマラソンが、世界各地で盛んに行われています。ハーフマラソンの他、15kmや10km、5kmなどのロードレースが頻繁に行われることから、マラソンのことをフルマラソンと呼んで区別することがあります。1992年から世界ハーフマラソン選手権が毎年開催されましたが、2005年でいったん終了。2008年から再び世界選手権として復活し、2012年からは隔年開催となっています。マラソンと比較してランナーの消耗度が低く、レース時間も短いことから、選手

図7 非公認レースで夢の2時間突破を果たしたキプチョゲ

にとっても主催側にとっても負担が少ないことも人気の要因でしょう。

この種目でもアフリカ勢の力は圧倒的で、歴代上位記録50傑は男女ともアフリカ系のランナーに占められています。現在の世界記録は、男子がキプリモ（Jacob Kiplimo ウガンダ）の57分31秒。女子はギデイ（Letesenbet Gidey エチオピア）の1時間02分52秒で、ともに2021年に樹立されました。

日本勢は、1992年第1回大会の女子団体で優勝しましたが、個人では92年の藤原恵、93年の谷川真理、99年の野口みずきの銀メダルが最高。男女を通じて優勝者はいません。

表1　男子マラソン世界最高記録・世界記録の主な変遷

記録	競技者(国)	年	備考
2.55.18.4	J. ヘイズ(米国)	1908	ロンドン五輪でWB金
2.26.42	孫基禎	1935	ベルリン五輪でWB(日本初の金、朝鮮半島出身)
2.17.39.4	J. ピーターース(英国)	1954	ウインザーでWB、同マラソン3連覇
2.15.15.8	寺沢徹	1963	別大でWB、別大4連覇
2.12.11.2	B. アベベ(エチオピア)	1964	ローマ／東京五輪WB、マラソン初の連覇
2.12.00	重松森雄	1965	ウインザーでWB、2カ月前にボストン制覇
2.09.36.4	D．クレイトン(オーストラリア)	1967	福岡でWB(初の2時間10分突破で世界に衝撃)
2.06.05	R. ダコスタ(ブラジル)	1998	ベルリンでWB(初の平均時速20km超え)
2.04.55	P. テルガト(ケニア)	2003	ベルリンでWR、アトランタ／シドニー五輪10000m銀
2.03.59	H. ゲブレシラシエ(エチオピア)	2008	ベルリンでWR、同マラソン4連覇
2.01.09	E. キプチョゲ(ケニア)	2022	ベルリンでWR、リオ／東京2020五輪(札幌開催)連覇
★1.59.40.2		2019	WMMで優勝9回、非公認で2時間突破

注)★:非公認、年:記録樹立年、WB:世界最高、WR:世界記録、WMM:ワールドマラソンメジャーズ

4 日本のマラソン

1912年ストックホルム五輪の代表選考会が前年11月に羽田運動場で開催され、優勝した金栗四三が日本初の五輪代表になってマラソンに出場しましたが、途中棄権。1920年アントワープ五輪（16位）、24年パリ五輪（途中棄権）も不本意な成績でした。力の差を思い知らされた金栗は、若い学生が世界へ追いつくためにと、箱根駅伝を創設。後進の指導や、各地のマラソン大会の開催などに力を尽くし、「日本マラソンの父」と呼ばれました。

column

55年後のゴール

ストックホルム五輪のレースは、30度を超える北欧としては異常な高温下で行われました。金栗四三は後半に意識を失って倒れ、地元住民に介抱されるという無念の結果。途中棄権を競技本部に告げることなく帰国したため、「消えた日本人ランナー」となっていました。

時が流れた1967年、スウェーデンのオリンピック委員会から1通の招待状が届きます。ストックホルム五輪から55周年を記念したイベントに“消えた日本人”を招く粋な計らいでした。75歳になっていた金栗が思い出の競技場をゆっくりと走ってゴールすると「日本の金栗がゴールしました。タイムは54年8カ月6日と5時間32分20秒3。これで第5回オリンピック・ストックホルム大会は全ての日程を終了しました」とアナウンスが流れました。

インタビューを受けた金栗が「長い道のりでした。この間に嫁をめとり、6人の子どもと10人の孫に恵まれました」と答えると、

図8 55年後にゴールテープを切る金栗

一段と大きな拍手が巻き起りました。

オークの木

1936年ベルリン五輪では孫基禎がアジア人初の金メダルに輝き、南昇竜も銅メダルを獲得しました。ともに日本統治下の朝鮮半島の出身。表彰式では、植民地支配に反発する孫が授与されたオーク（ナラ）の木で日の丸を隠し、国旗掲揚の際もうつむいたままの写真が残っています。

その後は遠かった五輪のメダルですが、1964年東京五輪でついに円谷幸吉が銅メダルを獲得し、続くメキシコ五輪では君原健二が銀メダルを手にしました。しかし、その後の大会では世界レベルの選手をそろえながら、メダルにはあと一歩届かず、1992年バルセロナ五輪で森下広一が獲得した銀メダルは、実に24年ぶりのものでした。近年はアフリカ勢との力の差は開く一方で、2012年ロンドン五輪の中本健太郎、東京2020五輪の大迫傑がそれぞれ6位に入ったのが精いっぱいの成績です。

主要マラソン大会の優勝者

マラソンは、陸上競技では世界と対等に戦ってきた数少ない種目です。レベルの高い国際レースで多くの優勝者を輩出しています。

第二次大戦後、日本のマラソン界は1951年のボストンで優勝した田中茂樹の快挙で再スタートします。この後のボストンでは山田敬蔵、浜村秀雄らが相次いで優勝。1965、66年には重松森雄と君原が連続優勝し、最近では2018年に川内優輝が伝統のレースを制しています。

図9 表彰台に立つ孫基禎（中央）と南昇竜（手前）

図10 1964年東京五輪で銅メダルを獲得した円谷

表2　世界の主要マラソン大会で優勝した日本選手

ウィンザーマラソン　1909年創設

年	氏名	記録	備考
1965	重松森雄	2:12:00	世界最高
1968	君原健二	2:15:15	

ボストンマラソン　1897年創設

年	氏名	記録	備考
1951	田中茂樹	2:27:45	距離不足
1953	山田敬蔵	2:18:51	距離不足
1955	浜村秀雄	2:18:22	距離不足
1965	重松森雄	2:16:33	
1966	君原健二	2:17:11	
1969	采谷義秋	2:13:49	大会新
1982	瀬古利彦	2:09:26	大会新
1987	瀬古利彦	2:11:50	
2018	川内優輝	2:15:58	

ロンドンマラソン　1981年創設

年	氏名	記録	備考
1986	瀬古利彦	2:10:02	
1987	谷口浩美	2:09:50	

ベルリンマラソン　1974年創設

年	氏名	記録	備考
2000	松尾和美	2:26:15	
2001	高橋尚子	2:19:46	世界最高
2002	高橋尚子	2:21:49	
2003	橋本康子	2:26:32	
2004	渋井陽子	2:19:41	日本新
2005	野口みずき	2:19:12	日本新

シカゴマラソン　1977年創設

年	氏名	記録	備考
1986	瀬古利彦	2:08:27	

ロッテルダムマラソン　1981年創設

年	氏名	記録	備考
1990	谷口浩美	2:10:56	
1994	朝比奈三代子	2:25:52	
2002	大南敬美	2:23:43	
2007	大南博美	2:26:37	
2015	加藤麻美	2:26:30	

ウィンザーでは重松が1965年に世界最高で優勝しており、3年後には君原も制覇。1987年にはロンドンで谷口浩美が優勝しています。中でも目覚ましい活躍をしたのが瀬古利彦で、ボストンで2度優勝した他、シカゴ、ロンドンも制し、1980年代半ばには無敵を誇りました。谷口は1991年の世界選手権東京大会で日本人初の金メダルを獲得しています。

5　女子のマラソン

「女性には過酷すぎる」として、マラソンは長く女性への門戸は閉ざされていました。そんな中、1966年のボストンでギブ（Roberta Gib 米国）が男性に紛れて完走。翌年にはスウィッツァー（Kathrine Switzer 米国）が女性であることを隠して参加し、大きな話題になりました。女性の参加を求める声が高まり、1972年大会でようやく実現。1979年には国際陸連が公認した女子だけの東京国際女子マラソンが開催され、それが後押しとなって5年後の1984年ロサンゼルス五輪から正式種目に加えられました。

column

こじ開けた女性参加の扉

女子の参加が認められていなかった1960年代のボストンマラソンへ、勇気ある女性たちが次々に挑みました。1966年の大会にはギブが男性に紛れて出場。3時間21分40秒で完走しましたが、主催者は「同時刻に同コースを走った通行人」と扱い、走った事実も記録も認めませんでした。

翌1967年に出場したスウィッツアーは、3km付近で大会審判員に見とがめられてレースを阻止されますが、周囲の男性ランナーたちに守られて完走を果たしました。女性たちの果敢な挑戦は大きな反響を呼び、1972年に主催者がついに女性の参加を認め、記録も公認されるようになりました。この年の優勝タイムは3時間10分26秒。3年後の1974年大会では、日本出身のゴーマン美智子（Miki Gorman 米国）が当時の世界最高へ35秒差に迫る2時間47分11秒で優勝して話題になりました。

ボストンマラソンの優勝者は50年後に大会へ招待されますが、社会運動家になっていたスウィッツアーも2017年大会に招待され、自らが走る前に女子エリートレースのスターターを務めました。70歳になっていた

図11 レースを阻止されるスウィッツアーとそれを守る男性ランナー

column

女子マラソンのパイオニアは「女性のマラソン参加は、世界に豊かな恵みをもたらしました」と晴れやかな表情でインタビューに答えました。

ワイツらスターが続々登場

本格化した女子マラソンには、中長距離から進出したノルウェーのワイツ（Grete Waitz）という大スターが登場します。1979年に女子で初めて2時間30分を突破する2時間27分32秒6の画期的な記録をマークするなど、計4度も世界最高を更新。ニューヨーク・シティ・マラソンでは世界最高での3連覇を含む計9度の優勝を果たし、1983年の世界選手権ヘルシンキ大会では初代女王の座に就いています。

ワイツの活躍は世界的な市民マラソンの流れを押し進めます。1985年には同じノルウェーのクリスチャンセン（Ingrid Kristiansen）がロンドンで2時間21分06秒の大記録で走り、ロサンゼルス五輪金メダリストのベノイト（Joan Benoit 米国）やソウル五輪優勝者のモタ（Rosa Mota ポルトガル）らスター選手が続々と現れました。

日本勢が世界をリード

このような世界の舞台へ、急速に力を伸ばした日本勢が割って入ります。1991年世界選手権東京大会で山下佐知子が銀メダルを獲得。翌年のバルセロナ五輪では有森裕子が人見絹枝以来64年ぶりとなる五輪の銀メダルを獲得し、山下が4位に続きました。続くアトランタ五輪では有森が陸上女子で初の連続メダル（銅）を手にします。選手層が厚くなったマラソンは、世界選手権では1993年シュツットガルト大会を浅利純子、97年アテネ大会を鈴木博美が制し、メダル争いの常連国

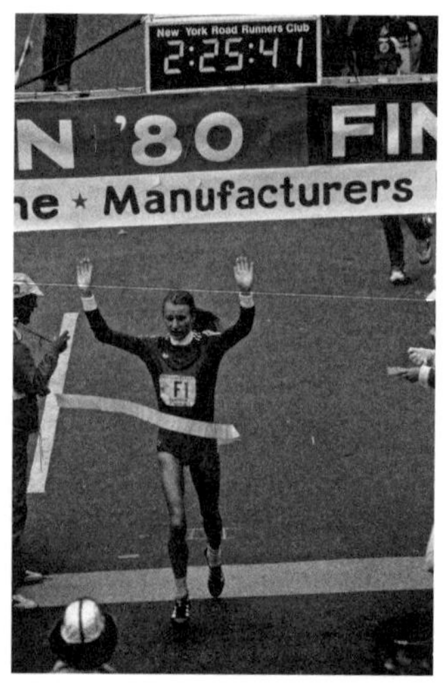

図12 女子マラソンに革命を起こしたワイツ

に成長しました。

この背景には、男子で蓄積されたマラソン強化のノウハウをいち早く女子のトレーニングに生かした小出義雄、藤田信之ら優れた指導者の存在が見逃せません。中でも、小出は有森、鈴木、高橋、千葉ら違ったタイプのメダリストを生み出したほか、多くの優れたランナーを育成しました。

図13 五輪の陸上で日本女子初の金メダルを獲得した高橋尚子

念願の五輪金メダルを獲得したのは2000年シドニー大会の高橋尚子で、続くアテネ五輪では野口みずきが日本勢として連覇を達成。アテネ五輪では土佐礼子が5位、坂本直子が7位と全員が入賞を果たす快挙でした。高橋は2001年のベルリンマラソンで、女子で初めて2時間20分を切る2時間19分46秒の世界最高を樹立。野口は高橋の世界記録の4年後のベルリンで2時間19分12秒の日本記録をマークしました。

しかし、その後は低迷期に入り、2013年世界選手権モスクワ大会で福士加代子が銅メダルを獲得したのを最後に、メダルは遠くなっています。東京2020五輪（札幌開催）では、一山麻緒が17年ぶりに入賞（8位）を果たしています。

21 世紀には女子も高速化

21世紀に入ると高速化が進み、2003年のロンドンマラソンでラドクリフ（Paula Radcliffe 英国）が2時間15分25秒の驚異的な世界最高を樹立。この記録には及びませんが、その後はアフリカ勢が2時間20分を次々に突破してビッグレースの優勝をさらいました。2019年にはシカゴでコスゲイ（Brigid Kosgei ケニア）が2時間14分04秒で走り、ラドクリフの記録を16年ぶりに書き換えています。

表3　女子マラソン世界最高記録・世界記録の主な変遷

記録	競技者(国)	年	備考
4.30.00	V. パーシー(英国)	1936	ウインザーでWB優勝
2.55.22	E. ボナー(英国)	1971	ニューヨークでWB(初の3時間突破)
2.46.36	M. ゴーマン(米国)	1973	カルバーシティでWB、ボストン／ニューヨーク優勝各2回
2.27.32.6	G. ワイツ(ノルウェー)	1979	ニューヨークでWB(初の2時間30分突破)WC初代女王
2.22.43	J. ベノイト(米国)	1983	ボストンでWB、ロス五輪で初代チャンピオン
2.21.06	I. クリスチャンセン(ノルウェー)	1985	ロンドンでWB、5000、10000mと3種目でWR／WB
2.19.46	高橋尚子	2001	ベルリンでWB、シドニー五輪金、ベルリン連覇
2.18.47	C. ヌデレバ(ケニア)	2001	シカゴでWB、アテネ／北京五輪銀、WCで金2、銀1
2.15.25	P. ラドクリフ(英国)	2003	ロンドンでWR、05年WC金、WMM優勝7回
2.14.04	B. コスゲイ(ケニア)	2019	シカゴでWR、東京五輪銀、WMW優勝5回

注)★:非公認、年:記録樹立年、WB:世界最高、WR:世界記録、WMM:ワールドマラソンメジャーズ

表4　オリンピックマラソン入賞者一覧（備考：出場した主な駅伝大会他）

順位	氏名	記録	年	開催都市	備　考
〈男子〉					
金	孫基禎	2:29:19:2	1936	ベルリン	朝鮮半島出身
銀	君原健二	2:23:31:0	1968	メキシコ	九州一周駅伝
銀	森下広一	2:13:45	1992	バルセロナ	九州一周駅伝
銅	南昇竜	2:31:42	1936	ベルリン	箱根駅伝
銅	円谷幸吉	2:16:22:8	1964	東京	青東駅伝
4	山田兼松	2:35:29	1928	アムステルダム	400マイルマラソン優勝
4	宗猛	2:10:55	1984	ロサンゼルス	九州一周駅伝
4	中山竹通	2:11:05	1988	ソウル	全日本実業団駅伝
4	中山竹通	2:14:02	1992	バルセロナ	全日本実業団駅伝
5	津田晴一郎	2:35:42	1932	ロサンゼルス	箱根駅伝
5	川島義明	2:29:19	1956	メルボルン	箱根駅伝
5	君原健二	2:16:27:0	1972	ミュンヘン	九州一周駅伝
5	油谷繁	2:13:11	2004	アテネ	全日本実業団駅伝
6	津田晴一郎	2:36:20	1928	アムステルダム	箱根駅伝
6	金恩培	2:37:28	1932	ロサンゼルス	箱根駅伝
6	諏訪利成	2:13:24	2004	アテネ	箱根駅伝
6	中本健太郎	2:11:16	2012	ロンドン	箱根駅伝
6	大迫傑	2:10:41	2021	東京	箱根駅伝
8	谷口浩美	2:14:42	1992	バルセロナ	箱根駅伝
〈女子〉					
金	高橋尚子	2:23:14	2000	シドニー	全日本実業団女子駅伝
金	野口みずき	2:26:20	2004	アテネ	全日本実業団女子駅伝
銀	有森裕子	2:32:49	1992	バルセロナ	全日本実業団女子駅伝
銅	有森裕子	2:28:39	1996	アトランタ	全日本実業団女子駅伝
4	山下佐知子	2:36:26	1992	バルセロナ	全日本実業団女子駅伝
5	土佐礼子	2:28:44	2004	アテネ	全日本実業団女子駅伝
7	山口衛里	2:27:03	2000	シドニー	全日本実業団女子駅伝
7	坂本直子	2:31:43	2004	アテネ	全日本実業団女子駅伝
8	一山麻緒	2:30:13	2021	東京	全日本実業団女子駅伝

6 大衆化と高度化

現在の世界のマラソン大会は、車いすの部が組み込まれ、エリートランナーと市民ランナーやパラアスリートが一緒に走る大規模マラソンが主流となっています。これは他の種目にない都市マラソン大会の特徴。その中のワールドマラソンメジャーズ（WMM）は、世界的な大規模マラソン5大会（ボストン、ニューヨークシティ、ベルリン、シカゴ、ロンドン）で構成され、五輪と世界選手権の成績を含めて獲得ポイントによって年間総合王者を決めるシリーズとして2006年に発足しました。男女の総合優勝者の賞金は50万ドル（約5500万円）。2013年には東京マラソンが加わって6レースとなり、全てのレースを完走したランナー（Six Star Finishers）には完走証とメダルが贈られます。

column

記録公認までの歩みと計測方法の変遷

マラソンはコースの起伏や気象条件で記録が大きく左右されるため、国際陸連は記録を公認せず、長らく「世界最高」の扱いでした。大都市でのマラソンが盛んになった20世紀末、世界のマラソンレースを統括する国際マラソン・ディスタンスレース協会（AIMS）が定めた規定（測定器を装着した自転車に乗った3人が、道の端から30㎝の最短距離を計測）が確立し、これに沿って測定された公認コースが次々に誕生します。

記録公認の基盤ができた2004年、以下の条件にすべて適合するコースで誕生した記録に限り、公認記録とすることが決まりました。

①距離の誤差は競技距離より短くてはならず、誤差は1000分の1（42m）以下

②コースの高低差はスタート地点からゴール地点までの標高減少（下り）は1000分の1（42m）以下

③スタート地点とゴール地点の直線距離は競技距離の50％以下（片道か

それに近いコースは不可）

これによって、伝統のボストンマラソンは、「片道で下り」であるため公認の対象から外れました。世界の6大マラソンで構成する「ワールドマラソンメジャーズ」（WMM）では確たる地位を占めていますが、1896年の第1回アテネ五輪翌年に始まった最古のマラソンレースの記録が、世界記録として公認されないという残念な事態になっています。

一方で記録計測は、1980年代まではストップウオッチが用いられていたため、大規模レースでは号砲が鳴ってスタート地点に到達するまでに20〜30分を要するなど、不都合が目立ちました。IT化が進んだ20世紀末からは、ランナーがセンサー内蔵の「トランスポンダー（ICタグ）」を装着して走ることで、参加者全員の順位とタイムを自動計測する仕組みが定着しました。現在では個人の途中時間や現在地などの詳細データを、スマホなどで手軽に把握することができます。

駅伝競走の歴史

1 「駅伝」の由来

「駅伝」という語は中国の唐代に使われています。広い帝国の都と地方都市間の政治・経済・軍事上の重要事項を伝達するシステムで、日本でも奈良時代以降、都と地方をつなぐ「駅制（駅伝制）」が取り入れられます。駅鈴を持った中央政府の役人に「馬」と「宿」を提供する仕組みで、「大宝律令」（701年）によって「駅制」が制度として確立しました。この「駅制」に関わる言葉として『三代実録』に「駅傳貢進（えきでんこうしん）」、『楽式部』に「駅傳駅馬（えきでんえきば）」などがあり、これが現代のレース「駅伝」の語源になったと言われています。

2 最初の駅伝競走

1917（大正6）年、上野不忍池湖畔で東京奠都五十年奉祝博覧会が開催されることになり、読売新聞社が京都上野間の「マラソンリレー」を企画。大会名称が「奠都記念驛傳競走（てんときねんえきでんきょうそう）」と決まりました。1917年4月27日スタート、

2日後の29日に関東組の金栗四三が大観衆の中をゴール。所要時間は41時間44分、2位の関西組は43時間08分でした。

3　箱根駅伝の誕生

五輪のマラソンに初出場して世界との力の差を思い知らされた金栗四三は、強化の道を模索する中で、1919年秋、関東の大学に呼び掛けて「学生マラソン連盟」を組織します。そして、景色がよく、東京からの交通の便も良い「天下の嶮」箱根を2日で往復する駅伝（10区間）を企画しました。

ただ、20km以上を走る10人のランナーをそろえるのは難しく、参加したのは明大、早大、慶大、東京高師の4校だけ。波乱万丈のレースは評判を呼び、その後は徐々に参加校も増えて長距離種目への注目度は格段に上がりました。二桁の参加校が定着した第16回大会からの9年間で日大が8回優勝と強さを発揮。第二次大戦後は中大が黄金期を迎え、1964年までの18年間に6連覇を含む優勝12回と圧倒的な強さでした。その後は5連覇を果たした日体大や

聞　第一萬四千三百八十四號　(五)

◆驛傳競走選手の京都發程◆

◇中央が關西組多久選手向つて左が關東組飯塚選手◇

――向つて右は追走の選手加藤富之助氏――

△選手を出せ

全市の人氣空前、我が驛傳競走の本營

△鐵扉の表門には青と白

この段々幕を張廻し、玄關にかけては

図14 京都三條大橋をスタートする3選手（右端は伴走者）

図15 第1回の箱根駅伝に優勝した東京高等師範（前列左の黒服が金栗）

4連覇を達成した順大などが時代を築きました。

絶大だったテレビ中継の威力

1987年に日本テレビによる全国中継が始まると一気に注目度が高まり、ケニア人留学生を軸にした山梨学院大など新興大学が次々に参入。現在では視聴率30%前後を誇る正月の風物詩になりました。一方で4連覇の駒大など伝統校も強化を図ったことで、大会は急速にレベルアップ。勝負のカギを握る往路5区の急坂を走るエースランナーは「山の神」とたたえられ、メディアではスター扱いされます。その結果、選手の関東一極集中化が進み、世界に通じる選手を育てるというテーマからそれた時期もありました。近年では「箱根から世界へ」が合言葉になり、2015年から4連覇を達成した青山学院大を筆頭にマラソン、トラック種目へ進出する流れが強まり、五輪代表や世界選手権への出場者も増えています。ただ、ボストンマラソン初制覇の田中茂樹や、世界最強といわれた瀬古利彦、91年の世界選手権東京大会金メダリストの谷口浩美らを輩出しましたが、箱根駅伝を走ったランナーによる五輪のメダル獲得には至っていません。

日本人の心情にマッチ

個人競技の陸上競技で団体競技の要素が求められる駅伝は日本人の心情にマッチし、各地で各年代のさまざまな駅伝が生まれました（表5)。1931年には中国駅伝（96年からは都道府県対抗男子駅伝へ)、52年には九州一周駅伝（2013年廃止）などレベルの高い地域駅伝が誕生。1957年には実力日本一を決める全日本実業団対抗駅伝が始まりました。それに先立つ1950年には全国高校駅伝（女子は89年から）が創設され、70年からは全日本大学駅伝がスタート。1983年に始まった全国都道府県対抗女子駅伝は、女子長距離・マラソンのレベルアップに大きく貢献しています。箱根駅伝は世界陸連から陸上界への貢献を評価されて「ヘリテージプラーク(陸上世界遺産の飾り額)」を受賞しています。ホームページでは「2日間で日本の人口のほぼ半分が視聴する想像を絶するレース。11時間というレースの長さを考えると驚異的で、米国の人気イベントNFLのスーパーボウルと比較される」と指摘しています。「日本人は伝統的にアマチュアスポーツを好む傾向があり、リレーが主役になることも多い」とも述べており、「集団の成功のために1人ひとりの貢献がいかに大事かを強調する点も人気の要因」と日本社会に根付いた駅伝の姿を紹介しています。

column

異色のランナー

大会初期や戦後の数年間は、どの大学も10人の選手をそろえるのに苦労し、さまざまな専門外のアスリートたちが駆り出されました。ハードルの内田彰作（早大）が1回大会と3回大会で区間賞を獲得したのをはじめ、砲丸投選手も出場。スピードスケート、スキーの選手も区間賞を獲得しています。13回大会では「昭和の剣聖」剣道の中野八十二（文理大＝現筑波大）が10区を4位で走っています。

競歩競技の歴史

歩く動作は人類が直立2足歩行を始めて以来、その発展形の走る動作とともに移動手段として欠かせない行動でした。しかし、世界各地の民族競技や宗教儀式で用いられたのはほとんどが競走でした。このため、競技としての競歩の歴史は長くありませんが、世界各地でさまざまな形式と距離で広く実施されています。

1 「walk」の語の由来

競歩競技は英語では一般に「race-walking」と表記します。英語の「walk」は、北欧諸国で「重いものを引っ張る」「足を引きずる」「のろのろ進む」あるいは「転び回る」「もがき進む」などの意味の「valka」「walke」と同じ語源を持つ語。「回る」「投げ上げる」の意味を持つ古英語の「wealcan」や、「行く」という意味の「gewealcan」から転じた語です。

今日ではこの「walk」は、広く人間や動物が足を使って「歩く」動作を表現する言葉として使われています。「walk」の本来の意味は、「ゆっくり歩く」とか、「のろのろ歩く」ことでしたが、現代では歩行速度を競う競歩にも用いられています。

古代オリエントやギリシャの競技では、短距離を中心とする競走が実施されていましたが、競歩が行われていた形跡は見当たりません。その背景として、阿久津邦男は『歩行の科学』（1975）で次のように指摘しています。

①歩く時の分速110m程度（＝時速6.6km）のスピードでは、歩くより走る方がはるかに少ないエネルギーで目的地に到達できる。

②分速120m（＝時速7.2km）以上になると走る方がより大きな歩幅が得られ、少ない歩数とエネルギーで同じ距離を移動できる。

③運動の様式から歩形などの動きが大きく制約を受ける。

以上のことから、分速120m程度のスピードが、歩行と走行の効率が交差するポイントになると思われます。つまり、スピードを競いあうことや、効率よく移動することに、歩行は不向きであると言えます。歩行が長らく競争になりにくかった理由でしょう。ルール上の制約がある中で、歩行速度を競

表5 駅伝競走の歴史概観

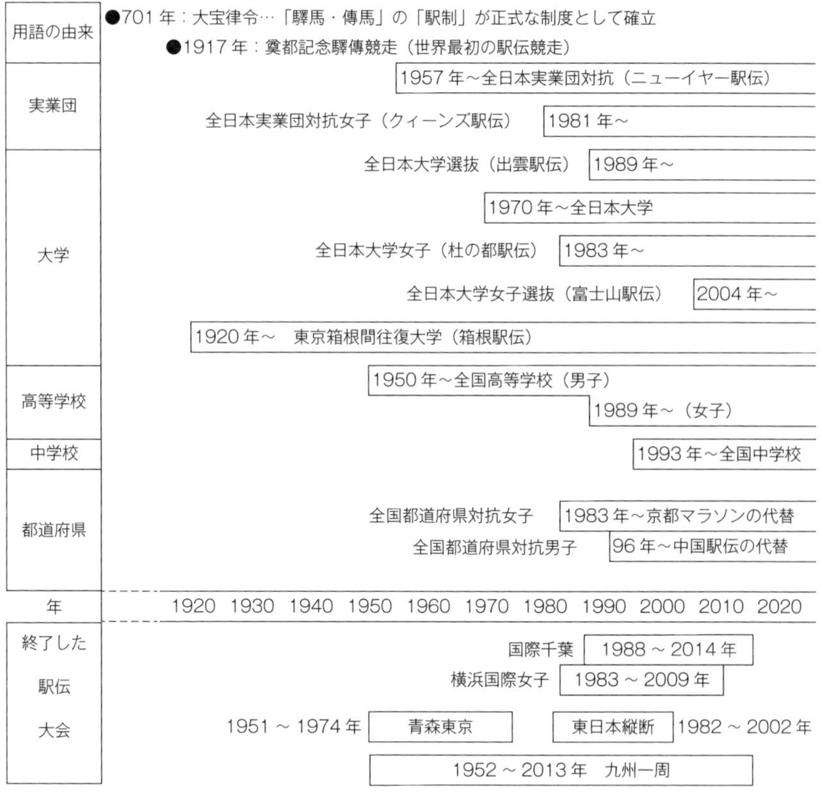

い合うこと自体がテーマになった近代スポーツの種目としての歴史が始まり、ようやく脚光を浴びることになりました。

2 プロ競技と学生競技

英国では17世紀以降、貴族に雇用されたフットマンやペデストリアンたちが長距離競走で賭けの対象になっていたことは前述した通りです。19世紀中ごろにはクリケット場などで賭けレースが数多く開催され、競歩レースも組み入れられますが、勝者が偏ったため間もなく廃れます。その後は学生などアマチュア主体で競技が行われるようになり、1866年のAACの大会で

図16 1880年代に行われたプロ選手の6日間競歩レース

は7マイル（11.2km）競歩が実施されています。初代優勝者のケンブリッジ大生チャンバース（J Chambers）の記録は59分32秒でした。

当初は2マイル（3.2km）など短い距離の種目も行われましたが、「走」に近い形となって「heel and toe walk」（かかとからつま先の歩行）という「競歩規則」が守られないケースが目立ちました。歩型違反の判定を巡るトラブルも絶えなかったことから廃止され、7マイルがメイン種目になりました。

3 五輪での競歩競技

競歩レースは19世紀後半には英米の競技会で行われていましたが、第1回のアテネ五輪では実施されていません。1906年のアテネ中間五輪で1500mと3000mの2種目が行われたのを契機に、1908年ロンドン五輪では3500mと10マイル（16.09km）を実施。1912年ストックホルム五輪では10000m、20年アントワープ五輪では3000m、24年パリ五輪では再び10000mが行われました。

大会ごとに距離が異なったのは、陸上王国の覇権争いを演じていた英国と米国の意向が強く反映された結果でした。トラブルも多かった競歩は、1927年の国際陸連総会で存続が議論され、翌年のアムステルダム五輪では

図17 1881年バーミンガム大会7マイルで失神・転倒したメリル（E Merrill 米国）

実施競技から外されました。続くロサンゼルス五輪では復活し、競技場を発着点とする道路での50km競歩を実施しました。

その際に現在のルールにつながる競技規則が定められ、「①どちらかの足が常に地面から離れない（ロス・オブ・コンタクトにならない）で②前脚は接地の瞬間から垂直の位置になるまで真っすぐに伸びて（ベント・ニーにならないで）前進すること」が明確化されました。

その後の五輪や国際的な大会では、道路を使った長距離種目を実施。その一方で、歩形違反をめぐるトラブルや失格者を出さない運営へと舵を切ります。1956年メルボルン五輪からは「道路での周回コース」を使った20kmが導入され、以後は50kmとの2種目が正式種目に定着しました。トラック種目は5000mから50000mまでの距離と、「1時間競歩」など時間内に歩いた距離を競う種目などが公認されています。

近年では歩型違反のチェックを容易にするため、道路を使った周回コースは「1周が最長で2km、最短で1km」と定められており、五輪や世界選手権ではより厳格な「1kmの周回コース」が原則となっています。

日本勢が地道な努力で成果

20世紀終盤からは日本勢が地道な努力を重ね、優れた成績を挙げています。1991年世界選手権東京大会で日本勢初入賞（7位）を果たした今村文男が、競歩強豪国のイタリア、スペイン、メキシコなどのトレーニング方法や高い技術を学んで国内へ持ち込んだことが躍進につながりました。

シーズンを準備・鍛錬・試合・回復と明確に分ける「期分け」の考え方を導入。期間ごとにやるべき内容を把握して歩行距離をコントロールし、血中乳酸値や心拍数をこまめに測定し、体調管理を徹底してトレーニング効率を高めました。違反の恐れがない正しい歩型によるフォームをしっかり身につける一方、起伏に富んだコースで耐久力も磨きました。

実業団チームがそれぞれ独自に強化する花形のマラソンとは異なり、競歩ではさまざまなトレーニング情報や経験を各チームが共有。マイナーな存在だった「競歩ファミリー」が一体となって強化に取り組んだことが、大きな成果をもたらしました。

2015年には鈴木雄介が20kmで世界記録を樹立。同年の世界選手権北京大会50kmでは、谷井孝行が日本勢で初の銅メダルに輝きました。翌年のリオデジャネイロ五輪50kmでは、荒井広宙が3位に入って五輪で初のメダルを獲得。2017年の世界選手権ロンドン大会同種目では荒井が銀、小林快が銅と複数メダルを手にします。2019年世界選手権ドーハ大会では、20kmで山西利和、50kmでは鈴木雄介の両選手が金メダルを獲得する快挙を達成しました。

しかし、高温・多湿のレースは想像以上に負荷が大きく、鈴木は1年半後にも体調が戻らず東京2020五輪への出場を辞退。それでも、五輪では男子20kmで池田向希が銀、山西が銅と初の複数メダル獲得を果たしました。距離の長い50kmは東京2020五輪が最後となり、2022年の世界選手権オレゴン大会からは男女とも35kmが実施種目となりました。オレゴン大会では山西が20kmで優勝して日本勢初の連覇を達成。池田が2位に入ってこれも初のワンツーフィニッシュとなりました。新種目の35kmでは川野将虎が1位と1秒差の2位で銀メダルを獲得し、アジア記録を樹立しました。

図18 世界選手権オレゴン大会男子20km競歩で優勝した山西利和

2024年パリ五輪から男女混合団体

女子は1923年に始まった英国女子選手権で、800mから2500mまでの距離で実施されました。1926年にイエーテボリ（スウェーデン）で開かれた世界女子選手権ではトラックの1000m競歩が行われました。近年の五輪では20kmが行われており、世界選手権では男子と同じ20kmと50kmを実施してきました。2024年パリ五輪からは、男女混合団体が新たに加わります。

表6 男子20km競歩 世界記録の主な変遷

記録	競技者(国)	年	備考
1.30.00	J. ドレツァル(チェコスロバキア)	1956	この年のメルボルン五輪から正式種目
1.27.04	V. ゴルブニチ(ソ連)	1959	ローマ、メキシコ、ミュンヘン五輪金、東京五輪銅
1.23.40	D. バウチスタ(メキシコ)	1976	モントリオール五輪金、世界記録4回
1.19.35	D. コリン(メキシコ)	1980	初の1時間20分突破
1.17.46	J. マルティネス(グアテマラ)	1999	
1.16.36	鈴木雄介(日本)	2015	日本選手初のWR樹立、19年WC金

注）年:記録樹立年、WR:世界記録、WB（世界最高）WC:世界選手権

表7 男子50km競歩 世界記録の主な変遷

記録	競技者(国)	年	備考
4.30.22	R. ベチエット(イタリア)	1928	
4.16.06	J. ドレツァル(チェコスロバキア)	1954	ヘルシンキ五輪銀、WR3回
3.55.36	G. アガポフ(ソ連)	1965	初の4時間突破
3.38.17	R. ウィーゲル(東ドイツ)	1986	ソウル五輪銀
3.32.33	Y. ディニ(フランス)	2014	17年WC金、07年WC銅、欧州選手権3連覇

注）年:記録樹立年、WR:世界記録、WB（世界最高）WC:世界選手権

表8　女子20㎞競歩 世界記録の主な変遷

記録	競技者(国)	年	備考
1.57.35	M. フォンタンデル(南ア)	1962	
1.47.10	M. シム(スウェーデン)	1973	
1.39.31	S. クック(豪州)	1982	
1.29.40	K. サクスビー(豪州)	1988	WR3回
1.26.22	Y. ニコラエワ(ロシア)	2003	アトランタ五輪金、03年WC金
1.25.41	O. イワノワ(ソ連)	2005	アテネ五輪銀、01年WC金、05年WCでWR金
1.25.02	Y. ラシュマノワ(ロシア)	2012	ロンドン五輪金、13年WC金
1.24.38	劉紅(中国)	2015	リオ五輪金、東京五輪銅

注)年:記録樹立年、WR:世界記録、WB(世界最高)WC:世界選手権

図版の出典

図1:アフロ

図2:Matthews, P.(1982) The Guinness book of track & field athletics: Facts & feats. Guinness Superlatives, p.11.

図3:大阪毎日新聞1909年3月22日

図4:アフロ

図5:Siddons, L.(1995) The Olympic at 100 -A Celebration in Pictures-. The Associated Press, p.68.

図6:アフロ

図7:ロイター

図8:アフロ

図9:AP

図10:アフロ

図11:AP

図12:AP

図13:アフロスポーツ

図14:「讀賣新聞」1917年4月27日

図15:茗渓会提供

図16:Bernett, H.(1987) Leichtathletik im geschichtilichen Wandel. Hofmann Schorndorf, p.22.

図17:Lovesey, P.(1980) The Official Centenary History of the AAA. Guinness Superlatives Ltd, p.38.

図18:アフロスポーツ

第6章 跳躍種目の歴史

走高跳の歴史

1　跳躍種目の前史

跳躍を表す言葉

英国では「跳躍」を表す言葉としては、よく知られた「jump」より「leap」の方が使われています。『Oxford英英辞典』は、「leap」については「走る」や「跳ぶ」を意味するドイツ語の「laufen」やオランダ語の「loopen」を起源とする古い英語の「leapen」から転じ、近代以降に使われた言葉と説明しています。

一方の「jump」は、英語では16世紀以降に使われ始めた比較的新しい言葉。「上下に動く」ことを意味するドイツ語の「gumpen」、オランダ語の「gumpe」、スウェーデン語の「gumpa」や「guppa」、アイルランド語で「スキップする」の意で用いられる「goppa」と同起源で、「跳び上がる」というニュアンスを持つ語であるとしています。

つまり、「leap」は走幅跳や三段跳などの「水平方向への跳躍」のときに用い、「jump」は走高跳、棒高跳のように「垂直方向へ跳び上る」ときに使われています。

2　走高跳競技の誕生

競技以前の走高跳

1920〜30年代に英国陸連ヘッド・コーチを務めたウェブスター（F.Webster）は、陸上競技の入門書『Athletics of Today』（1929年）で、アフリカ奥地の人々が素足で6フィート（1m83）を跳ぶのを目撃したとか、部族

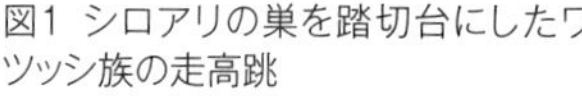

図1 シロアリの巣を踏切台にしたワツッシ族の走高跳

図2 着地場にマットを敷いた走高跳

の中には7フィート（2m13）を跳ぶ能力を持つ者がいるという話を紹介しています。

東アフリカのワツッシ族（Watussi）の中には、190〜220cmの長身で、素晴らしい跳躍力を持った人物がいるとも記しています。ただし、踏み切り地点がアリ塚などのように盛り上がっていたり、硬い踏切板のようなものからジャンプしていたようです。

体育や訓練から競技へ

近代の欧州では、走高跳は若者の跳躍能力を高める体育教材として採用されました。しかし、空中姿勢や着地に制約があり、高さを目指すことより体のバランス能力を養うことに力点が置かれていました。19世紀の英国の体育書では、素早く腕を使って塀や城壁、手の届く樹木をつかんで跳び上がる、跳び乗る、よじ登る、跳び越えるなどの動作が訓練項目として紹介されています。

現在の走高跳、棒高跳では、バーを越えられなかったときやバーの下をくぐり抜けた場合は無効試技になります。これはバーと地面が作る仮想の垂直面が、かつての塀や城壁面に相当すると考えられた名残です。

競技として走高跳が行われた記録に残る最初の大会は、1864年の第1回オックスフォード大対ケンブリッジ大対校戦でした。優勝記録はオックスフォード大学のグーチ（F.Gooch）の5フィート5インチ（1m65）。1866年にロンドンで開かれた第1回アマチュア選手権では、5フィート9インチ（1m75）を跳んだケンブリッジ大学のリトル（Thomas Little）とルーペル（John Roupell）の両選手が優勝者として記録されています。当時は順位決定の仕組みが未整備でした。

3　跳躍スタイルの変遷

19世紀の走高跳と記録

1860年代後半はまだ砂場はなく、芝生へ直接着地したり、馬のくらの「なめし皮」を芝生に敷いたり、図2のように「ベッドマット」などで着地の衝撃を和らげる工夫をしていました。1870年代に入ると、第一人者、オックスフォード大学のブルックス（Michael Brooks）が第3回オックスフォード大対ケンブリッジ大対校戦（1876年）で、6フィート2インチ1/2（1m89）をクリア。1880年にはダビン（Patrick Davin）が6フィート2インチ3/4（1m90）を記録しています。

はさみ跳びの選手が出現

跳躍スタイルが工夫される中で、着地場所に砂場が用いられるようになり、技術向上に大きく貢献します。踏み切った後に足を交互に上げてまたぐ「はさみ跳び（シザースジャンプ）」の技術を開発した選手が出現。それを改良し、バーの上で体を倒すクリアランス技術が生まれました。

米国では、主にニューヨーク、ボストンなど東部の選手たちが空中で前後の脚交差を大きくして跳んだことから「イースタン・カットオフ」と呼ばれました。ハーバード大学のスウィーニー（Mike Sweeney）がこのスタイルを完成。3度の世界記録更新を経て1895年に6フィート5インチ5/8（1m97）に成功し、大台（2m）への足掛かりを築きました。バーに対して真正面から助走することから、日本では「正面跳」と呼びました。

図3「イースタン・カットオフ」を完成させたスウィーニー

ロールオーバーの誕生

20世紀に入ると米国の大学生の活躍が目立ちます。スタンフォード大学のホーリン（George Horine）が斜めから助走を開始してバーに近い方の足で踏み切り、バーの上では上体を横に回転しながら越えるフォームを開発。1912年に初めて2mの大台（6フィート7インチ）を征服しました。着地場が砂場であった当時、ホーリンの跳躍法では体を回転させて脚から着地しました。この技術は､主に米西海岸の選手たちが用いたことから｢ウエスタンロール」、または「ロールオーバー」と呼ばれました。

しかし、イースタン・スタイルを支持する人々が「あれはダイビング、真の走高跳の跳躍法ではない」と異議を申し立て、「バーを越えるときには両

図4 ロールオーバーによるオズボーンの跳躍

足が先に越えること。頭部は腰より低くなってはならない」と規則が改められました。1924年にはイリノイ大学のオズボーン(Harold Osborn)が、ロールオーバーを改良して6フィート7インチ3/4（2m03）の世界記録を樹立します。オズボーンは同年のパリ五輪でも1m98で優勝し、このフォームの優位性を証明しました。

ベリーロールの誕生

1930年代に入ると、米国勢が新しい技術を次々に編み出します。1936年にはアルブリットン（Dave Albritton）が、バーを越える際に腹ばいになるフォームで6フィート9インチ3/4（2m07）の世界記録を樹立。腹で回転しながらバーを越えることから「ベリーロール（Belly Roll）」と名付けられました。また、バーをまたぎながら越える跳躍という意味で「ストラドル・ジャンプ（Straddle Jump）」とも呼ばれました。

1941年にはスティアーズ（Lester Steers）が、バーをクリアした後に砂場側に頭部を突っ込むことで安全にバーを越える技術を開発し、世界記録を6フィート11インチ（2m11）にまで高めました。ベリーロールは急速に広まり、柔らかい安全な着地場が生まれたことで「ダイビング禁止ルール」も姿を消します。

この技術をさらに洗練させたのは、高度な科学研究を背景にしたトレーニングで鍛え上げたソ連勢でした。1960年ローマ五輪ではシャフラカーゼ

図5 ベリーロールを考案し、36年に世界記録を樹立したアルブリットン

図6 巧みな踏切動作と効率の良いクリアランスで世界記録を連発したブルメル

(Robert Shavlakadze) とブルメル (Valeri Brumel) が1、2位を占め、4位にもボルショフ (Viktor Bolshov) が入って他国を圧倒。続く東京五輪で金メダルを獲得したブルメルは、高い運動能力と正確な技術で世界記録を6度更新して2m23から2m28まで引き上げました。

世界を驚かせた背面跳

全天候型トラックが出現し、新しい競技場には1m近い分厚いウレタンマットの着地場が備え付けられました。1968年メキシコ五輪では、21歳の米オレゴン州立大生、フォスベリー (Richard Fosbury) がこの条件を生かした「背中でバーをクリアする」革命的な技術で金メダルを獲得。記録は2m24で世界記録を上回ったわけではありませんが、この跳躍スタイルは瞬く間に世界へ広まります。

日本で「背面跳」と呼ばれるこの跳躍は、踏み切った後に体を反転させて助走路の方を向き、背中でバーをクリア。英語で「ゴロリと横になる」「寝返りをうつ」などの意味を持つ「flop」という動詞にピッタリの動作だったため、「フォスベリー・フロップ」と命名されました。1973年にはストーンズ (Dwight Stones 米国) が、スピードのある助走と196cmの長身を生かし、背面跳で人類初の2m30突破に成功します。現在の世界記録は1993年にキューバのソトマヨル(Javier Sotomayor)がクリアした2m45。「バレーボール男子のネット (8フィート=2m43)」を上回る高さです。

日本では長く正面跳が主流で、1934年に朝隈善郎が初めて2mの大台をクリアします。2年後のベルリン五輪では矢田喜美雄が5位、朝隈と田中弘が6

図7 革新的な背面跳で金メダルに輝き、世界をアッと言わせたフォスベリー

図8 2m45の世界記録保持者ソトマヨル

位となり、3選手が入賞という快挙を演じました。ベリーロールへ移行したのは1960年代からで、1971年に冨沢英彦が2m20の日本記録（ベリーロールでの日本最高）を樹立します。70年代からは急速に背面跳が普及し、1984年に阪本孝男が初めて2m30をクリア。現在の日本記録は、2019年世

界ランキング1位となった戸邊直人の2m35（室内）です。戸邊は東京2020五輪でこの種目49年ぶりの決勝進出を果たしましたが、入賞は逸しました。

column

3種類の跳躍スタイルで五輪出場

走高跳の技術が「正面跳」「ロールオーバー」「ベリーロール」「背面跳」と変遷するなかで、五輪の日本代表に4度選ばれた杉岡邦由はローマ五輪では正面跳、東京、メキシコ両五輪ではベリーロール、ミュンヘン五輪では背面跳と3種類の跳躍スタイルで活躍しました。世界的にもほとんど例のない挑戦と成果です。

4　女子の走高跳

女子の走高跳は、ハードルの章で紹介した米ニューヨーク州のバッサー大学で1895年に行われた記録が残っています。五輪では1928年のアムステルダム五輪から実施され、40年代までは正面跳が主流でした。ベリーロールが散見されるのは50年代からで、英国のレーウィル（Sheila Lerwill）が1951年に1m72を跳んでこのスタイルで初の世界記録を樹立します。

ところが、鶴のように脚の長いバラシュ（Iolanda Balas ルーマニア）が、正面跳で時計の針を巻き戻すような活躍を続けました。1956年に最初の世界記録1m75を跳ぶと、5年間に14回の記録更新で16cmも伸ばします。1961年7月に大台の1m90を越え、その8日後には正面跳の最高記録となる1m91に成功。ローマ、東京両五輪も圧倒的な強さで制しました。

時代はベリーロールへ移っていましたが、バラシュの壁は高く、グーゼンバウアー（Ilona Gusenbauer オーストリア）が1m92をクリアするのは10年後の1971年でした。しかし、翌年のミュンヘン五輪では急速に広まっていた背面跳が主役で、16歳のマイファルト（Ulrike Meyfarth 西ドイツ）が世界タイ記録の1m92で優勝。マイファルトは12年後のロサンゼルス五輪で

2m02を跳び2個目の金メダルを獲得しました。

図9 現世界記録保持者のコスタディノワ

ベリーロールから背面跳へ

1976年モントリオール五輪では、アッカーマン（Rosemarie -Witschas-Ac kermann 東ドイツ）が古いスタイルのベリーロールで金メダ

表1 跳躍スタイルの変遷

正面跳	助走のスピードを生かし、バーに遠い方の足で踏み切り、上体を前傾して両足を交互にまたぐようにバーを越える。跳躍の頂点でバーを越した脚を下げることで重心位置を抑えられるが、クリアランスの効率は良くない。
イースタン・カットオフ	助走スピードを生かして振上脚をスイングし、上体をバーに平行に寝かせ、重心位置が頂点に至った際に体を回転させる。 
ロールオーバー（ウエスタンロール）	バーに近い方の足で踏み切り、踏み切り脚を体の下側にしたままでバーと両肩を結ぶ線が直角になる姿勢で跳び越える。クリアランスの効率は良い。 

ベリーロール（ストラドル）	踏切前の後傾姿勢から水平運動を効果的に垂直方向へ変換できる。バーに近い方の足で踏み切り、反対脚を振り上げて体の前面でバーを越える。クリアランスの効率は非常に良いが、全体的に技術習得が難しく、筋力、パワーが求められる。 
フォスベリー・フロップ（背面跳）	回り込む助走によって内傾姿勢を作り、疾走フォームのまま素早く重心を下げて踏切準備ができる。外側の足で踏み切って背中からバーに向かい、空中で頭部をマット側に下げながら背中を反らすことで、低い重心位置のまま非常に効率良くバーを越えられる。クリアランスも膝から下を伸ばすシンプルな動作となり、全体的に技術習得が容易。 

ルを獲得し、翌年には女子初の大台（2m00）に成功します。1978年には背面跳のシメオニ（Sara Simeoni イタリア）が2m01をクリア。2年後のモスクワ五輪では金メダルを獲得しました。

80年代には背面跳が世界を席巻し、ブルガリアのコスタディノワ（Stefka Kostadinova）が1987年世界選手権ローマ大会で2m09の世界記録を樹立。この記録は現在も破られていません。コスタディノワは1995年世界選手権イエーテボリ大会、翌年のアトランタ五輪を制し、世界記録樹立も含めた女子走高跳史上初の3冠を達成しました。

日本では1922年の御子柴初子の1m22（4フィート）が最も古い記録。当

表2　男子走高跳 世界記録の主な変遷

記録	競技者(国)	年	主な功績
1.97 H	M. スウィーニー(米国)	1895	イースタンカットオフを完成
2.00 R	G. ホーリン(米国)	1912	初の2m、R初のWR
2.07 B	D. アルブリットン(米国)	1936	ベルリン五輪銀、B初のWR
2.12 R	W. デービス(米国)	1953	R最高記録
2.28 B	V. ブルメル(ソ連)	1963	ローマ五輪銀／東京五輪金、WR6回
2.29 B	倪志欽(中国)	1970	アジア人初のWR
2.30 F	D. ストーンズ(米国)	1973	ミュンヘン／モントリオール五輪銅、F初の2m30
2.34 B	V. ヤシチェンコ(ソ連)	1978	B最高、室内では2m35
2.40 F	R. ポバルニツィン(ソ連)	1985	初の2m40台、ソウル五輪銅
2.45 F	J. ソトマヨル(キューバ)	1993	バルセロナ五輪金、93／97年WC金

注)年:世界記録樹立年、WR:世界記録、WC:世界選手権
H:はさみ跳(イースタンカットオフ)　B:ベリーロール
R:ロールオーバー(ウェスタンロール)　F:背面跳(フォスベリーフロップ)

表3　女子走高跳 世界記録の主な変遷

記録	競技者(国)	年	主な功績
1.59H	E. キャサーウッド(カナダ)	1928	アムステルダム五輪金
1.60H	C. A. ギゾルフ(オランダ)	1929	初の1m60台、アムステルダム五輪銀
1.66H	D. オーダム(英国)	1939	ベルリン／ロンドン両五輪銀
1.72B	S. レーウィル(英国)	1951	B初のWR、ヘルシンキ五輪銀
1.75H	J. バラシュ(ルーマニア)	1956	WR14回更新の初回
1.77H	鄭鳳栄(中国)	1957	アジア人初WR
1.91H	J. バラシュ(ルーマニア)	1961	H最高記録、ローマ／東京五輪連覇
2.00B	R. アッカーマン(東ドイツ)	1977	B初の2m台で最高記録、モントリオール五輪金
2.01F	S. シメオニ(イタリア)	1978	F初の2m台、モスクワ五輪金
2.03F	U. マイファルト(西ドイツ)	1983	ミュンヘン／ロス五輪金
2.09F	S. コスタディノワ(ブルガリア)	1987	F最高記録、アトランタ五輪金、87／95年WC金

注)年:世界記録樹立年、WR:世界記録、WC:世界選手権
H:はさみ跳(イースタンカットオフ)　B:ベリーロール
R:ロールオーバー(ウェスタンロール)　F:背面跳(フォスベリーフロップ)

時は「ヤード・ポンド制」で測定した記録をメートルに換算表示していました。第二次大戦後の1946年には、山内リエが日本記録を1m63まで伸ばしています。1964年東京五輪に出場した鳥居充子が五輪前の6月に1m70をクリアしました。

70年代前半までは大半の選手が正面跳に取り組み、1972年5月に稲岡美千代の跳んだ1m76が日本最高記録となっています。その後は背面跳での記録更新となり、稲岡の記録からわずか4日後に山三保子が1m78に成功し、78年には八木たまみが1m90をクリアします。1987年には佐藤恵が1m95に記録を塗り替え、92年バルセロナ五輪で7位入賞（1m91）を果たしました。現在の日本記録は2001年に今井美希が樹立した1m96。

棒高跳の歴史

1 「vault」の意味

世界陸連の規則書では、棒高跳は「Pole Vault」と表記され、指導書などではPole Vaulting、Pole Jumping、Pole Jumpなども用いられています。vaultはラテン語やフランス語のvouteやvollte、中世英語のvaultに由来し、棒や手を支えにして「跳ぶ」「跳躍する」ことを意味する動詞。体操競技の跳馬も英語でVaulting Horseと表記します。

ここから、棒を使って門や塀・土手を跳び越え、小川や運河を越えることを指し、後に高さを競う棒高跳となったと考えられます。日本に紹介された明治初期は竿飛・棒飛びと呼ばれ、棒高跳の名称が使われたのは20世紀に入ってからです。

2 起源は中世の運河越え

古代ギリシャでは棒高跳は行われてはいません。この種目の原点は、棒を使って遠くへ跳ぶことを目的とした中世欧州の日常の生活動作だったのです。

棒を使って防壁を跳び越え、小川や溝、堀や運河を越えるといった技は、英国では16〜17世紀まで広く行われていました（図10）。小運河の橋と橋の間に住む人々の中には、船竿で対岸に渡るケースもしばしばありました。これらを競技化したものが棒幅跳で、19世紀前半までのスコットランドやアイルランドで行われた記録が残っています。

米国では、1895年のシカゴ博覧会の際に開かれた競技会で棒幅跳が行われており、1910年の競技会では8m56を跳んだ記録が残っています。ドーティー（John Doherty）は著書『近代陸上競技』（1953年）の中で「現役時代の1929年以降、棒幅跳に出場して優勝したことがある」と自らの経験談を紹介しています。しかし、第1回アテネ五輪では種目から外れ、その後は姿を消しました。

図10 棒を使って小川を跳び越す様子

体育教材だった棒高跳

棒高跳が陸上競技の種目として採用されたのは、18世紀末から19世紀初頭のドイツの体育指導者たちが若者の身体訓練に用いたことが影響しています。教育者のバセドウ（Johann Basedow）は、自然主義体育の一環として棒を使った跳躍を推奨。近代体育の父といわれるグーツムーツ（Johann GutsMuths）は、著書『青少年の体育』（1793年）で棒高跳に1章を設け、図解入りの解説をしています。

当時の棒は重かったので両手を広げて握り、助走は短くゆっくりしたもので、2m50前後という記録が残っています。1810年代には、体育指導者のヤーン（Friedrich Jahn）が棒幅跳で堀を越し、棒高跳は縄を張って跳ばせたと記述しています。

英国では19世紀半ばに、各地のパブリックスクールで取り入れられました。ウォルシュ（John Walsh）の『英国の田園スポーツ（British rural spots)』（1855年）では、モミの木や竹の棒による跳躍が記されています。1866年の第1回アマチュア選手権でも実施され、ホイーラー（J. Wheeler）が10フィート（3m05）を跳んで優勝しています。クリアランス技術が改良された2年後には優勝記録が3m21に伸びています。米国では1867年に移民のカレドニア人を中心とした競技会で行われたのが最初。カナダ人のラッセル（Russell）が2m81で優勝した記録が残っています。

技術と施設・材質の変遷

19世紀後半の英国では「よじ登り法（または木登り法)」と呼ばれるスタイルが広く行われていました。長さ4mほどの木製棒の先端部分に鉄製の三脚架を付け、選手は棒の中間あたりを握って助走。バーの手前1mほどの場所に三脚架を立てて体を振り上げて棒をよじ登り、棒が倒れ始めるタイミングで膝を引き上げ、座るような姿勢でバーをクリア。最後は助走路側へ棒を押し返します。

図11「よじ登り法」レイのクリアランス。背を下にしたままバーを越えている

英国選手権では、伝統的に棒幅跳が盛んだった英国北西部アルバストーン出身のレイ（Tom Ray）が1881年から7回もタイトルを獲得し、3m43の好記録をマーク。当時は図11のようにバーを越えてからも体は反転せず、走る方向へ向いたまま芝生の上に着地していました。しかし、棒が折れることが多くて危険なため、学校では行われなくなります。

さらに、この「よじ登り法」は米国の競技者たちから「アクロバット的な技」と批判を受けます。1889年には「踏み切った後は下の手を上の手の上に持ち替えることを禁止する」米国流の跳躍法が確立。1893年には米国の規則書にも明記され、今日の世界陸連の規則にも残っています。

ボックスの出現と技術向上

記録の向上に伴って着地場として砂場が整備され、棒の先端に金属の穂先や針が取り付けられました。後には棒を立てるための穴や、砂場の手前に止め板を置くことが認められ、ボックスも設置されます。現在の規則書にもボックスの形状などが明記されています。

米国では、体重の軽いバンホーテン（William Van Houten）が軽量の棒を使って活躍し、1879年の全米選手権では3m17をクリアしました。1896年の第1回アテネ五輪ではホイト（Bill Hoyt）が3m30で優勝。跳躍技術が向上し、体をひねりながら腹部を下に向けた「鯉のぼり」姿勢によるクリアランス技術へと進化します。アテネ大会の2年後には、イエール大学のクラップ（Raymond Clapp）がこの技術で3m62に成功しました。

竹ポールで記録が急伸

記録向上には、ポールが木製から竹製になったことも大きな影響を及ぼしました。竹のポールは軽くて弾力性があり、助走時の腕の負担が減っただけでなく、突っ込み・踏み切り・空中動作と続く一連の動きが非常にスムーズになりました。

図12 握りより高いバーをV字になってクリア

1920年代後半にはカー（Sabin Carr）やバーンズ（Lee Barnes）らが、下の握りを上にスライドさせ、踏切後に両手をそろえてぶら下がる技術を開発。両手で引き上げることにより体を引き上げる効率が上がり、体を握りより高い空間まで持ち上げてバーをクリアする高い技術水準に達します（図12）。

1928年にはバーンズが4m30に成功。わが国でもこの時代、西田修平、大江季雄らが高い技術を身に付け、五輪で米国勢と互角に渡り合いました。1932年のロサンゼルス五輪では西田が銀メダルを獲得。続くベルリン五輪では西田、大江が激戦の末に2、3位となりました。帰国後に銀・銅のメダルを加工して分け合った「友情のメダル」のエピソードは、今日まで語り継がれています。

1940年代に入ると、スピードに優れたワーマーダム（Cornelius Warmerdam）が竹のポールで目覚ましい活躍を続け、1940年4月に最初の15フィート突破となる4m57をクリア（世界記録としては非公認）。6月には4m60に成功、1年後には4m72を跳び、1942年には竹ポールでの最高となる4m77の画期的な記録を樹立しました。第二次大戦で五輪が中止されていた時期だったのが惜しまれます。

スチールからグラスポールへ

戦争のため良質の日本製竹ポールが輸入できなくなった米国では、新素材のスチール製ポールが開発されます。戦後にはより軽量のジュラルミン製ポールも登場。1960年には、体格に恵まれたブラッグ(Don Bragg)がスチールポールで4m80（室内では4m81）に成功します。このころ、さらに軽くて弾力性に富む画期的なグラスファイバー製ポールが出現し、1956年メルボルン五輪では早くもロバニス（Georgios Roubanis ギリシャ）がこれを使って銅メダルを獲得しています。

ところが、当時の米国勢は硬いスチール製ポールによる豪快な跳躍を好んだため、グラスポールはそれほど広まりません。しかし、1961年に大学生のデービス(George Davies)が4m83の世界記録を樹立すると流れが一変し、一気にグラスファイバーポールの時代が到来します。

グラスポールの特性

グラスポールの特徴は、踏切後にポールが大きくたわむこと（図13）で、硬い金属製ポールによる跳躍（図14）とは歴然とした差があります。

1960年にスチールポールで4m40の日本記録を樹立した安田矩明のデータ（安田, 1997年）から、ポールの材質による“握りの高さ”と握りの高さとバーの高さの差を示す“抜きの高さ”が記録におよぼす影響をまとめると、以下の2点に集約されます。

①ポールの回転半径が小さくなることでポールが立ちやすくなり、“握りの高さ”が竹や金属時代の4m前後から5m程度にまで上昇。

②バーと握りの高さの差“抜きの高さ”がポールの反発力により20～30cm向上し、1mを越えるようになった。

記録への影響は表4のように、“抜きの高さ”よりも“握りの高さ”の方がはるかに大きいことは明らかです。

図13 グラスファイバーポールのしなりを使った棒高跳

図14 スチールポールによる安田の跳躍

表4 ポールの材質が握り、抜きの高さ、記録におよぼす影響

選手名	国名	ポールの材質	樹立年	身長	体重	記録	握り	抜き	100mタイム
				cm	kg	m cm	m cm	cm	
大江季雄	日本	竹	1937	176	62	4m35	3m75	60	11秒2
安田矩明	日本	スチール	1960	172	73	4m40	3m53	87	11秒0
米倉照恭	日本	グラス	1996	178	68	5m60	4m60	100	10秒9
C.ワーマーダム	米国	竹	1942	184	83	4m77	4m04	73	10秒6
D.ブラッグ	米国	スチール	1960	192	90	4m80	4m05	75	10秒8
S.ブブカ	ウクライナ	グラス	1993	183	82	6m15	5m00	115	10秒2

（安田，1997年より著者改変作表）

米国勢衰退後は鳥人ブブカの天下

米国勢は五輪のこの種目で勝ち続けます。米国の連勝を16でストップさせたのは、1972年ミュンヘン五輪のノルドウィック（Wolfgang Nordwig東ドイツ）。それを境に米国は王座から遠のき、1983年の世界選手権ヘルシンキ大会を19歳で制したソ連（後にウクライナ）のブブカ（Sergey Bubka）の独壇場となります。五輪の金メダルは1988年ソウル五輪だけでしたが、世界選手権は97年アテネ大会まで空前絶後といえる6連覇を果たしました。

“鳥人”と呼ばれたブブカは1985年7月に初の6mをクリア。「1cm刻みでバーを上げる記録更新」で、室内も含めて通算35回も記録を書き換え、世界記録を6m15（室内）にまで高めました。ブブカの記録は長く破られませんが、2014年2月にラビレニ（Renaud Lavillenieフランス）が室内で6m16に成功して20年ぶりに記録を塗り換えました。2020年には20歳のデュプランティス（Armand Duplantis スウェーデン）が6m17、18と立て続けに記録を更新。翌年の東京2020五輪で金メダルを獲得すると、2022年にも室内で6m19、20と自分の記録を書き換え、世界選手権オレゴン大会では6m21に成功して初の世界王座に就きました。

表5 歴代の「記録の壁」突破者

壁の高さ ft(m)	記録 m	選手名	国名	樹立年
13ft(3m962)	4m02	M.ライト	米国	1912
14ft(4m267)	4m27	S.カー	米国	1927
15ft(4m572)	4m60	C.ワーマーダム	米国	1940
16ft(4m877)	4m89	J.ユールセス	米国	1962
17ft(5m182)	5m20	J.ペネル	米国	1963
18ft(5m486)	5m49	K.パパニコラウ	ギリシャ	1970
19ft(5m791)	5m80	T.ビネロン	フランス	1981
20ft(6m096)	6m10	S.ブブカ	ウクライナ	1991
21ft(6m401)	?	?	?	?

（安田，1997年より著者加筆修正）

高さの限界への挑戦

棒高跳では1フィート（30.48cm）ごとの「記録の壁」を突破した選手に、そのつど賛辞が送られてきました。1912年に米国のライト（Marc Wright）が最初の壁13フィート（3m96）を突破して以来、壁が破られたのは8度。グラスファイバー時代の躍進は目覚ましく、16フィートから17フィートへはわずか1年半足らずで到達しました。1991年にはブブカが6m10に成功して20フィート（6m09）の壁をクリア（表5）。しかし、その後の30年間での伸びは8cmにとどまり、新たな壁21フィート（6m40）突破は簡単ではありませんが、若いデュプランティスの登場によって、そう遠くない将来にクリアされるのではないかと期待が膨らんでいます。

3 女子の棒高跳

女子の棒高跳が記録に登場するのは20世紀に入ってから。1910年、米国のスペンサー（Ruth Spencer）がペンシルベニアの競技会で1m44を跳んだことが記されています。その後は広く行われることがなく、1979年にスピーカー（Irene Spieker 米国）が3m越えの記録（3m05）をマークしたのは69年後のことでした。

飛躍的に記録が向上したのは80年代からで、1991年には中国の張純真(Zhang Chunzhen)が4m00をクリア。1994年に国際陸連の公認種目となって拍車がかかり、翌年にはオーストラリアのジョージ（Emma George）が

4m28をクリアし、1999年には4m60まで記録を伸ばします。五輪種目になった2000年シドニー五輪では、元ロディオ選手だった米国のドラギラ（Stacy Dragila）が4m60で初代女王になりました。

図15 世界記録保持者イシンバエワの跳躍

ドラギラと同様に他競技からの転向組も多く、時代を切り開いたジョージはサーカスの空中ブランコ出身。2009年に現在の世界記録5m06をクリアしたロシアのイシンバエワ（Yelena Isinbaeva）は元体操選手です。イシンバエワは身長が高くなりすぎて（174cm）転向した種目で開花し、自らの手で女子棒高跳を花形種目に押し上げました。

わが国では1995年から日本選手権で実施され、日本記録は2012年に我孫子智美が跳んだ4m40。

走幅跳の歴史

1 走幅跳の歴史

英米で異なっていた名称

走幅跳は前方への跳躍動作であることから「Leap」の部類に入ります。走高跳で紹介したウォーカーの著書では、走幅跳を「the Long Leap with a Run」と表記し、立幅跳を「the Long Leap without a Run」と紹介。いずれも「Leap」の語を用いています。

1860年代に入ると「Long Jump」と呼ばれるようになり、このころから「Jump」が使われ始めます。20世紀以降は英国で「Long Jump」、米国では「Broad Jump」と表記。日本では明治初期から学校の運動会などで行われ、長らく「長飛」と呼ばれました。「疾走幅飛」や「幅飛」などの表記もあり、「跳」より「飛」の漢字が当てられており、1920年代以降に走幅跳という用語が定着しました。

重りを持って跳んだ古代競技

古代史学者ガーディナー博士の『ギリシアの運動競技（Athletics of the Ancient World)』(1930年）では、重りを持って跳んだ当時の競技方法を紹介しています。つぼや皿などに描かれているように、石や金属の重りを左右の手に持ってリュート（笛）の伴奏に合わせて硬い踏み台を用いて跳躍。記録は今日の巻き尺に相当する丈（Rod）で測定、杭（くい・Peg）を立てて目印にしました。図16の選手の足下にある3本の杭は、前に跳躍した選手の着地点とみられます。

出土した重りは、長さ12cmから25cm、重さは1kgから4.5kgもありました。踏切時に前方へ振り上げ、空中では腕と脚がほぼ平行な姿勢になります。着地に移る際には重りを後方に振り、着地時には後方に倒れないよう前方に振り出します。重すぎない重りで反動を利用すれば、好記録が出たと考えられています。

近代でも重りを持った跳躍の例があり、1854年に英国でハワード（J. Howard）というプロ選手が5ポンド（約2.3kg）のダンベルを持ち、長さ2フィート（61cm）厚さ3インチ（7.6cm）の踏切板を使った走幅跳で、29フィート7インチ（9m02）を跳んだ記録があります。

また、古代ギリシャ時代には立幅跳も行われており、重りを持ったもの(図20）と、持たないもの（図21）の2種類があったことが分かっています。

図16 両手に重りを持った走幅跳のつぼ絵

図17 リュート（笛）の伴奏に合わせた跳躍

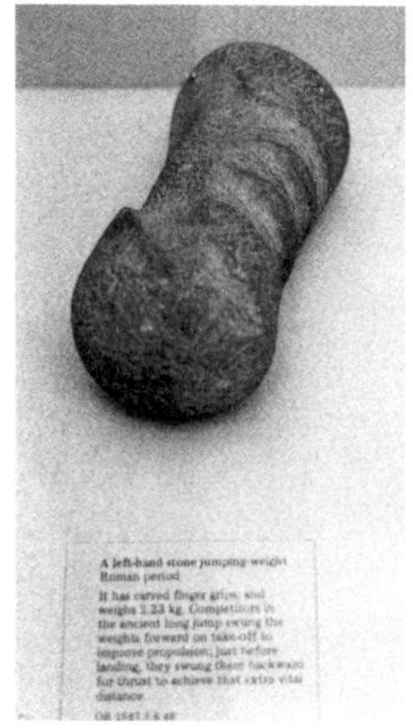

図18 立幅、走幅跳に使われた「重り」

図19 つぼに描かれた「重り」を持った幅跳

2 競技化への歩み

19世紀末には7m突破

1864年の第1回オックスフォード大対ケンブリッジ大対校戦に優勝したオックスフォード大学のグーチの記録は18フィート（5m48）という低いレベルでした。しかし、10年後にはアイルランドのダブリン大学生レーン（John Lane）が23フィート1インチ1/2（7m05）を跳んで優勝し、初めて7mの壁を破っています。

米国では1886年にフォード（Malcolm Ford）が23フィート3インチ（7m085）を跳んでいます。この大会から踏切線（ファウル・ライン）として、

図20 重りを持っての立幅跳

図21 重りを持たない立幅跳

横4フィート（1.22m）、縦8インチ（20.3cm）、深さ4インチ（10.2cm）の踏切板（take-off board）を埋め込んで跳ぶ規則を導入。この規格は、メートル制の世界陸連規則でも同じものが使われています。

試技数と順位決定

順位決定の方法については、英国のウィルキンソン（Henry Wilkinson）著『近代陸上競技（Modern Athletics）』（1868年）が「全員が3回の試技を行い、記録上位の2名があと3回の試技を行って順位を決定する」としています。「対校戦」が中心だった時代の方式ですが、1880年に設立された英国陸連の規則では「全員が3回の試技を行い、上位3名がさらに3回の試技を行い、6回の試技で順位を決定する」と定めており、このころに現行規則の基礎が固まっています。

踏切線をわずかに越えただけで無効試技になる計測の方法は、小川や溝を跳び越す時、踏切線より前から跳ぶことは、小川や溝に落下したのと同じと見なした名残です。

3　五輪で米国勢が圧倒的強さ

走幅跳は第1回アテネ五輪から行われましたが、優勝した米国のクラーク（Ellery Clark）の記録は6m35という低レベルでした。跳躍回数が3回だったこともありますが、助走路の状態が悪かったことが大きな要因だったと考えられます。続くパリ五輪では、110mH優勝者のクレンツレーン（Alvin Kraenzlein）が、前回大会を大きく上回る7m18（試技3回）で制しました。五輪では1912年ストックホルム五輪まで「全選手が3回の試技を行い、上位3人にあと3回の試技をさせて決定する」という方法で、4位以下は3回目までの記録で順位が決定されました。

驚くべき記録が生まれたのは1901年のこと。アイルランドのオコーナー（Peter O'Connor）が地元ダブリンで7m61をマークしました。この記録は米国のゴーディン（Edward Gourdin）が1921年に7m69を跳んで更新するまで20年間も破られませんでした。1925年には前年パリ五輪優勝者のハッバード（William Hubbard 米国）が7m89をマーク。米国勢は五輪でも圧倒的に強く、英国のデービス（Lynn Davies）に敗れた東京五輪までの16大会で14個の金メダルを得ています。

こうした中、1931（昭和6）年に南部忠平が東京・明治神宮競技場で7m98の世界記録を樹立します。この記録は1970年に山田宏臣が8m01を跳んで更新するまで、39年間も破られない偉大な日本記録でした。スピードを生かした典型的なそり跳び（ハングスタイル）の南部は、翌年のロサンゼルス五輪では銅メダルを獲得し、三段跳では金メダルに輝きました。

続くベルリン五輪を8m06で制したオーエンスは、前年に史上初の8m越え（8m13）に成功しています。ベルリンでは100m、200m、4×100mRを加えた4冠の偉業を達成しました。この記録を塗り換えたのは米国の若きエース、ボストン（Ralph Boston）でした。1960年に8m21を跳ぶと、翌年には8m28へ伸ばします。その後はソ連のテルオバネシアン（Igor Ter Ovanesyan）との競り合いで、世界記録は1967年までに8m35まで引き上げられます。

メキシコでビーモンが大記録

小刻みに更新されたこの時期の記録をはるかに上回る空前の記録が生まれたのが、初の高地開催となった1968年のメキシコ五輪でした。米国のビーモン（Bob Beamon）が世界記録を55cmも更新する8m90の大ジャンプ。空気抵抗が少ない高地、全天候型トラック、追い風2.0mと好条件がそろっ

図22 7m18を跳んでパリ五輪の金メダルを獲得したクレンツレーン

図23 1901年に7m61を跳んだオコーナー

図24 1931年に7m98の世界記録を樹立した南部忠平

図25 スピードを生かしたオーエンスの跳躍

たとはいえ、世界を驚かせる前人未到の跳躍でした。

1984年ロサンゼルス五輪では地元のルイス（Carl Lewis）が圧勝。100m、200m、4×100mRとの4冠に輝き、ベルリン五輪のオーエンスに続く快挙を達成しました。ルイスは走幅跳では1996年アトランタ五輪まで4連覇を飾り

図26 メキシコ五輪で8m90の大ジャンプを披露したビーモン

図27 五輪4連覇の偉業を達成したルイスの華麗なフォーム

ます。

そのルイスが主役とみられた1991年の世界選手権東京大会では、僚友パウエル（Mike Powell）が激闘を制し、夢の9mへあと5cmに迫る8m95の世界記録を樹立しました。ルイスは8m91（追い風参考）で2位。パウエルの記録は今も破られていません。

日本では山田の記録を臼井淳一が9年後の1979年に8m10へ書き換え、13年後の1992年には森長正樹が8m25まで伸ばしました。森長のこの記録は27年間破られませんが、2019年に橋岡優輝が8m32を跳んで更新すると、同じ大会で城山正太郎が8m40の大ジャンプを披露してあっさり記録を書き換えました。

東京2020五輪では橋岡が8m10を跳んで6位に入り、1984年ロサンゼルス五輪で7位（7m87）に入った臼井淳一以来、37年ぶりの入賞を果たしました。

column

消えた回転式跳躍

1973年、西ドイツのラゲルクイスト（Lagelquivt）が、「回転式前方宙返り」による跳躍を披露して驚かせました。「ドイツ第2TV」で放映された映像では、片足踏切で7m近くを跳躍。「この跳び方を使って安全な着地をマスターすることが可能なら、60cmは記録が伸びる」とされ、この跳躍スタイルの研究が始まりました。

国内でも翌年には走高跳選手の宮崎好幸が6m51を跳び、岸一正も7m11をマーク。米国ではデラメア（John Delamea）が7m93を記録しますが、同年8月に国際陸連が「危険で走幅跳の精神を逸脱している」という二つの理由から、2年間の暫定的な「禁止」措置を発表しました。日本では1975年から規則で禁止されました。

その後も米国のエッカー（Tom Ecker）や岡野進らが「踏切局面のブレーキを小さくすることができ、空中で回転することにより踏切で得られた旋回力が生かせる。着地も普通の跳び方と変わらない跳躍スタイル」と有効性を主張しましたが、最終的に「危険な技術」であるとされて消えていきました。

図28「Somersault宙返り跳び」空中で前方に回転しながら跳ぶ方法

4 女子の走幅跳

人見絹枝が２度の世界記録

図29 1928年英国女子選手権大会での人見絹枝の跳躍

20世紀初頭の女子走幅跳の水準は低く、1920年のベルリン対ウィーン国際大会の優勝記録は4m91で、2年後に出た記録も5m06でした。

日本のレベルはかなり高く、1924年の第1回日本女子オリンピックの優勝記録は高村繁子の4m70。その後にすい星のように登場したのが人見絹枝でした。1926年にイエーテボリ（スウェーデン）で開かれた第2回女子オリンピックで5m50の世界記録をマーク。2年後のアムステルダム五輪予選（大阪）では5m98の大記録を樹立しました。

定着したのは第二次大戦後

走幅跳は1948年ロンドン五輪で五輪種目に加えられ、世界的に広まります。50年代からはソ連や東欧勢が主導権を握りますが、1970年にはローゼンダール（Heidemarie Rosendahl 西ドイツ）が6m84の世界記録を樹立し、2年後のミュンヘン五輪でも金メダルを獲得。1978年にはソ連のバルダウスケネ（Vilma Bardauskiene）が7mの壁を破る7m07の世界記録を樹立しました。

1980年代に入ると東欧勢が次々と記録を更新。86年にはドレクスラー（Heike Drechsler東ドイツ）が7m45まで記録を伸ばし、1992年バルセロナ五輪と2000年シドニー五輪の2大会で金メダルを獲得しました。

七種競技世界記録保持者のジョイナー・カーシー（Jackie Joyner-Kersee米国）は、この種目でも1987年に世界タイ記録をマークし、同年の世界選手権ローマ大会と88年ソウル五輪で金メダルを獲得します。現在の世界記録は、ソウル五輪前にソ連のチスチャコワ（Galina Chistyakova）がマークした7m52。

第二次大戦後の日本では、1947年に山内リエが初めて6mを越え

図30 ドレクスラー

図31 現日本記録保持者の池田久美子

(6m01)、その年に6m07まで記録を伸ばします。60年代後半から一時代を築いたのは山下博子。1968年に6m17の日本タイ記録を2度マークし、72年に6m41を跳ぶまで7回の記録更新で24cmも記録を伸ばしました。21世紀に入ると、花岡麻帆と池田久美子が高いレベルで競り合い、花岡が2001年に6m82を跳べば、06年には池田が今も残る6m86の日本記録を樹立しました。

表7 男子走幅跳 世界記録の主な変遷

記録	競技者(国)	年	備考
7.05	J. レーン(アイルランド)	1874	初の7m台
7.08	M. フォード(米国)	1886	踏切板を初めて使用
7.50	M. プリンスタイン(米国)	1900	パリ五輪銀、セントルイス五輪金
7.61	P. オコーナー(アイルランド)	1901	20年間破られなかったWR、1906アテネ五輪銀
7.89	W. P. ハッバード(米国)	1925	24年パリ五輪金
7.98	南部忠平(日本)	1931	アジア人初WR、ロス五輪銅
8.13	J. オーエンス(米国)	1935	初の8m台、ベルリン五輪金
8.35	R. ボストン(米国)	1965	ローマ五輪金、東京五輪銀
8.90	B. ビーモン(米国)	1968	メキシコ五輪金、初の全天候型助走路・高地
8.95	M. パウエル(米国)	1991	91年WCでWR金

注)年:世界記録樹立年、WR:世界記録、WC:世界選手権

表8 女子走幅跳 世界記録の主な変遷

記録	競技者(国)	年	備考
5.98	人見絹枝(日本)	1928	日本女性初WR
6.12	C. シュルツ(ドイツ)	1939	初の6m台
6.28	Y. ウイリアムス(ニュージーランド)	1954	ヘルシンキ五輪金
6.76	M. ランド(英国)	1964	東京五輪金
6.84	H. ローゼンダール(西ドイツ)	1970	ミュンヘン五輪金、初の全天候型助走路
7.07	V. バルダウスケネ(ソ連)	1978	初の7m台
7.43	A. スタンチウ(ルーマニア)	1983	ロス五輪金
7.45	H. ドレクスラー(東ドイツ)	1986	バルセロナ/シドニー五輪金、ソウル五輪銀
7.52	G. チスチャコワ(ソ連)	1988	ソウル五輪銅

注)年:世界記録樹立年、WR:世界記録、WC:世界選手権

column

跳躍スタイルの変遷

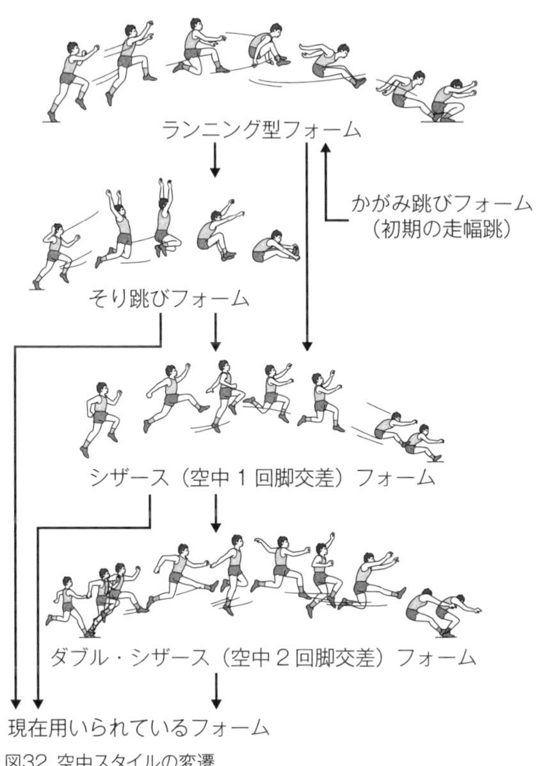

図32 空中スタイルの変遷

走幅跳では、助走スピードが増して踏切での跳び出しが強くなるのに伴い、体の前方向への回転力が増大します。この前方への回転力を抑え、有利な着地へ持ち込む過程が空中フォームと言えます。フォーム変遷の流れを表にします。

表6　跳躍スタイルとその特徴

跳躍スタイル	空中動作の特徴
かがみ跳び	踏み切ると両膝をあごの方へ引き付け、そのまま下半身を前方へ移動させて着地する。技術的には完成度が低いフォーム。
そり跳び	踏み切り直後に前上方へしっかり上体を起こして跳び出し、さらに体全体を後方にそらせる動きで前方への回転力を弱めるフォーム。そらせた反動で下半身を前方へ振り出す動きを導き、有利な着地につなげる。→南部忠平などがこのスタイル
はさみ跳び	踏み切った後に上体を起こして空中を歩くように脚を動かすことで、前方への回転力を抑え込む。踏切時の助走速度低下が他のスタイルより少なく、自然な動きなので着地へもスムーズに移行できる。→パウエル、ルイスらトップクラスの大半がこのスタイル

三段跳の歴史

1　世界各地の連続ジャンプ

三段跳は、左・左・右または、右・右・左の3回連続跳躍の水平距離を競う種目。世界各地でさまざまな形の跳躍運動が行われていますが、英国では古くから青年たちの能力を試す競技として盛んで、「hop skip jump」とか「hop hop jump」や「hop step jump」などと呼ばれました。世界陸連の表記は「triple jump」です。

わが国では英国の海軍武官らから指導を受け、1874（明治7）年の海軍兵学寮運動会で実施されています。跳ねるウサギのイメージから「玉兎躍月（うさぎのつきみ）」と呼ばれ、競技方法については「三飛毎に立つこと」と説明しています。

1920年アントワープ五輪十種競技代表の野口源三郎が長野・松本中学（現松本深志高校）に赴任した際、同地域の連合運動会で「ホ・ス・ジャンプ」の名称で実施しています。

原型は石蹴り遊び

三段跳の原型は、1820年ごろにスコットランドなどで行われていた「石蹴り遊び（hopscotch）」とされます。同じ足を3回使う「ケンケン跳び」や左右交互跳びがあり、助走を付けた10回連続ジャンプなどはアイルランドの民族競技やドイツの体育訓練でも行われていました。

19世紀の英国ではアマチュア選手による陸上競技が人気を集め、三段跳も実施されました。アイルランドのシャナハン（Daniel Shanahan）が1888年に51フィート1インチ（15m57）を記録。当時は利き足だけで3歩を跳ぶ「hop hop jump」と足を入れ替えて跳ぶ「hop step jump」のどちらも認められていました。

五輪では第1回アテネ五輪から行われ、片足だけの「hop hop jump」で跳んだ米国のコノリー（James Connolly）が優勝しましたが、助走路の状態が悪く、記録は13m71と低調でした。アイルランド系移民のコノリーは、五輪後の9月に14m94を跳んでいます。続くパリ、セントルイス両五輪も米国のプリンスタイン（Meyer Prinstein）が連覇。同選手は同じ大会の走幅跳で銀、金のメダルを獲得しており、当時は走幅跳選手が余技として行う段階でした。

2 規則の確立と発展

三段跳規則の確立

三段跳の規則が確立したのは、英国陸連の協力で1908年ロンドン五輪の競技規則を整備したときのこと。ここで踏み切った足で接地し、次に反対足で接地してジャンプ、着地する現代と同じ跳躍スタイルと、「ホップ・ステップ・ジャンプ」の名称が定まります。同大会の優勝者は14m92を跳んだアイルランドのティム・アハーン（Tim Ahearne）。11年に兄のダニエル（Daniel Ahearne）が跳んだ50フィート11インチ（15m52）が世界記録第1号です。

日本勢が五輪３連覇

1924年パリ五輪で6位に入賞した織田幹雄は、続くアムステルダム五輪では15m21でアジア初の金メダルを獲得。ロサンゼルスでは南部忠平が15m72、ベルリンでは田島直人が16m00と2大会連続で世界記録を樹立して日本勢が3連覇し、世界を驚かせます。日本勢は他にもアムステルダムで南部が4位、ロサンゼルスでは大島鎌吉が銅、ベルリンでも原田正夫が銀とメダル争いに絡む大活躍。「三段跳は日本のお家芸」と世界へアピールしました。

1931（昭和6）年には明治神宮競技場で織田が15m58を跳び、男子では日本選手初の世界記録を樹立。この日には、南部も走幅跳で7m98の世界記録を跳んでおり、日本勢が跳躍2種目で同時に世界記録表に名を連ねる歴史的な日になりました。

図33 アムステルダム五輪でアジア初の金メダルを獲得した織田幹雄の跳躍

図34 続くロサンゼルス五輪で金メダルに輝いた南部忠平のジャンプ

図35 ベルリン五輪で日本勢3連覇の偉業を遂げた田島直人

column

「三段跳」の名付け親

1927（昭和2）年に「三段跳」と命名したのは早稲田大学の学生だった織田幹雄でした。学生の大会に向けて提案した「三段跳」が選ばれ、翌年のアムステルダム五輪では、自らが命名した種目でアジア初の五輪金メダルに輝きます。

織田、南部、田島ら日本勢が世界の舞台で活躍できたのは、選手たちの努力と工夫があったことはもちろんですが、座ることが中心の日本人の生活様式がプラスに働いたとの説があります。強い脚力と高度なバランス感覚が、日本の「立ち居振る舞い」に支えられていたとすれば、いすの生活が普及した現代でその優位性がなくなったことも納得させられます。

第二次大戦後の三段跳

1950年代はブラジルのダシルバ（Adhemar Da Silva）が抜群のバネを生かして次々に世界記録を書き換え、1955年には16m56まで記録を伸ばしました。その後はソ連勢による記録更新が続き、1959年にフェドセーエフ（Oleg Fedoseyev）が脚のパワーを生かした跳躍で16m70をマーク。1960年にはシュミット（Jozef Schmidt ポーランド）がスピードに乗ったジャンプで初めて17mを超える17m03を跳びました。

図36 1995年に18m29の世界記録を樹立したエドワーズ

その後は再びソ連のサネイエフ（Viktor Saneyev）がスピードとパワーを交えたダイナミックな跳躍で世界をリードし、1976年モントリオール五輪で五輪3連覇の偉業を達成しました。1985年にはバンクス（Willie Banks 米国）が17m97の世界記録を樹立。10年後の世界選手権イエーテボリ大会では、英国のエドワーズ（Jonathan Edwards）が「水切り石」のように滑らかでスピーディーな跳躍で18m29の大記録を打ち立てます。

戦後は栄光から遠のく

戦後の日本勢は栄光から遠のき、1952年ヘルシンキ五輪で飯室芳男が6位に入賞したのが最高。1956年には小掛照二が田島の記録を20年ぶりに更新する16m48を跳びますが、メダル争いには無縁でした。1970年代には村木征人が踏切でのモーション技術改良を試みて1972年に16m63を跳びますが、その後は足踏みが続きました。1986年に山下訓史が17m15をマークして初の17mジャンパーとなりましたが、この記録も現在まで破られていません。

図37 日本人初の17mジャンパー山下訓史

3 女子の三段跳

人見が３度続けて世界新

20世紀初頭の女子三段跳に関する欧米での記録はほとんどなく、米国のヘイズ（Ellen Hayes）が1913年に10m49を跳んで女子で初めて10mを越えたとされる程度。一方、日本では盛んに行われ、人見が1924年に岡山で10m33を跳び、同年には塀和房子が9m62、北島みき子が10m07を記録しています。パリ五輪で織田幹雄が6位に入賞するなど、男子の熱心な取り組

図38 東京2020五輪で世界記録をマークしたロハスの跳躍

みが影響したと考えられます。

人見は1925年10月に大阪で11m62をマーク。11月にも東京で11m35を跳び、当時としては世界的に見ても突出した記録を残しました。世界陸連の世界記録リストとは別に、「ヤード・ポンド制」で計測されていた当時の国内では、10月の人見の記録は11m625とされています。

日本選手権では1925年に澤地節子が9m61で優勝し、36年まで実施されました。圧倒的に強かったのは山内リエで、1939年に人見の記録を更新する11m66の日本記録を樹立しました。

1990年代に再登場して躍進

女子三段跳はその後、一般には行われなくなりますが、国際陸連が男女同一種目実施の方針を推進します。その結果、14m台の記録も出るようになり、1990年に札幌の南部忠平記念で李恵栄（中国）が跳んだ14m54が公認世界記録第1号となりました。世界選手権では1993年のシュツットガルト大会から実施され、ロシアのビリュコワ（Anna Biryukova）が初めて15mの壁を破る15m09で優勝。1995年イエーテボリ大会では、クラベッツ（Inessa Kravets ウクライナ）が15m50を跳び、五輪種目に加えられた翌年のアトランタ大会では15m33を跳んで初代女王の座に就きました。

クラベッツの記録は長く破られませんでしたが、東京2020五輪でベネズエラのロハス（Yulimar Rojas）が長い脚を生かして15m67の大ジャンプを披露。金メダルを獲得するとともに、26年ぶりに世界記録を書き換えました。さらに、2022年3月には世界室内選手権（ベオグラード）でそれを上回る15m74の世界記録をマークしました。

日本では1986年に城戸律子がマークした12m23を日本記録として再出発し、93年に森岡洋子が13m06を跳んで13m台に乗せました。1996年には走幅跳の女王、花岡が13m69を跳び、1999年には初の14m台となる14m04をマーク。短期間で大幅に記録を更新しましたが、これを越える選手は出ていません。

表9　男子三段跳 世界記録の主な変遷

記録	競技者（国）	年	備考
14.92	T. アハーン（アイルランド）	1908	ロンドン五輪金
15.52	D. アハーン（英国）	1911	WR公認第1号「hop-step-jump」型のみ
15.58	織田幹雄（日本）	1931	アムステルダム五輪で日本初金、WR日本選手初
15.72	南部忠平（日本）	1932	ロス五輪金、走幅跳銅
16.00	田島直人（日本）	1936	初の16m台、ベルリン五輪金、走幅跳銅
16.56	A. ダ. シルバ（ブラジル）	1955	ヘルシンキ／メルボルン五輪連覇
17.03	J. シュミット	1960	初の17m台、ローマ／東京五輪連覇
17.44	V. サネイエフ（ソ連）	1972	モントリオールで五輪3連覇
18.16	J. エドワーズ（英国）	1995	初の18m台、シドニー五輪金／アトランタ五輪銀
18.29	J. エドワーズ（英国）	1995	95年WCでWR金、01大会金、WCメダル5

注）年:世界記録樹立年、WR:世界記録、WC:世界選手権

表10　女子三段跳 世界記録の主な変遷

記録	競技者（国）	年	主な功績
11.62	人見絹枝（日本）	1925	日本女性初WR
13.15	T. ターナー（米国）	1984	初の12m台（12m43-1981）初の13m台
14.04	李恵栄（中国）	1987	初の14m台
14.52	G. チスチャコワ（ソ連）	1989	88年に走幅跳WR
14.54	李恵栄（中国）	1990	WR公認第1号
15.09	A. ビリュコワ（ロシア）	1993	初の15m台、93年WC金
15.50	I. クラベッツ（ウクライナ）	1995	95年WCでWR金、アトランタ五輪金
15.67	Y. ロハス（ベネズエラ）	2021	東京五輪WRで金
15.74	Y. ロハス（ベネズエラ）	2022	22年室内WC金

注）年:世界記録樹立年、WR:世界記録、WC:世界選手権

図版の出典

図1:今村嘉雄(1954)スポーツの民族学.大修館書店,p.25.
図2:Lovesey, P.(1980) The Official Centenary History of the AAA. Guinness Superlatives Ltd, p.39.
図3:Sweeny, M.F.(1942) Mike Sweeney of the Hill. G.P. Putnam's sons, p.73-72.
図4:Webster, F.A.M.(1929) Athletics of To-day -History development & training. Frederick Warne & Co., Ltd., p.176-177.
図5:Webster, F.A.M.(1938) Coaching and Care of Athletes. George G. Harper & Co. Ltd., p.344-345.
図6:Quercetani, R.L.(1964) A World History of Track and Field Athletics 1864-1964. Oxford University Press, p.224-225.
図7:AP
図8:アフロ
図9:ロイター
図10:Craven(1839) Walker's Manly Exercises-to Which is Now Added-(6th ed.). London Wm S. Orr & Co. Amen Corner, Paternoster Row, pp54-55.
図11:Lovesey, P.(1980) The Official Centenary History of the AAA. Guinness Superlatives Ltd, p.39.
図12:Webster, F.A.M.(1929) Athletics of To-day -History development & training. Frederick Warne & Co., Ltd., p.240-241.
図13:アフロ
図14:谷口直士編(2002)鳥人安田矩明Noriaki Yasudaのあゆみ—中京大学退職を記念して—.
図15:アフロ
図16:ガーディナー,E.N.:岸野雄三訳(1981)ギリシアの運動競技.プレスギムナスチカ,写真70.〈Gardiner, E.N.(1930) Athletics of the Ancient World. Oxford at the Clarendon Press.〉
図17:ガーディナー,E.N.:岸野雄三訳(1981)ギリシアの運動競技.プレスギムナスチカ,p.168.〈Gardiner, E.N.(1930) Athletics of the Ancient World. Oxford at the Clarendon Press.〉
図18:大英博物館展示室にて筆者撮影。
図19:ガーディナー,E.N.:岸野雄三訳(1981)ギリシアの運動競技.プレスギムナスチカ,写真69.〈Gardiner, E.N.(1930) Athletics of the Ancient World. Oxford at the Clarendon Press.〉
図20:ガーディナー,E.N.:岸野雄三訳(1981)ギリシアの運動競技.プレスギムナスチカ,附写真No.105.〈Gardiner, E.N.(1930) Athletics of the Ancient World. Oxford

at the Clarendon Press.〉

図21:ガーディナー,E.N.:岸野雄三訳(1981)ギリシアの運動競技.プレスギムナスチカ, p.163.〈Gardiner, E.N.(1930) Athletics of the Ancient World. Oxford at the Clarendon Press.〉

図22:Lovesey, P.(1980) The Official Centenary History of the AAA. Guinness Superlatives Ltd, p.50.

図23:Lovesey, P.(1980) The Official Centenary History of the AAA. Guinness Superlatives Ltd, p.53.

図24:陸上競技研究会(1935)陸上競技(第8巻第1号).一成社,p.48-49.

図25:Zenter, C.(1995) Das Grosse Buch der Olympischen Spiele. Copress Verlag GmbH, p.186.

図26-27:アフロ

図29:陸上競技研究會(1934)陸上競技寫眞集.一成社,p.183.

図30:ロイター

図31:アフロスポーツ

図33:陸上競技研究會(1934)陸上競技寫眞集.一成社,p.210.

図34:鈴木良徳・川本信正(1956)オリンピック.日本オリンピック後援会,p.72.

図35:鈴木良徳・川本信正(1956)オリンピック.日本オリンピック後援会,p.88.

図36:ロイター

図37:アフロ

図38:ロイター

第7章 投てき種目の歴史

砲丸投の歴史

1 砲丸投の成り立ち

人類は古くから狩猟や軍事上の目的で、重い木塊(もっかい)、石塊(せっかい)や金属塊を投げてきました。それと同時に、力比べや力自慢でそれらを遠くに投げ、持ち上げ、運ぶなどの競い合いも世界各地で行われてきました。砲丸投が、近代陸上競技で中核的な種目に位置付けられてきたのは、そういう流れからも当然のことだったでしょう。

2 近代砲丸投の幕開け

アイルランド、スコットランド地方では、重量物を投げる競技が古くから行われてきました。1860年に行われたアイルランドのダブリン大学陸上競技会では、16ポンド（7.26kg）の鉄製砲丸（iron shot）を使った競技が行われた記録があります。それから160年以上を経た今日でも、当時と同じ重量の砲丸を使って競技が行われているのは驚くべきことです。ただし、初期の競技ではやり投や円盤投と同様、左右両手で投げた記録を合計して勝者を決める方式が一般的でした。

3 投法と競技規則の制定

当時の砲丸のサイズは均一ではなく、1880年の第1回英国アマチュア選手権では18ポンド10オンス（8.44kg）の重さの砲丸が用いられています。この年に誕生した英国陸連（AAA）が砲丸の重さを16ポンドとすることなど6項目の競技規則を制定。翌年の第2回英国アマチュア選手権は、新しい規則

図1 1875年ごろのオックスフォード大対ケンブリッジ大対抗戦での砲丸投

に沿った16ポンドの砲丸で実施されました。

図2 草創期の砲丸の形状や重さは大会ごとにさまざま

1) 肩の後方から片手で押し出す(Put)(ボールのように投げる動き＝Throw＝は認めない)。
2) 投てきの瞬間、片方の手を添える「フォロー」は認めない(利き手の甲を逆の手で押さない)。
3) 一辺7フィート(213.5cm)の囲いの中から投げる(囲い外からの助走は認めない)。
4) 重さ16ポンド(7.26kg)の砲丸を用いる。
5) 投てき距離の計測は、落下点から囲いの前方の線までの垂線を計測する。
6) 投てき場の垂線を踏み出したものは無効試技とする。

米国ではそれより古い1867年から米国陸上競技連合(AAU)選手権と全米学生選手権で早くも砲丸投が行われていました。砲丸の重さは英国と同じ16ポンドでしたが、前方に高さ4インチ(10.2cm)、幅4フィート(121.9cm)の「足止め材」を置いた直径7フィート(213.5cm)の円形サークルを使用しました。これは現在と全く同じ規格。この米国式の足止め材付きの円形サークルは、投てき後のファウル防止には効果的です。

図3 英国では正方形の投てき場から投てき（1891年）

わが国では英国式が主流でした。1883（明治16）年に英国から招かれた英語教師のストレンジが著したスポーツ指導書『Outdoor Games』の中で、「16ポンドの砲丸をラインから投げる」と紹介しており、これが基準となりました。

4 初期は両手の記録合算

第1回アテネ五輪は得意の手で投げる「利き手記録」でしたが、1912年ストックホルム五輪では「左右の手で投げた記録の合計」で勝者を決定する方式を採用。この方式は1920年アントワープ五輪を最後に姿を消し、現行の利き手記録が定着します。当時は投てき場に設営された鉄製のフレームの中から、スパイクシューズを履いて投てきを行いました。雨天の際はぬかるみでスリップする事故も発生したため、1957年にルールが改正されてコンクリートのサークルが一般化します。

砲丸の材質にも工夫・改良が加えられ、大きさ（男子用直径110～130mm、女子用直径95～110mm）の条件を満たせば、鉄以外に真鍮（しんちゅう）などの比重の大きい金属を中心部に挿入して小さくし、持ちやすくすることも認められました。

5 画期的だったオブライエン投法

五輪創設の前後は､投てき場の7フィート（213.5cm）の範囲内を歩いたり、小走りしたりする動作からステップを使って投げる投法でした。その後の半世紀ほどの間に活躍した選手たちの投法も、横向きから立ったままステップして投げ出す「横向き投法」が主流でした。

第二次大戦後は、フックス（James Fuchs）ら米国勢が台頭。強い脚力を使って深く沈み込む動作から、砲丸を突き出すまでの移動距離（軌道）を伸ばすダイナミックな投てきで、18mラインに迫ります。

図4 画期的な投法をあみ出したオブライエン

同じころ、南カリフォルニア大学生のオブライエン（William Patrick O' Brien）が誰も考えつかなかった「後ろ向きの姿勢からグライド（ステップして進む）して投げる投法」で、1953年5月に初めて18mの大台に乗せます。1952年ヘルシンキ、56年メルボルン両五輪を連覇したオブライエンは、7シーズンで世界記録を10度も更新し、19m30まで記録を伸ばしました。この種目に技術革新をもたらした彼の投法は、70年を経た今日でも一般的な投げ方として用いられています。

投てき方向を背にしてサークル後方で構えるオブライエン投法は、膝を深く折り曲げた姿勢から片足でグライドして後ろ向きのまま素早く体を移動。サークル中央で「パワーポジション」と呼ばれる構えの姿勢に移ります。従来の「横向き投法」と比べ、構えはこの段階で投てき方向に背を向けたままです。砲丸は肩の内側に保持され、より深い位置で「力をためる」ことができるため、最後の突き出しまで砲丸に長く力を加えることができます。フィニッシュではさらに体のひねりも利用でき、当時としては画期的な技術でした。米国勢はさらに記録を塗り替え、1960年にはローマ五輪を制したニーダー（Bill Nieder）が初の大台越えとなる20m06をマーク。1965年にはマトソン（Randy Matson）が21m05を投げ、3年後のメキシコ五輪で金メダルを手にします。1976年にはバリシュニコフ（Aleksandr Baryshnikov ソ連）が回転投法で初の22m越えを果たし、88年ソウル五輪優勝者のティンマーマン（Ulf Timmermann 東ドイツ）が23m06を投げました。

6 回転投法の出現

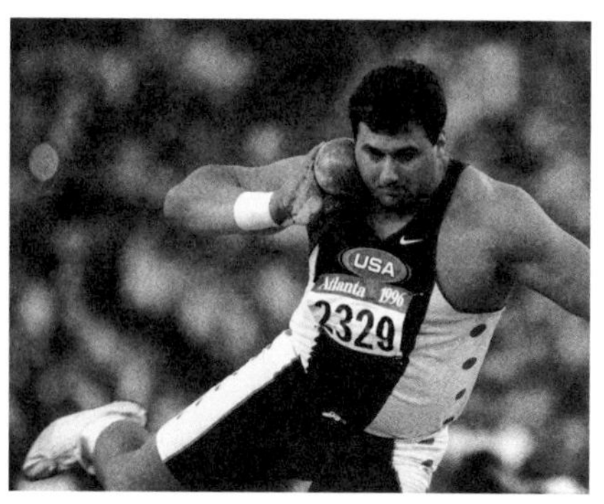

図5 回転投法。砲丸への加速距離が長く有利な反面、技術習得が難しく安定性に欠けるのが難点

1970年代には円盤投の技術を導入した「回転投法」が出現します。直線的なオブライエン投法に比べて砲丸へ加速する距離が2倍近くになり、大幅に記録が向上しました。今日の主要大会では男子選手の多くがこの投法を用いています。

1990年5月、米国のバーンズ（Randy Barnes）が23m12の驚異的な世界記録を樹立。この記録は長らく更新されませんでしたが、2021年6月に同じ米国のクルーザー（Ryan Crouser）が23m34を投げ、31年ぶりに記録を書き換えました。クルーザーは東京2020五輪で連覇を達成。この大会では決勝進出者12名全員が回転投法でした。近年では、女子でもこの投法に取り組む選手が増えています。

日本でも長らくオブライエン投法が主流でしたが、現在の日本記録は2018年に中村太地が回転投法でマークした18m85。高校時代に円盤投選手だった中村は、回転技術に優れています。

7 女子の砲丸投

女子の砲丸投が記録に残るのは、第一次世界大戦後の1920年代に欧州の競技会で盛んに行われるようになってからのことです。当時は女子用砲丸の大きさや重さが一定していませんでした。1922年創立の英国女子陸上競技連盟が主催した初回の女子選手権では砲丸投は行われず、翌年から男子の重さの半分、8ポンド（3.63kg）の砲丸で実施されました。両手の合計記録で競う形式で、数年間は左右合計53〜58フィート（16m15〜17m67）が優勝記録でした。1922年8月にパリで行われた第1回女子オリンピック大会では正式種目として実施され、その後は各国で広く行われるようになりました。

女子砲丸の規格決定

1926年に国際女子スポーツ連盟が女子用の砲丸の重さを協議。米国での6ポンド（2.72kg)、英国圏での8ポンド、その他の諸国5kgとばらばらだったのが、折衷案で現在の規格4kgと定まります。新規格制定後はドイツ勢がパワーを発揮。1928年に利き手で11m96を投げたホイブライン（Grete Heublein）が、31年には13m70まで記録を伸ばします。両手合計ではユングクンツ（Olga Jungkunz）の記録21m48が残っています。

図6 女子砲丸の重さが4kgと定まったのは1926年

五輪種目になったのは1948年のロンドン五輪からで、ソ連勢が恵まれた体格を生かして活躍。中でも、プレス（Tamara Press）は1959年からの6年あまりで世界記録を6回更新して18m59まで記録を引き上げ、64年東京五輪では連覇を達成しました。

図7 世界記録を6回更新したプレス

図8 現世界記録保持者リソフスカヤの投てき

ソ連・東欧勢の手で20m時代へ

19mを最初に越えたのは東ドイツのグンメル（Margitta Gummel）。19m07を投げた1968年の同じ大会で一気に19m61まで伸ばし、従来の記録を74cmも更新します。ところが、翌年には前記録保持者のチジョーワ（Nadezhda Chizhova ソ連）が19m72を投げ、さらに2カ月足らずのうちに大台の20m越え（20m09）を果たします。1972年にはチジョーワは最初の21m越え（21m03）にも成功。翌年には21m45まで記録を伸ばし、5年間で世界記録を実に2m78も引き上げました。現在の世界記録は、1988年ソウル五輪を制したソ連のリソフスカヤ（Natalya Lisovskaya）が、五輪前年の6月に投げた22m63。

日本における女子砲丸投

わが国では、この種目でも時代を切り開いたのは万能選手の人見絹枝でした。1926年に明治神宮外苑で行われた第2回関東陸上選手権で、8ポンド（3.63kg）の砲丸で9m97の日本記録をマーク。規格統一された重さ4kg以降は大多よねが記録した9m81が最初の公認記録になりました。

表1　男子砲丸投 世界記録の主な変遷

記録	競技者（国）	年	備考
14m88	D. ホーガン（アイルランド）	1909	ロンドン五輪銀
15m54	R. ローズ（米国）	1909	セントルイス／ロンドン五輪連覇
16m04	E. ヒルシェフェルト（ドイツ）	1928	アムステルダム五輪銅
17m40	J. トーランス（米国）	1934	ベルリン五輪5位
19m30	P. オブライエン（米国）	1959	グライド投法創始者　ヘルシンキ／メルボルン五輪連覇
20m06	W. ニーダー（米国）	1960	ローマ五輪金
21m05	R. マトソン（米国）	1965	メキシコ五輪金
22m00	A. バリシュニコフ（ソ連）	1976	回転投法初WR
23m12	R. バーンズ（米国）	1990	アトランタ五輪金　回転投法
23m37	R. クルーザー（米国）	2021	リオ／東京五輪連覇　回転投法

注）年:記録樹立年、WR:世界記録、WC:世界選手権

表2　女子砲丸投 世界記録の主な変遷

記録	競技者（国）	年	備考
13m70	G. ホイブライン（ドイツ）	1931	10m台から13m台まで記録更新
14m38	G. マウエルマイウル（ドイツ）	1934	初の14m台
15m02	A. アンドレーエワ（ソ連）	1950	初の15m台
16m18	G. ジビナ（ソ連）	1953	ヘルシンキ五輪金
18m55	T. プレス（ソ連）	1962	ローマ／東京五輪連覇
19m61	M. グンメル（西ドイツ）	1968	メキシコ五輪金
21m45	N. チジョーワ（ソ連）	1973	ミュンヘン五輪金
22m32	H. フィビンゲロバ（チェコスロバキア）	1977	83年WC金　室内WR保持者
22m63	N. リソフスカヤ（ソ連）	1987	ソウル五輪金　87年WC金

注）年:記録樹立年、WR:世界記録、WC:世界選手権

人見は1930年にブリュッセルで開かれた第3回国際女子競技大会で、これを上回る9m89をマーク。翌年には石津光恵が10m14を投げて人見の記録を更新しました。1950年代後半からは小保内聖子が活躍して14m台と15m台の扉を開き、70年代には林香代子が16m00まで記録を向上させました。この間、世界との差は広がる一方でしたが、40年ぶりに五輪へ出場（2004年アテネ）した森千夏が同年に世界レベルの日本記録（18m22）を打ち立てました。しかし、26歳の若さで急逝したのは惜しまれます。

円盤投の歴史

1　ギリシャ時代の円盤投

円盤投は古代ギリシャ各地の祭典競技で広く行われており、最も古い陸上競技種目の一つです。円盤を意味する「ディスコス」は、石製か金属製で中央部が周辺より少し厚みがある形状です。紀元前6世紀の黒絵つぼには、厚みのある白い円盤が描かれています。

オリンピア競技では、紀元前708年の第18回大会で五種競技の種目として行われたのが最初。当時の円盤は大きさや重さが決まっておらず、大会ごとに違ったサイズのものが使われていました。競技場遺跡から発掘された石製のディスコスは、大きいもので直径約28cm、重さ約6.8kgもあり、現代なら砲丸の重さに近いものでした。

2　第1回アテネ五輪で復活の象徴

円盤の投てき場は台状になっており、「バルビス（balbis）」と呼ばれました。古代ギリシャの投法は、「ギリシャ式円盤投法」または「ヘレニック投法」と呼ばれます。発掘された宝石・貨幣などに彫り込まれた選手の姿などから、回転せずに立ったまま投げるスタンディングスローだったと推測されています。

アテネで開かれた第1回の五輪では、大会を盛り上げるため開催地アテネ由来の「マラソン競走」と、古代からの伝統競技である円盤投が加えられま

図9 古代ギリシャ時代からの伝統種目

図10 台（バルビス）の上から投げる古代ギリシャの投法

した。使用された円盤は、胴体が木製で中心部と縁が鉄製になっている現代の円盤とほぼ同じ形状。重さは遺跡から発掘された多数の円盤の重量の中間値を採用し、フランスを中心に普及し始めたメートル法によって2kgと定められました。2.5m四方の投てき場から投げて優勝したギャレット（Robert Garrett 米国）の記録は29m15で、投法は当時の主流であった、横向きから始動する「ハーフターン」でした。

図11 アテネ五輪を制したギャレット

3 初期は土のサークル

1900年パリ五輪ではハンガリーのバウエル（Rudolf Bauer）が36m04で優勝。この大会は砲丸投、ハンマー投と同じ直径7フィート（213.5cm）の狭いサークルで実施されました。1912年ストックホルム五輪では、フィンランドのタイペール（Armas Taipale）が、現在と同じ「利き手」だけによる投てきで45m21を投げて優勝。両手合計も82m86（利き手44m68、逆手38m18）で制しました。

今日の競技会で用いられている「重さ2kg、直径22cm、中心部の厚さ4.5cmの円盤を使って直径2.5mのサークルから投げる」という競技規則は、1908年のロンドン五輪開催にあたって決められた規格。ただし、サークルはトラックと同じ土でした。この大会では米国のシェリダン（Martin Sheridan）が40m89で連覇を果たしました。

4　1回転半ターンの出現

1930年ごろまでの技術は、片足を常に地面に付けてターンする「ピボット・スタイル」が一般的。ターンの始動は投てき方向に対して横半身に構え、一直線に回転する「1回転投法」でした。ゆっくりとサークル内で回転して投げるイメージで、記録も40m台にとどまっていました。

初めて50mの大台越え（51m03）を達成したのは1930年のクレンツ（Eric Krenz 米国）でした。現在とほぼ同じ「1回転半」投法で、90度分よけいに円盤を加速させられる技術。この投法は、サークル後方で投てき方向に対して背を向けて立ち、低い姿勢からジャンプするようにしてターンに入り、途中で両足が地面から離れた瞬間にひねりを加えて「タメ」を作って投げる。従来とは明らかに違うスピード感のある投法で、円盤投は新時代を迎えました。

図12 新投法でベルリン五輪を制したカーペンター

1936年ベルリン五輪優勝者のカーペンター（Kenneth Carpenter 米国）は、この回転技術に加え、膝を曲げて腰を落とすパワーポジションからさらに脚力を使えるよう改良した投法で50m48を投げました。

5 オーターが4連覇の偉業

50年代からはウェイトトレーニングが普及して各選手の筋力が大幅に向上し、ターン、振り切りのスピードが格段に高まります。この時代に最も優秀な成績を収めたオーター（Alfred Oerter 米国）は、前人未到の「五輪4連覇」（1956年メルボルン、60年ローマ、64年東京、68年メキシコ）という偉業を成し遂げます。

60年代に入ると記録は60m台に突入。オーターは東京五輪前の1964年4月、世界記録を62m94にまで引き上げます。持前の勝負強さに加え、技術の高さも際立っていました。滑らかなターンから頭部を軸にして下半身を先行させ、上半身との大きなひねりを作って構え、次の瞬間、そのひねりをほどきながらひねり返す。全身の力を振り切りに集中させる見事な投法でした。

1976年には、砲丸投で20m台、やり投でも80m台の記録を持つ万能選手、ウィルキンス（Mac Wilkins 米国）が抜群の肩の強さを生かした独自の投法で活躍。高い振り切り位置から投げ出すスタイルで世界記録を70mの大台（70m24）に乗せました。振り切り時に両足で一気にジャンプして足を入れ替える、米国の主流となる「リバース投法」でした。1986年には、驚異的な振り切りスピードで現在も残る世界記録（74m08）を投げたシュル

図13 五輪4連覇を果たしたオーターの投てき

図14 74m08の世界記録保持者シュルト

ト（Jurgen Shult 東ドイツ）は、2年後のソウル五輪も68m82で制しました。

国内では身長200cmの巨漢、川崎清貴が1979年に投げた60m22の日本記録が高い壁でした。これを38年ぶりに書き換えたのが2017年に60m54を投げた堤雄司で、同年に60m74まで記録を伸ばします。翌年の日本選手権では、湯上剛輝が一大会で日本記録を3回上回って62m16をマーク。2020年には再び堤雄司がこれを塗り替える現在の日本記録（62m59）を投げました。

column

執念の4連覇

男子円盤投で史上初の五輪4連覇を果たしたオーター（Alfred Oerter 米国）は、どの大会でも強力なライバルが存在しましたが、驚くべき勝負強さで勝利を重ねました。20歳で初出場した1956年メルボルン五輪では、世界記録を持つチームメイトのゴーディエン（Fortune Gordien）が優勝候補でしたが、1投目にいきなり自己最高を更新する56m36の五輪新をマーク。第一人者の出鼻をくじいて最初の金メダルを獲得しました。

オーターは翌年、交通事故で瀕死の重傷を負い、3年後のローマ五輪では米国代表選考会で世界記録を樹立したバブカ（Richard Babka）が立ちふさがりました。4投目までリードしたバブカですが、オーターに対して「ターンで左腕が下がっている」と耳打ち。アドバイスを取り入れたオーターは59m18の自己最高を投げ、鮮やかに連覇を果たします。

1964年東京五輪では頸椎損傷で首に保護具を付けて登場。わき腹も痛めており、文字通り満身創痍でした。しかも、世界記録保持者のダネク（Ludvik Danek チェコスロバキア）が45連勝の快進撃中。オーターは1投目に五輪新を投げてダネクに重圧をかけ、5投目に痛みをこらえて記録を伸ばしてライバルを下しました。続くメキシコ五輪では世界記録保持者のシルベスター（Jay Silvester 米国）らを抑え、陸上競技では初の五輪4連覇を飾ります。4大会すべてで五輪記録を更新する見事な勝ちっぷりでした。

1980年モスクワ五輪代表選考会では5度目の制覇を目指して43歳でカムバック。惜しくも4位に終りますが、勝負に懸ける変わらぬ執念を見せました。

6 女子の円盤投

女子の円盤投は20世紀初頭まで重さが一定せず、異なる重さの円盤による記録が混在しています。1918年のオーストリア陸上競技協会主催の女子選手権大会では、男子と同じ2kgの円盤が用いられたため16m77が優勝記録でした。2年後のベルリン対ウィーン国際対抗大会の優勝記録も21m08にとどまっています。

1926年に重さ1kgに

1922年にはドイツ陸連が女子の記録を公認することを決め、翌年には「1kgの円盤」で27m39を投げたタンブレー（Yvonne Tembouret フランス）の記録をFSFIが「世界記録」と認定。1926年には「重さ1kg、サークルは男子と同じ2.5mを使用する」と規則が定められ、今日に至っています。

図15 初期の大会では2kgの男子用円盤を投げることも

図16 アムステルダム五輪で実施された円盤投

1928年アムステルダム五輪では女子5種目の一つに加えられ、第一人者のコノパッカ（Halina Konopacka ポーランド）が39m62で優勝しました。

五輪種目になったことで記録も急伸します。第二次大戦後は国際舞台に登場したソ連勢が強さを発揮し、1948年にはダンバーゼ（Nina Dumbadze）が53m25の世界記録を樹立。翌年秋には57m04にまで記録を伸ばしました。1960年には砲丸投の女王プレスが57m15を投げ、その後も記録を5回も書き換えて大台目前の59m70まで引き上げます。

図17 現世界記録保持者ラインシュの迫力あるターンのスタート

1967年にはウェステルマン（Liesel Westermann 西ドイツ）が61m26を投げて60mを突破。1975年には70m20を投げたメルニク（Faina Melnik ソ連）が大台越えを果たします。メルニクは世界記録を11回も書き換え、70m50まで記録を引き上げました。現在の世界記録は1988年にラインシュ（Gabriele Reinsch 東ドイツ）がマークした76m80。

わが国の女子円盤投

1926年にイエーテボリで開催された第2回世界女子陸上競技大会では、走幅跳で優勝した人見絹枝が、円盤投でも33m62の記録で2位に入りました。人見は1930年に神宮競技場で34m18を投げて日本記録を樹立し、この種目でも世界的な競技力を発揮します。

1936年のベルリン五輪では中村コウが4位（38m24）、峯島秀が5位（37m35）とそろって入賞を果たします。第二次大戦後は、戦前にはスプリンターだった吉野トヨ子が投てき選手として大活躍し、1952年ヘルシンキ五輪で4位に入賞（43m81）。1962年には7回目の日本記録（48m08）を樹立するなど、長くこの種目をけん引しました。

1961年に50m台（50m62）に乗せたのは横山弘子。1984年に53m08を

図18 第2回世界女子陸上競技大会で2位に入った人見絹枝の力強いフォーム

図19 ヘルシンキ五輪4位入賞を果たした吉野トヨ子

投げた北森郁子は、スピーディーなターンで56m08（1987年）まで記録を伸ばしました。現在の日本記録は2019年に郡菜々佳が樹立した59m03。

表3 男子円盤投 男子世界記録の主な変遷

記録	競技者(国)	年	備考
43m54	M. シェリダン(米国)	1909	セントルイス／ロンドン五輪連覇
47m59	J. ダンカン(米国)	1912	ストックホルム五輪銅
51m03	E. クレンツ(米国)	1930	初の50m台
55m33	A. コンソリーニ(イタリア)	1948	ロンドン五輪金
61m10	A. オーター(米国)	1962	メキシコ五輪で4連覇
68m40	J. シルベスター(米国)	1968	ミュンヘン五輪銀
70m86	M. ウィルキンズ(米国)	1976	モントリオール五輪金
71m16	W. シュミット(東ドイツ)	1978	モントリオール五輪銀
74m08	J. シュルト(東ドイツ)	1986	ソウル五輪金　87年WC金

注）年:記録樹立年、WR:世界記録、WC:世界選手権

表4 女子円盤投 世界記録の主な変遷

記録	競技者(国)	年	備考
30m10	V. モリス(フランス)	1924	6カ国対抗女子大会金
39m62	H. コノパッカ(ポーランド)	1928	アムステルダム五輪金
48m31	G. マウエルマイヤー(ドイツ)	1936	ベルリン五輪金
57m04	N. ロマシコーワ(ソ連)	1952	ヘルシンキ五輪金
59m70	T. プレス(ソ連)	1965	東京五輪金
63m96	L. ベステルマン(西ドイツ)	1969	メキシコ五輪銀
70m50	F. メルニク(ソ連)	1976	ミュンヘン五輪金
76m80	G. ラインシュ(東ドイツ)	1988	ソウル五輪7位　87ユニバシアード銀

注）年:記録樹立年、WR:世界記録、WC:世界選手権

ハンマー投の歴史

1　ハンマー投の前史

図20 1869年に行われたオックスフォード大対ケンブリッジ大対校戦のハンマー投

ハンマー投は文字通り、杭を打つために使う実用のハンマーを投げ合うことで始まった種目です。他の投てき種目との大きな違いは、投てき物を自分の手から直接投げず、柄やワイヤーで振り回しながら投げる点です。

原点には二つの流れがあります。大きな動物を捕獲したり、戦場で大軍を相手にするような場合に、重いものを投げることから発生した形態が一つ。二つ目は、農工具など実用の道具を使う「投げ比べ」や「力比べ」の流れをくむものです。後者は振り回して投げる動作そのものが面白いことで注目を浴び、世界各地で体力自慢のさまざまな「投げ比べ」が行われてきました。

図21 世界各地で行われる「投げ比べ」。写真はスコットランドでのハンマー投

中世の英国では、国王エドワード二世がこの種の競技を奨励しました。しかし、人々が熱中しすぎたことで、大事な武術「弓の練習」を行わなくなったため、1377年に息子のエドワード三世が「投てき禁止令」を発令するまでになりました。当時の競技の模様は1887年に著されたM・シャーマン卿の『陸上競技とフットボール(Athletic and Football)』に紹介されており、ヘンリー八世が宮廷内で廷臣を従えてハンマーを投げている図もあります。しかし、17世紀に入ると人気は下火となり、次第に忘れ去られます。

Harry VIII.
throwing the hammer.
図22 ハンマーを投げる英国王ヘンリー八世

石や金属塊などの重量物にひも・縄・鎖などを巻き付けて投げ合った記録としては、1829年にアイルランドのタラの村で行われた「チルティンのゲーム」が知られています。この村に伝わる民話を紹介した『レインスターの本』には、投てきの様子が砲丸投の例とともに記されています。

2 ハンマー投復活の経緯

ハンマー投はその後、スコットランド、アイルランドなど一部地域の祭典行事で細々と行われる種目になっていました。ところが、19世紀後半になるとパブリックスクールや大学の競技会で実施されるようになり、再び日の目を見ます。するのも見るのも面白かったハンマー投は若者たちの身体訓練や力比べにも適していたため、短期間に正式種目となります。1860年に始まったオックスフォード大学の校内大会で採用され、66年の第3回オックスフォード大対ケンブリッジ大対校戦でも実施されました。

中世では実用の用具を投げる「槌投げ(つちなげ)」でしたが、柄の部分は木製ながら頭部を「鉄球」に変えた競技用ハンマーへ進化。ハンマーの重量は16ポンド（7.26kg）が主流でしたが、柄は本人の好みに応じて長めの4フィート（121.9cm）も使用が可能でした。踏切ラインを越えなければどの地点から投げても記録が認められました。重量に関しては必ずしも統一されておらず、16.5〜24ポンド（7.48〜10.88kg）と幅がありました。1875年以降の英国アマチュア選手権では、頭部の重量を含めて「ハンマー全体の長さは3フィート6インチ（106.7cm）、助走距離は7フィート（213.5cm）以内とする」との規則が定められました。

3　ここでも原点は英国の規則

ハンマー投は、全英選手権大会では初回から実施された最も古い種目の一つ。当時定められた規則は以下の通り。
①ハンマーは直径7フィート（213.5cm）のサークル内から投げる。
②ハンマーの柄と頭部の総重量は16ポンド（7.26kg）とする。
③ハンマーの頭部は鉄製の球形で、柄は木製とする。
④ハンマーの頭部の先端から柄の端までは4フィート（121.9cm）より長くないものとする。

競技は長らく木製の柄の先端を「握って投げる」動作でしたが、1896年からは金属を曲げて使うことが認められ、三角形のハンドルが登場します。このハンドルの考案により、手の指に「ひっかけて投げる」動作へと技術が移り変わり、大幅な記録の向上につながりました。

4　米国の規則が国際規格へ

米国東部では、1870年代からスコットランドやアイルランドの移民がハンマー投を持ち込みました。当時は母国の習慣を尊重し、助走を付けない立位での投法が主流でしたが、次第に米国流が定着。1882年には「ハンマーの全長4フィート（121.9cm）、重さ15ポンド（6.81kg）の鉄球と金属製の鎖に三角形のハンドルを付けた合計16ポンド（7.26kg）のハンマーを直径7フィート（213.5cm）のサークルから投げる」との規則が定められました。

第1回アテネ五輪では行われていませんが、英米を中心に広く行われていたことから次の1900年パリ五輪で正式種目として実施されます。8年後のロンドン五輪では、19世紀末の米国の規則が採用され、後にこれが国際陸連の規則にもなりました。このころ、ハンマーの頭部と柄の接合点に丸いベアリングの「旋回装置(swivel)」が組み込まれ、スイングの際に頭部と柄が別々に動き、ハンマーの動きがスムーズになって記録向上に拍車がかかりました。

5 「握る」から「引っかける」技術へ

三角形の金属製ハンドル（握り部）と「旋回装置」の導入により、記録は一気に50m台へ飛躍します。初回のパリ五輪からロンドン五輪まで3連覇を果たしたのはアイルランド系米国人のフラナガン（John Flanagan)。そのフォームは前世紀までの選手とは明らかに違いがあり、遠心力に負けないため回転時に膝を折り曲げ、腕もしっかり伸ばしています。体の中心軸からハンマーまでの距離を遠くし、遠心力を最大限に生かす投法。現代の技術に通じるフォームの原型が、早くも出来上がっていました。

国際陸連の世界記録公認第1号は、アイルランド系米国人のライアン（Pat-

図23 五輪3連覇のフラナガン。柄を握ったパリ五輪（左）から、ハンドルに指を掛けた投てきへ進化したロンドン五輪（右）では大幅に記録が向上

ric Ryan）が1913年にマークした57m77。当時は土のサークルからスパイクシューズを履き、つま先でターンをしていました。ライアンは1920年アントワープ五輪で優勝し、「重錘投」でも2位になりました。

1948年にはネメト（Imre Nemeth ハンガリー）が、膝の送りを早くして回転スピードを上げる投法を身に付け、2年後には59m88まで記録を伸ばします。1952年ヘルシンキ五輪ではチェルマーク（Jozsef Csermak ハンガリー）が初の大台越えとなる60m34の世界記録で金メダルを獲得。1960年にはコノリー（Harold Connolly 米国）が70m台（70m33）にまで記録を引き上げました。

ソ連が高度な技術を完成

1960年代中ごろからはソ連勢が躍進します。素晴らしい体格に加え、先進的な科学的トレーニングに支えられた高い投てき技術を身に付け、1969年にはボンダルチュク（Anatoli Bondarchuk）が75m48をマーク。1978年にはザイチュク（Boris Zaychuk）が80m14を投げて大台を突破すると、1980年からはセディフ（Yuriy Siedykh）とリトビノフ（Sergey Litvinov）という巨峰が並び立ち、世界記録は1986年にセディフがマークした86m74の高みにまで達します。セディフは先端技術の4回転ターンに背を向け、3回転による高度な技術を完成させました。

五輪では、1976年のモントリオール五輪で優勝したセディフを筆頭にソ連勢が表彰台を独占し、続く地元のモスクワ五輪では連覇を果たしたセディフら3人でメダルをさらいました。ボイコットした1984年ロサンゼルス五輪を挟んだ88年ソウル五輪ではリトビノフがセディフを破り、念願の金メダル獲得と3度目の表彰台独占を成し遂げます。

図24 五輪連覇を果たした現世界記録保持者のセディフ

6 日本勢が完成度を高めた4回転投法

体格・体力に劣ることから不利とみられた日本勢ですが、研究心とたゆまぬ努力で確たる地位を築きます。174cmと小柄な菅原武男が、高度な技術の4回転ターンの完成度を高め、1963年に67m73の日本記録を樹立。68年メキシコ五輪では69m78を投げて4位に入賞しました。3位と同記録、2番目の記録の差で惜しくも表彰台を逃しましたが、世界を驚かせる活躍でした。

菅原に続いた室伏重信が、1971年に大台を突破する70m18の日本記録を樹立。室伏は日本記録を75m96にまで伸ばし、アジア大会5連覇を達成して「アジアの鉄人」とたたえられます。五輪では1972年ミュンヘン大会の8位が最高（当時は6位までが入賞）で、息子の広治に夢を託しました。期待を背負った広治は、2001年世界選手権エドモントン大会で銀メダルを獲得。2年後には世界最高レベルの日本記録84m86をマークし、2004年アテネ五輪では投てき種目でアジア初の金メダル（82m91）を獲得します。日本選手権では空前の20連勝を成し遂げました。

図25 メキシコ五輪で4位に入った菅原武男

図26 アテネ五輪で金メダルを獲得した室伏広治

column

日本一49回の室伏家

実力者が勝ち続けることが多い投てき種目ですが、家族で日本選手権49回制覇を果たしたのが室伏家です。「アジアの鉄人」と呼ばれた父の重信さんは、男子ハンマー投で10連覇を含む通算12回の優勝を重ねました。この間に、五輪に3度出場し（72年ミュンヘン五輪の8位が最高）、アジア大会では不滅の5連覇を飾っています。

ミュンヘン五輪後には、ルーマニア女子やり投のジュニアチャンピオンだったセラフィナさんと結婚。スポーツ万能だった息子の広治さんも父と同じハンマー投を選び、日本選手権では空前絶後と言える20連覇（2014年）の偉業を果たしました。五輪には4大会出場し、2004年アテネ五輪では投てき種目でアジア人男子初となる金メダルを獲得。優勝者がドーピング違反で失格し、2位の室伏が繰り上げという後味の悪い結果でした。常にクリーンな戦いを続けてきた室伏は、記者会見でメダルの裏に刻まれた古代ギリシャの詩人ピンダロスの言葉を引用して心境を語り、世界中から称賛されました。2012年ロンドン五輪でも銅メダルを獲得しています。

妹の由佳さんは、円盤投で最多の12回制覇を果たしたスペシャリストでしたが、兄たちの後を追ってハンマー投に参入して5回の優勝。回転系種目に強い室伏家のお家芸を見せてくれました。

7　記録向上で安全規制強化

記録の大幅な向上に伴い、トラック部分や観客席に飛び込む危険を防止するため、サークル周辺に置くフェンスの幅が狭められました。投てき有効角度は1954年に「90度以内」から「60度以内」へ変更。1969年には「45度以内」に狭まり、フェンスの高さも「4m以上が望ましい」と定められます。世界記録が80mを超えた1979年には、フェンスの高さは5m以上に変更。現在では有効な投てき角度は34.92度にまで狭められています。さらに、世界規模の大会ではフェンスを扉のように開閉することで、より狭い空間へハンマーを投げるようになっています。

器具に関しては、ハンマー頭部の金属球の性質や重心の位置、「接続線」の素材となるピアノ線の太さ、ハンドル（grip）の大きさなどの構造に関する規定が明記され、手を保護する手袋の使用制限などの細則も加えられています。

8 女子のハンマー投

強い筋力と高度なターン技術を求められるため、この種目に女性が進出したのは1960年代以降となりました。しかし、棒高跳とともになかなか公認種目にはならず、1993年にようやく国際陸連が「ハンマーの重量は4kg、ワイヤーの長さは117.5〜121.5cm、サークルの直径は男子と同じ」と定めました。1995年1月以降の記録を公認し、2000年シドニー五輪から正式種目に採用されました。

種目公認以前からトップの座を占めていたクゼンコワ（Olga Kuzenkova ロシア）が1992年に65m越えを果たし、メリンテ（Mihaela Melinte ルーマニア）との競り合いで1997年には70mの大台を突破。75m台は再びメリ

図27 東京2020五輪で連覇を果たしたボダルチク

表5　男子ハンマー投 世界記録の主な変遷

記録	競技者(国)	年	備考
52m71	J. フラナガン(米国)	1904	ロンドン五輪で3連覇
57m77	P. ライアン(米国)	1913	アントワープ五輪金
59m00	E. ブラスク(ドイツ)	1938	ベルリン五輪銀
67m32	M. クリボノソフ(ソ連)	1956	メルボルン五輪銀
71m26	H. コノリー(米国)	1965	メルボルン五輪金
75m50	A. ボンダルチュク(ソ連)	1972	ミュンヘン五輪金
80m32	K. リーム(西ドイツ)	1978	ロス五輪銀
86m04	S. リトビノフ(ソ連)	1986	ソウル五輪金、83／87年WC金
86m74	Y. セディフ(ソ連)	1986	モントリオール／モスクワ五輪連覇、91年WC金

注)年:記録樹立年、WR:世界記録、WC:世界選手権

表6　女子ハンマー投 世界記録の主な変遷

記録	競技者(国)	年	備考
66m84	O. クゼンコワ(ロシア)	1994	アテネ五輪金
71m22	M. メリンテ	1997	99年WC金
79m42	B. ハイドラー(ドイツ)	2011	07年WC金
82m98	A. ボダルチク(ポーランド)	2016	東京五輪で3連覇、09／13／15／17年WC金

注)年:記録樹立年、WR:世界記録、WC:世界選手権

ンテが先行し、クゼンコワはシドニー五輪では銀メダルに終わりますが、続くアテネ五輪では金メダルを獲得しました。80mを最初に越えたのはボダルチク（Anita Wlodarczyk ポーランド）で、現在の世界記録は2016年にマークした82m98。ボダルチクは今回の東京2020五輪で連覇を達成しています。

日本では砲丸投の第一人者、鈴木文が1989年に非公認ながら60mを越え、1993年にマークした60m90が公認の日本記録第1号。2001年には綾真澄が64m43、翌年には66m27と記録を伸ばします。ここへ円盤投の女王、室伏由佳が参戦し、2004年には現在の日本記録67m77を投げ、日本選手権を5回制覇しました。

やり投の歴史

1　「やり」の語の由来

「やり」を表す英語には、世界陸連の公式用語「javelin（ジャベリン）」の他に、この道具が生まれ、使われてきた経緯、大きさなどの違いによって「spear」「dart」「lance」などの多様な「用語」が存在します。英語の「javelin」は、ケルト語を起源とするフランス語の「javeline」などと同系統の

図28 古代ギリシャ時代のやり投

図29 20世紀初頭のやり投のフォーム

言葉で、17世紀以降に使われるようになった比較的新しい言葉です。

2 ホメロスの叙事詩にも登場

紀元前8世紀ごろのホメロス(Homeros)の二大叙事詩『イーリアス(Ilias)』と『オデッセイ (Odyssey)』には、二つのやりに関する記述があります。一方が命を懸けたやりでの戦いで、他方が競技としてのやり投。競技は今日と同様に飛距離を競い合うものでした。古代オリンピア競技では「アコンチスモス (Akontismos)」という名称で、紀元前708年の第18回大会から円盤投とともに五種競技の種目として実施されました。

やり投に用いられたやりは軽兵器で、「アーメントゥム (Amentum)」と

図30 古代ギリシャで戦闘に欠かせなかった武具のやり

呼ばれる革製の「投げひも」をやりの胴体部分に縛り付けて投げました。この革ひもによって飛距離が伸び、貫通力を増すことが戦闘や狩猟の中で経験的に知られていたためです。欧州の古代遺跡から発掘された各種のやりにその痕跡があり、南太平洋のニューヘブリデス諸島（バヌアツ）やニューカレドニア諸島（フランス領）にやり投の投法として残っています。

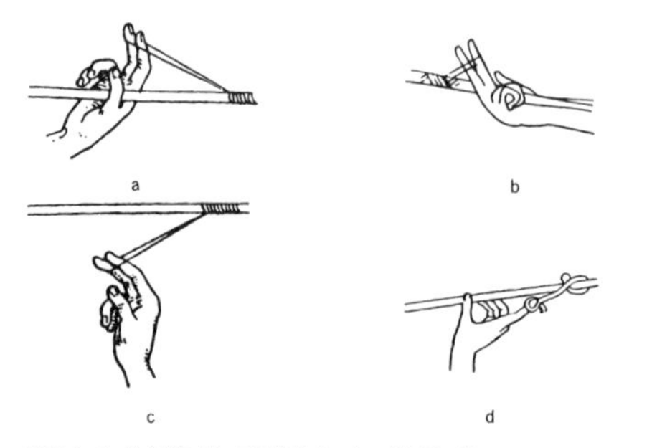

図31 やりを遠くに飛ばすための道具「アーメントゥム」

3 北欧勢が熱心な取り組み

古代ギリシャやローマ時代に競技として行われていたやり投は、紀元前4世紀ごろにガリア（現フランス）の傭兵(ようへい)によってアイルランドに持ち込まれたといわれています。バイキングの母国、北欧スカンジナビア諸国には、「やり」や「銛(もり)」などを投げ合うゲームがありました。

16世紀の英国王ヘンリー八世が、ハンマー投に強い関心を持っていたことは前述しましたが、王はやり投にも精通していました。このことからも、投てき種目が古くから王侯貴族・武人の教育や訓練に取り入れられていたことがうかがえます。

18～19世紀にかけ、最も熱心にやり投に取り組んだのは北欧諸国でした。当時のやりはヒッコリー、カバの木、西洋ニワトコなどの材質の硬い木材に金属の穂先を取り付けた器具。北欧勢はドイツやハンガリーから学んだ技術を、若者の身体訓練の種目として熱心に普及・発展させ、現代に続く「やり投王国」を築き上げました。五輪種目になった1908年ロンドンから今回の東京2020五輪までの26大会で、北欧勢は半数の13個の金メダルを獲得しています。

4　投法と計測法の変遷

1908年のロンドン五輪では、片手で投げる「レギュラースタイル」または「クラシックスタイル」と、もう一方の手でやりの尾部などを支えながら投げる「フリースタイル」の2種類の投法で競われました。続くストックホルム五輪からは、片手による「レギュラー」に一本化されました。

図32 やりの尾部を片方の手で押し出すクラシックスタイル

第一次世界大戦後に盛んになった女子の陸上競技会では、なぜか「フリースタイル」が引き続き実施されていました。ウェブスターの『女子陸上競技』(1930年)には、1920年代に行われたこの投法が写真とともに紹介されています。

19世紀末の英国では、計測は「やり」の落下点から踏切線に垂線を下ろし、踏切線と交わった地点と落下地点までの距離を計測していました。この方法では飛距離が長くなれば中心線から外れるほど記録が低下します。

世界記録が80m近くにまで向上した男子の場合は誤差がより拡大しましました。そこで、1952年に助走路の幅を4mとし、踏切線から助走路に向かって8mの起点から引かれた円弧を作って投てき地点までの距離を測り、「約29度」内を有効な投てき角度とする計測法に変更されました。この方式によって、やりが実際に飛んだ距離をより正確に計測することが可能になりました。

5　クロスステップで記録が急伸

やり投は男子用が800g、女子用は600gで、他の投てき種目に比べて軽い器具を用いるため、助走スピードが記録に大きな影響を与えます。20世紀初頭では、まだスピードを生かせる段階にはなっておらず、第一人者のレミング（Eric Lemming スウェーデン）が出した世界記録は51m95（1902年）でした。しかし、着実に記録を伸ばしたレミングは地元のストックホルム五輪で初の60m越えとなる60m64を投げて金メダルを獲得。五輪後には

図33 1930年代に活躍したヤルビネン（フィンランド）のクロスステップ投法

図34 禁止された「回転式投法」。助走路を何回か連続ターンして横から投げていた

62m32まで記録を伸ばし、国際陸連の公認世界記録第1号となりました。

1919年に66m10を投げたミューレ（Jonni Myyra フィンランド）が通算4回世界記録を更新。1928年にはスウェーデンのルンドクビスト（Erik Lundqvist）が大台越えの71m01を投げ、その2年後には21歳で71m57を投げたヤルビネン（Matti Jarvinen フィンランド）が登場します。鮮やかなクロスステップ投法で5年間に世界記録を10回書き換え、77m23まで記録を引き上げました。

ヤルビネンらの「クロスステップ」は、スピードに乗った助走から「投げ」に入る際、左右の脚を交差させて体のひねりを大きくする技術。その後、後脚で1回ジャンプして体を弾ませてから投げに入る「ホップ式」が有利とされ、この投法で好記録を生み出す選手が続きました。

ホップ式は体を後傾させて構えに入れる利点はあっても、助走のスピードが落ちる欠点がありました。そのため、現在では助走スピードを落とさず構えに入る方法や、投げ出す前の弓なりの姿勢にスムーズに入る技術的な工夫がされています。

やりの改良でも記録向上

投てき器具としてのやりの改良は、他の投てき種目以上に記録向上へ大きな役割を果たしました。第二次大戦終了から間もなく、米国のヘルド（Bud Held）が飛行中のブレが少ない中心部が太くて硬い金属製のやりを開発し、1953年に80m41の画期的な世界記録を樹立しました。2年後にヘルドは81m75まで記録を伸ばし、引退後は「ヘルド製やり」の販売ビジネスでも成功しました。

1956年10月には円盤投選手だったエラウスキン（Felix Erausquin スペイン）が、助走路で円盤投のようにターンする「回転式やり投」で当時の世界記録(83m66)に迫る記録を出して世界を驚かせました。これを真似たフィンランド選手が100mに迫る99m52を投げるなど各国でビッグアーチが頻発。しかし、やりの飛ぶ方向が不安定で、トラックを走る選手や観衆を直撃する恐れがあるとして禁止され、記録も公認されずに終わりました。1959年には、体全体を投げ出す「倒れこみ投法」のカンテロ（Al Cantello 米国）が86m04をマーク。1964年東京五輪直前にはペデルセン（Terje Pedersen ノルウェー）が91m72の大記録を樹立しました。

6　やり重心の位置変更

1983年にはペトラノフ（Tom Petranoff 米国）が大台に肉薄する99m72を投げると、翌年には巨漢のホーン（Uwe Hohn 東ドイツ）がそれをはるかに越える104m80の大記録をマークしました。回転式投法と同様の危険性が指摘され、国際陸連は1986年4月から男子のやりの規格変更に踏み切ります。やりの長さや重さは変えず、「重心の位置を4cm前方へ移す」変更。これにより水平飛行の距離が落ち、やりの落下が早まりました。規格変更には、"胴体着地"が多い当時のやりの落下地点判断を容易にする狙いもありました。

規格変更の効果は絶大で、このシーズンの世界最高はターフェルマイヤー（Klaus Tafelmeier 西ドイツ）の85m74にとどまり、ホーンの記録から19mも低下しました。しかし、アスリートたちの努力の結果、わずか10年後の1996年にはゼレズニー（Jan Zelezny チェコ）が98m48をマーク。再び100m時代到来かと思わせましたが、その後は四半世紀も記録の更新がありません。不安定要素が多いこの種目では、世界記録保持者が敗れることは珍しくないですが、ゼレズニーは2000年シドニー五輪で3連覇の偉業を達成しました。

図35 ロサンゼルス五輪で5位に入った吉田雅美

日本のやり投は世界レベルに近く、旧規格のやりで吉田雅美が1984年ロサンゼルス五輪で5位入賞。新規格に変わっても、溝口和洋が1987年の世界選手権ローマ大会で6位に入り、2年後には現在も破られていない87m60の日本記録を樹立しました。2009年世界選手権ベルリン大会では、村上幸史が82m97を投げて銅メダルを獲得しています。

7 女子のやり投

女子のやり投が欧州の競技会で実施されるようになったのは、1920年代に入ってからでした。最も古い記録は1921年にモナコのモンテカルロで行われた第1回国際女子大会。男子と同じ重さ800gのやりを使った41m28の優勝記録が残っています。

女子やりの規格は、国際女子スポーツ連盟が20年代に「重さ600g、長さ2m30のやりを用いて中心部を握って投げる」と競技方式を定め、国際陸連もこの規格を引き継ぎました。最初の公認記録は1928年にハルガス（Augustine Hargus ドイツ）が投げた38m39でした。同大会では人見絹枝が36m58で2位に入っています。

初めて五輪で実施されたのは1932年ロサンゼルス五輪。この大会で80mHに優勝し、走高跳でも2位に入った万能選手ディドリクソン（Mildred Didrikson 米国）が、43m68で金メダルに輝きました。

第二次大戦後の1949年、ソ連のスミルニツカヤ（Natalya Smirnitskaya）が初めて50m台に乗せる53m41の大記録をマーク。1960年ローマ五輪金メダリストのオゾリナ（Elvina Ozolina ソ連）が64年8月に史上初の60m越えとなる61m38（世界記録としては非公認）を投げますが、同年10月の東京五輪では5位と惨敗。予選で62m40の大アーチをかけたゴルチャコワ（Yelena Gorchakova ソ連）も、銅メダルにとどまります。1980年にビリュリナ（Tatyana Biryulina ソ連）が70m台（70m08）の扉を開き、88年ソウル五輪金メダリストのフェルケ（Petra Felke 東ドイツ）が、五輪前の9月に80m00の大記録を打ち立てました。

1999年4月からは、男子同様に落下したやりの痕跡判定を容易にするため、「重心の位置を3cm前方に移動」する規則変更を実施。変更後の2008年にシュポタコバ（Barbora Spotakova チェコ）がマークした72m28が、現在も世界記録として残っています。

日本の女子やり投

1932年ロサンゼルス五輪では真保正子が39m07の日本記録で4位に入賞。続くベルリン五輪でも山本定子が41m45で5位に入るなど、日本勢は成果を挙げています。山本は五輪直前にノルウェーで44m51の日本記録を樹立しました。

1964年の東京五輪では佐藤弘子が決勝で7位（当時は6位までが入賞）と健闘します。1980年には渋沢奈保美が60mの大台を越える60m42をマーク。近年では、海老原有希が2015年に世界レベルの日本記録（63m80）を樹立し、長らく女子やり投界をけん引しました。2019年には北口榛花が66m00の大記録をマーク。北口は東京2020五輪では予選の投てきでわき腹を痛めて決

図36 ロサンゼルス五輪4位の真保正子

図37 女子やり投の北口榛花

表7　男子やり投 世界記録の主な変遷

記録	競技者(国)	年	備考
60m64	E. レミング(スウェーデン)	1912	ロンドン/ストックホルム五輪連覇
71m01	E. ルンドミスト(スウェーデン)	1928	アムステルダム五輪金
80m41	B. ヘルド(米国)	1953	「ヘルド式」やりの改良
91m72	T. ペデルセン(ノルウェー)	1964	初の大台90m突破
93m80	J. ルーシス(ソ連)	1972	メキシコ五輪金
94m08	K. ボルファーマン(西ドイツ)	1973	ミュンヘン五輪金
99m72	T. ペトラノフ(米国)	1983	83年WC銀　ターボジャブ開発者
104m80	U. ホーン(東ドイツ)	1984	キャンベラW杯金
	規格変更(1986年)		
91m46	S. バックリー(英国)	1992	アトランタ/シドニー五輪銀
98m48	J. ゼレズニー(チェコ)	1996	シドニー五輪で3連覇、93/95/01年WC金

注)年:記録樹立年、WR:世界記録、WC:世界選手権

表8　女子やり投 世界記録の主な変遷

記録	競技者(国)	年	備考
44m64	E. ブラウミューラー(ドイツ)	1932	ロサンゼルス五輪銀
53m41	N. スミルニツカヤ(ソ連)	1949	
59m78	E. オゾリナ(ソ連)	1963	ローマ五輪金
69m12	R. フックス(東ドイツ)	1976	ミュンヘン/モントリオール五輪連覇
74m76	T. リラク(フィンランド)	1983	83年WC金
77m44	F. ホイットブレッド(英国)	1986	87年WC金
80m00	P. フェルケ(東ドイツ)	1988	ソウル五輪金、87/91年WC銀
	規格変更(1999年)		
69m48	T. ハッテスタット(ノルウェー)	2000	シドニー五輪金、97年WC金
71m70	O. メネンデス(キューバ)	2005	アテネ五輪金、01/05年WC金
72m28	B. シュポタコバ(チェコ)	2008	北京/ロンドン五輪連覇、07/11/17年WC金

注)年:記録樹立年、WR:世界記録、WC:世界選手権

勝は最下位に終わりましたが、翌2022年の世界選手権オレゴン大会では実力を発揮します。63m27で3位に入り、世界選手権のフィールド種目では日本の女子で初めてのメダルを獲得しました。同年の世界陸連ダイヤモンドリーグでは日本選手初の優勝を果たし、トップ選手だけが出場するファイナルでも3位に入賞。世界最高レベルのパフォーマンスを安定して発揮しています。24歳と若く、体格、パワーにも恵まれており、今後の世界選手権、五輪でのさらなる活躍が期待されます。

図版の出典

図1:The Illustrated London News, Mar. 27, 1875.
図2:Bernett, H.(1987) Leichtathletik im geschichtilichen Wandel. Hofmann Schorndorf, p.164.
図3:Shearman, M.(1904) Athletics. Longmans, Green & Co., p.170.
図4:Zenter, C.(1995) Das Grosse Buch der Olympischen Spiele. Copress Ver-

lag GmbH, p.179.
図5:AP
図6:Matthews, P.(1982) The Guinness book of track & field athletics: Facts & feats. Guinness Superlatives, p.79.
図7-8:アフロ
図9:大英博物館売店で1984年に筆者購入の絵葉書
図10:Webster, F.A.M.(1929) Athletics of To-day -History development & training. Frederick Warne & Co., Ltd., p.288-289.
図11:Coote, J.(1980) The 1980 book of the Olympics. Webb Publications Internationa, p.14.
図12:Tyler, M. and Soar, P.(1980) History of the Olympics. Marshall Cavendish, p.40.
図13:AP
図14:ロイター
図15:Webster, F.A.M.(1930) Athletics of To-day for Women-History, Development and Training-. Frederick Warne & Co. Ltd., pp.102-103.
図16:Siddons L.(1995) The Olympics at 100-A Celebration in Pictures-. The Associated Press, p.58.
図17:アフロ
図18:Webster, F.A.M.(1930) Athletics of To-day for Women-History, Development and Training-. Frederick Warne & Co. Ltd., p.210.
図19:鈴木良徳・川本信正(1956)オリンピック.日本オリンピック後援会,p.114.
図20:Quercetani, R.L.(1964) A World History of Track and Field Athletics 1864-1964. Oxford University Press, p.230-231.
図21:Brander, M.(1992) The Essential Guide to Highland Games. Canongate Press PLC Edinburgh, pp.72-73.
図22:Shearman, M.(1887) Athletics and Football. Longmans, Green, and Co., p.3.
図23左:Lovesey, P.(1980) The Official Centenary History of the AAA. Guinness Superlatives Ltd, p.51.
図23右:Tyler, M. and Soar, P.(1980) History of the Olympics. Marshall Cavendish, p.21.
図24:アフロ
図25:Magnum Photos
図26:AP
図27:AFP/WAA
図28:ガーディナー,E.N.:岸野雄三訳(1981)ギリシアの運動競技.プレスギムナスチカ,写真90.〈Gardiner, E.N.(1930) Athletics of the Ancient World. Oxford at the

Clarendon Press.〉

図29:Matthews, P.(1982) The Guinness book of track & field athletics: Facts & feats. Guinness Superlatives, p.104.

図30:ガーディナー,E.N.:岸野雄三訳(1981)ギリシアの運動競技.プレスギムナスチカ,写真89.〈Gardiner, E.N.(1930) Athletics of the Ancient World. Oxford at the Clarendon Press.〉

図31:ガーディナー,E.N.:岸野雄三訳(1981)ギリシアの運動競技.プレスギムナスチカ,p.192.〈Gardiner, E.N.(1930) Athletics of the Ancient World. Oxford at the Clarendon Press.〉

図32:Webster, F.A.M.(1930) Athletics of To-day for Women-History, Development and Training-. Frederick Warne & Co. Ltd., pp.194-195.

図33:Matthews, P.(1982) The Guinness book of track & field athletics: Facts & feats. Guinness Superlatives, p.35.

図34:Matthews, P.(1982) The Guinness book of track & field athletics: Facts & feats. Guinness Superlatives, p.195.

図35:アフロ

図36:鈴木良徳・川本信正(1956)オリンピック.日本オリンピック後援会,p.70.

図37:ロイター

第8章 混成競技の歴史

1 混成競技の呼称

世界陸連の規則書には、混成競技は陸上競技の各種目を組み合わせて実施することからcombined events competitionsと記されています。走・跳・投の総合力を示す競技として、all-round competitionとかall-round athletics とも表記されます。

五輪や世界選手権で実施される混成競技は男子の十種競技（decathlon）と女子の七種競技（heptathlon）です。国内では高校生男子用の八種競技（octathlon）や男女中学生用の四種競技（tetrathlon）もあります。英語の競技名は、数字の10を示す「deca」、8の「octa」、7の「hepta」、5の「penta」、4の「tetra」と「競技・戦い」を意味する「athlon」の合成語です。各競技

表1 混成競技実施種目

性別	種目名		種目内容および実施順序
男子	五種競技		走幅跳、やり投、200m、円盤投、1500m
	十種競技*	第1日	100m、走幅跳、砲丸投、走高跳、400m
		第2日	110mH、円盤投、棒高跳、やり投、1500m
	高校八種競技	第1日	100m、走幅跳、砲丸投(6kg)、400m
		第2日	110mH、やり投、走高跳、1500m
	中学四種競技		110mH、砲丸投(4kg)、走高跳、400m
女子	七種競技*	第1日	100mH、走高跳、砲丸投、200m
		第2日	走幅跳、やり投、800m
	十種競技	第1日	100m、円盤投、棒高跳、やり投、400m
		第2日	100mH、走幅跳、砲丸投、走高跳、1500m
	中学四種競技		100mH、走高跳、砲丸投(2.72kg)、200m

*五輪・世界選手権種目

（日本陸連ルールブック2020より著者作成）

の種目と実施順序は表1の通り。

混成競技は記録したタイム、距離、高さを採点表によって得点化し、その合計得点で競います。採点表が改訂されると連動して得点が変わるため、異なる採点表による得点を単純に比較することはできません。十種競技では1912年から85年までに、6回の大きな採点表改訂が行われました。

2　混成競技の歴史的背景

古代ギリシャの競技参加者は、競技者として名誉ある地位を与えられました。しかし、紀元前5世紀頃には物質的な利益が優先されるようになり、競技者の地位は低下していきます。勝つための偏った訓練で歪んだ身体発達した競技者が目立ち、人々は調和のとれた混成競技の中に理想像を見出し、その勝者が賛美されるようになりました。

オリンピアで実施された五種競技は、スタディオン走（192.25m）、走幅跳、円盤投、やり投とレスリングの5種目。紀元前708年の第18回大会では、スパルタのランピス（Lampis）が優勝したとの記録が残っています。

実施順序は定かではありませんが、古代史学者のガーディナー（Norman Gardiner）博士は著書『Athletic of the Ancient World』で、「レスリングが最後だったことは確実」としています。他の史料も考慮すると、競走、走幅跳、円盤投、やり投、レスリングの順であったことが有力。ただ、今日のような採点表もなく、勝敗決定の方法も不明です。五種競技の勝者が三冠王（triple victor）と呼ばれていたことから、少なくとも3種目に勝つことで制覇できたと考えられています。

3　近代の混成競技

英米各地では19世紀半ばから混成競技が行われています。1853年の英国紙『Bell's Life in London』に、2人のアマチュア選手が1マイル（1609.3m）走、後ろ向き1マイル競歩、馬車用車輪転がし1マイル走、高さ3.5フィート（106.7cm）のハードル50台跳び越し走、石挙げ、56ポンド（25.4kg）重錘投を試みたことが掲載されています。しかし、陸上競技の個別種目を組み合わせた混成競技は行われていません。

米国では、1884年に開催された全米アマチュア競技連合選手権で、今日の十種競技に近い本格的な混成競技（100ヤード＝91.44m走、砲丸投、走高跳、880ヤード＝804.67m走、ハンマー投、棒高跳、120ヤード＝109.73mH、56ポンド（25.4kg）重錘投、走幅跳、1マイル走）が行われています。全10種目を1日でこなすハードな内容です。五輪の投てき4種目で優秀な成績を残したシェリダン（Martin Sheridan）や、1972年まで20年間IOC会長を務めたブランデージ（Avery Brundage）も、後年に名を連ねています。

1904年セントルイス五輪の閉会直後に混成競技選手権が開催され、ハンマー投や三段跳が得意だったカイリー(Thomas Kiely アイルランド)がフットボール選手らを抑えて優勝しています。この大会の成功が、五輪種目導入への契機となったとされています。

4　近代五輪と混成競技

実施はストックホルム五輪から

古代ギリシャ各地の競技会では中心的種目でしたが、近代五輪への登場は1912年ストックホルム五輪が最初。この大会では五種競技と十種競技の2種目が行われました。

五種競技

ストックホルム五輪では走幅跳、やり投、200m走、円盤投、1500m走の5種目を1日で実施（11カ国、226選手）。各種目の順位の合計で成績を決め、前半3種目の合計ポイントが少ない12名が次ラウンドへ進出。円盤投終了時点の合計ポイントが少ない上位6名が、最終種目の1500mに出場しました。優勝は米国先住民族のソープ（Jim Thorpe）で、やり投（3位）以外の4種目ですべて1位（7点）を占める圧倒的な強さでした。

ソープは翌年に米国で野球の試合に出場し、わずか数ドルの金銭を受け取ったとして金メダルをはく奪されます。当時の厳しいアマチュア資格が適用された結果ですが、人種差別的な要素もあったでしょう。名誉回復されたのは死後29年後の1982年のことで、息子に金メダルが授与されました。五

表2　ストックホルム五輪の五種競技上位2名の記録と得点

種　目	1位　J. ソープ 米国 記録	(得点)	2位　F. ビー ノルウェー 記録	(得点)
走幅跳	7m07	(1)	6m85	(2)
やり投	46m71	(3)	46m45	(4)
200m	22秒9	(1)	23秒5	(7)
円盤投	35m57	(1)	31m79	(4)
1500m	4分44秒8	(1)	5分07秒8	(6)
合計得点	7点		21点	
1985年得点表	3371点		3047点	

種競技が行われたのは1924年パリ五輪まででした。

十種競技

ストックホルム五輪の十種競技は現在と同じ種目と順序（12カ国、29名）でしたが、3日間で実施する変則日程。初日に100m、走幅跳、砲丸投、2日目に走高跳、400m、110mH、円盤投、3日目に棒高跳、やり投、1500mの順。10種目を完了したのは12名だけで、ここでもソープが圧倒的な強さでした（表3、図1）。

大会組織委員会が作成した採点表は、前回ロンドン五輪各種目の大会記録を1000点（最高得点）とし、記録と得点を正比例させて1秒、1cm当たりで

表3　ストックホルム五輪十種競技上位2名の記録

種　目	1位 J. ソープ 米国	2位 H. ブィスランダー スウェーデン
100m	11秒2	11秒8
走幅跳	6m79	6m42
砲丸投	12m89	12m14
走高跳	1m87	1m75
400m	52秒2	53秒6
110mH	15秒6	17秒2
円盤投	36m98	36m29
棒高跳	3m25	3m10
やり投	45m70	50m40
1500m	4分40秒1	4分45秒0
合計得点	8412点	7724点
1985年得点表	6564点	5965点

（Zarnowski, 1989より著者作成）

図1 ストックホルム五輪の混成競技2種目で圧勝したソープ

得点を減じていく方式。小数点以下3位までの複雑な表だったこともあって混乱を招きました。

採点表改定の歩み

採点基準の見直しは急務でした。ストックホルム五輪で更新された各種目の最高記録を1000点、一般の男性なら実現可能な記録を1点とし、これを1000等分する直線型の新採点表が完成します。各種目の1000点相当の記録と単位記録あたりの得点は表4の通り。

この表は一部改訂して1932年ロサンゼルス五輪までの3大会で使用されました。得点が0点でも競技は続行できますが、1種目でも棄権すれば以後の競技続行の権利を失うことも明記されました。走種目の記録が0.2秒単位なのは、当時のストップウォッチの性能から5分の1秒単位で記録が公認されていたためです。

表4 直線型採点表の1000点相当の記録と配点基準

種　目	1000点とした記録		記録あたりの配点
100m	10秒6	(1912)	0秒2につき47.60点
走幅跳	7m60	(1912)	1cmにつき2.45点
砲丸投	15m34	(1912)	1cmにつき1.00点
走高跳	1m93	(1912)	1cmにつき14.00点
400m	48秒2	(1912)	0秒2につき7.52点
110mH	15秒0	(1908)	0秒2につき19.00点
円盤投	45m21	(1912)	1cmにつき0.38点
棒高跳	3m95	(1912)	1cmにつき5.40点
やり投	61m00	(1912)	1cmにつき0.275点
1500m	3分56秒8	(1912)	0秒2につき1.20点

(　)は樹立年度

成就曲線を用いた採点表

30年代に入ると世界記録や五輪記録が大幅に更新され、採点表改訂の必要性が高まります。国際陸連は、高いレベルの記録に見合う得点配分とならない直線型採点表の矛盾を解消し、0点から1150点の配点で好記録が高得点となる数式による採点表を1934年に承認しました。

成就曲線（performance curve、図2）あるいは成就累進線（performance progressive）といわれるこの数式は、100mの「10秒6と10秒7の0秒1差」と「14秒9と15秒0の0秒1差」の難易度の違いを反映。懸案だった採点表の課題を解消したこの方式は、現行採点表にも生かされています。煩雑だった小数点以下の端数をカット。最高得点は各種目ともそれまでの1000点より高い1360点に設定され、1935年から第二次大戦後の40年代後半まで使われました。

記録の飛躍的向上を考慮

その後、1946年の国際陸連総会で改訂作業開始を決定。飛躍的な世界記録の向上を配慮した成就曲線（図2）に基づいた採点表が作成され、1950年から使用されました。2年後には計算上の誤りを修正。しかし、同年のヘルシンキ五輪、続くメルボルン五輪では旧採点表が使われます。表5は、修正後の採点表でほぼ上限となる1300点、中間の600点、および0点に相当する各記録です。この改定で、各種目の最高得点が1500点まで引き上げられました。

この採点表では、種目間の比較を容易にする「比較数字」が導入されまし

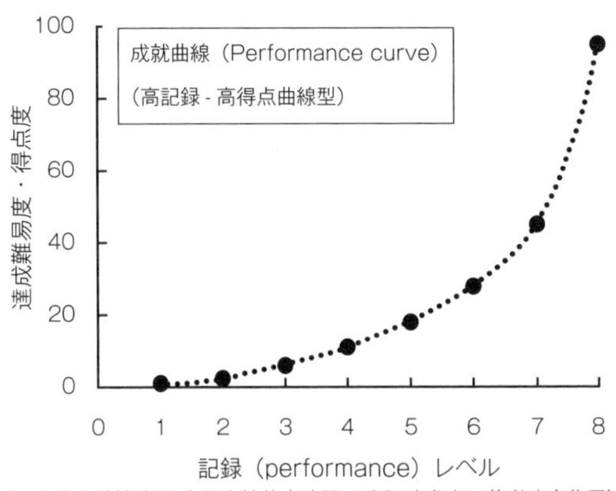

（日本陸上競技連盟·全国高校体育連盟，1961を参考に著者改変作図）

図2 成就曲線（performance curve）の考え方。記録（Performance）レベルが上がるに従って達成難易度が曲線的に増加し、それに応じて加算する

た。（表6）

これにより、100mの10秒2、走高跳の2m14、砲丸投の18m50をそれぞれ「1.00」とし、走・跳・投の種目の記録を比較できるようになりました。100mの10秒2は400mの45秒6、1500mの3分42秒4に相当。種目間得点のアンバランスを微調整することも可能になりました。画期的な新採点表でしたが、フィールド種目で用具開発や新しい技術導入などによって記録の伸びにばらつきが生じ、実態に即さなくなりました。

表5 成就曲線を用いた採点表の概要。各種目で1,300点、600点および0点となる記録が示されている

種目	得点 （点）		
	1300	600	0
100m	10秒20	11秒99	16秒01
走幅跳	8m10	6m35	3m34
砲丸投	17m80	12m20	3m50
走高跳	2m10	1m64	0m85
400m	45秒60	53秒70	1分01秒60
110mH	13秒60	15秒96	21秒34
円盤投	56m96	39m04	11m20
棒高跳	4m73	3m71	1m93
やり投	78m32	53m60	15m40
1500m	3分43秒0	4分21秒2	5分50秒0

表6　当時の100m、走高跳および砲丸投げの世界記録を1.00としたときの走種目、跳躍種目ならびに投てき種目の比較数字

種目	数字	種目	数字
100m	1.00	走高跳	1.00
200m	2.009	棒高跳	2.25
400m	4.47	走幅跳	3.86
800m	10.3	三段跳	7.70
1500m	21.8		
5000m	81.3	砲丸投	1.00
10000m	171.5	円盤投	3.40
110mH	1.33	ハンマー投	3.40
400mH	4.7	やり投	4.40
3000SC	51.2		

技術要素を加味した改定

1960年ローマ五輪後、採点表改定作業グループが各種目の技術的要素を加味しながら膨大な記録を分析。速度直線得点関数（velocity-linear scoring function）を用いた新しい採点表が作成されました。科学的な考察に立脚し、統計的な裏付けがあったことから高い評価を受けますが、問題は採用時期でした。1964年東京五輪からの導入が公表されたのは大会2年前。対応期間が短いと批判の声が上がりましたが、予定通り導入されました。

1963年には「東洋の鉄人」楊伝広（Yang Chuan-Kwang 台湾）が、米国のムルケイ（Phil Mulkey）が持つ8709点の世界記録を400点以上も上回る9121点（のち9206点に修正）の驚異的な記録を樹立。金メダルは確実といわれましたが、新採点表では楊の得点は1000点以上低下（8089点）してムルケイ（8155点）を下回りました。当時はグラスファイバーポールの出現で棒高跳の記録が急伸した時期です。楊はこの種目で世界最高レベルの記録をマークしており、棒高跳の採点が厳しくなった新採点表では得点源が大きく封じられました。

楊は東京五輪で5位に終わり、改訂が生んだ悲劇として語り継がれています。採点表が変われば得点が変動するのは混成競技の常ですが、ローマでも激闘の末に銀メダルに終わっている「東洋の鉄人」は、寂しく国立競技場を去りました。

得点計算式を導入

十種競技の採点表は、五輪導入後の110年間に6回改訂されました。その

表7 採点表の改定とその概要

採点表	実施年度	採点表の型	採点表の最高値 付与得点	基準	備考・参考
1912年A	1911-1919	A	1000	1908年現在の五輪記録	スウェーデンの表
1912年B	1920-1934	A	1000	1912年の五輪記録	1912Aの表
1934年	1935-1952	B	1360	審議で決定	フィランドの表
1950／52年	1953-1964	B	1500	成就曲線	スウェーデン／フィンランドの表
1962年*	1964-1984	C	1200	記録	ウルブリッヒ博士の原則
1985年	1985-現在	B	無限?	不明	電気／手動時計に対応

註 タイプA:記録一得点正比例型
B:高記録一高得点曲線型(成就曲線)
C:高記録一高得点直線型(速度-直線得点関数)
*電気計時に対する対応を1970年と1971年に実施

表8 採点表改定に伴う各種目で1000点取るのに必要な記録の変遷。一部の種目を除いて、62年改訂の採点表が最も厳しくなっている

	1912A	1912B	1934	1950	1962	1985
100m	10秒8	10秒6	10秒5	10秒78	10秒25	10秒39
走幅跳	7m48	7m60	7m70	7m58	7m90	7m76
砲丸投	14m80	15m34	15m70	16m00	18m75	18m40
走高跳	1m90	1m93	1m97	1m97	2m17	2m21
400m	48秒4	48秒2	48秒0	48秒15	46秒00	46秒17
110mH	15秒0	15秒0	14秒6	14秒35	13秒70	13秒80
円盤投	41m46	45m22	49m00	51m20	57m50	56m18
棒高跳	3m71	3m95	4m20	4m42	4m78	5m29
やり投	54m83	61m01	69m98	70m40	81m00	77m20
1500m	4分03秒4	3分56秒8	3分54秒0	3分55秒0	3分40秒2	3分53秒79

概要を表7に、各採点表に得点の比較を表8に示しました。1985年4月に発効した現行採点表は、チェコスロバキアのトリカル(Viktor Trikal)博士の指導の下、国際陸連が3年前から改訂委員会を組織して作成。各種目の獲得できる最高得点の上限を取り払い、得点配分に関する多面的な配慮が評価され、今日まで使用されています。コンピューター時代にふさわしく、記録計測と同時に得点が表示されるシステムが組み込まれています。

5 目標はエベレストの8848点

世界のトップ選手が目標にしてきたのが、世界最高峰エベレストの標高(8848m)にあやかった得点を出すこと。楊伝広は1950/52年の採点表で、人類最初の“エベレスト越え”(9206点)を果たしますが、主に棒高跳の配

図3 現世界記録保持者のマイヤー

点などを見直した62年の採点表では8089点どまりとなりました。

1984年ロサンゼルス五輪ではトンプソン（Daley Thompson 英国）が8798点の世界タイ記録で優勝。1985年発効の現行採点表では8847点と“エベレストまであと1点”に迫る快記録でした。1992年にはオブライエン（Daniel O’Brien 米国）が8891点を出し、正真正銘のエベレスト越えを果たしました。2001年にはチェコのシェブルレ（Roman Šebrle）が9026点と大台突破に成功。現在の世界記録は2018年にマイヤー（Kevin Mayer フランス）がマークした9126点です（図3)。

日本勢で五輪に初参加したのは1920年アントワープ五輪の野口源三郎。欧米勢との力量差を思い知らされますが、スポーツ・体育の先駆者として貢献します。続く2大会には納戸徳重、斎辰雄、中沢米太郎が出場しますが、その後は代表を送り出せず、1964年の東京大会の鈴木章介は36年ぶりの出場でした。初めて8000点を突破した大型選手の右代啓祐は、得意の投てき種目で得点を稼いで、2012年ロンドン、続くリオデジャネイロ両五輪に出場しました。

column

万能型かスペシャリストか

十種競技で好成績を挙げるにはどの種目にも強い万能型か、それとも特定の種目が強いスペシャリストか。世界歴代上位選手や日本記録保持者、古くはストックホルム五輪で圧勝したソープらの走、跳、投の能力を分析（表9）します。

各部門の種目当たりの平均得点（得点/種目）を比較すると、その差が小さい選手（マイヤー：982－909＝73、右代：897－820＝79、ソープ：727－596＝131）と、200点近い差の選手（イートン：1020－821＝199）がいることが分かります。投の能力で劣っていても、優れた走・跳能力でカバーできる傾向も見えます。

現在の世界最高峰のアスリートたちは、走種目や跳躍種目のいくつか

表9　歴代世界1･2位選手と日本記録保持者の種目別自己記録の得点および1912年ストックホルム五輪優勝者（J.ソープ選手）の得点からみた十種競技選手の走、跳、投能力（各種資料より著者作成）。ソープ選手の得点は、1985年採点表による

競技	種目	世界記録（9126点）K.マイヤー（仏）		世界2位（9045点）A.イートン（米）		日本記録（8308点）右代啓祐		ソープの記録（6564点）J.ソープ（米）	
		自己記録	得点	自己記録	得点	自己記録	得点	記録*	得点
走	100m	10秒50	975	10秒21	1044	11秒14	820	11秒2	765
	400m	48秒26	897	45秒00	1060	49秒66	830	52秒2	710
	1500m	4分18秒04	825	4分14秒48	850	4分26秒68	767	4分40秒1	680
	110mH	13秒71	1012	13秒35	1060	14秒90	862	15秒6	751
	得点／種目	927		1004		820		727	
跳躍	走高跳	2m09	886	2m11	905	2m06	858	1m87	687
	棒高跳	5m45	1051	5m40	1035	5m00	910	3m25	418
	走幅跳	7m80	1010	8m23	1120	7m45	922	6m79	764
	得点／種目	982		1020		897		623	
投てき	砲丸投	16m82	902	15m40	809	15m65	830	12m89	661
	円盤投	52m38	920	47m36	816	50m17	874	36m98	603
	やり投	71m90	906	66m64	838	73m82	959	45m70	525
	得点／種目	909		821		888		596	
達成可能総得点		9384		9537		8632			
得点予備力		258		492		324			

達成可能総得点:各種目における自己記録の得点の合計
得点予備力　:達成可能総得点ー十種競技の自己記録（点）
*ソープ選手の記録:1912年のストックホルム五輪での各種目の記録

で1000点を超える競技力がありますが、投てき種目では800点台にとどまります。日本記録保持者の右代は投では世界とほぼ互角ですが、走・跳では世界に大きく水を開けられています。

6　欧州では「ワンデー十種競技」も人気

近年の欧州では1日で終了する「ワンデー十種競技」が人気を博し、トップ選手を招いて数万人の観衆を集めて行われます。2日間で20種目をこなすウルトラ二十種競技（the double decathlon＝1日目に100m、走幅跳、200mH、砲丸投、5000m、走高跳、800m、400m、ハンマー投、3000mSC、2日目に110mH、円盤投、200m、棒高跳、3000m、400mH、やり投、1500m、三段跳、10000m）も行われています。

7　女子の混成競技

女子混成競技の歴史では、1920年代に才能を発揮した人見絹枝がパイオニアと言えます。女子競技に触れている『Athletics of to-day for women』（Webster, 1930）では、1929年に人見が三種競技（100m12秒4＝87点、走高跳1m45＝71点、やり投32m13＝59点）でマークした217点が世界記録と明記されています。その人見の影響もあり、1934年の日本選手権では五種競技（砲丸投、走幅跳、100m、走高跳、やり投）を実施しています。

国際陸連は1954年に女子の採点表を整備、61年には五種競技の順序を1日目：80mH・砲丸投・走高跳、2日目：走幅跳・200mと定めました。五輪では1964年東京五輪から実施され、ソ連の投てきの女王プレスの妹、イリナ（Irina Press）が5246点の世界記録で初代女王の座に就きました。

競技力向上で七種競技へ移行

女子の競技力向上にともない、1981年に七種競技へ変更。2年後の第1回世界選手権ヘルシンキ大会以降、1日目：100mH・砲丸投・走高跳・200m、2日目：走幅跳・やり投・800mのフォーマットが定着しています。

現在の世界記録はジョイナー・カーシー（Jackie Joyner-Kersee）が

図4 走幅跳や短距離種目でも活躍したジョイナー・カーシー

1988年ソウル五輪で樹立した7291点。カーシーは同五輪の走幅跳（7m40）で金メダルに輝いたほか、200m（22秒30）、100mH（12秒61）でも高い能力を発揮しました。21世紀に入ると、混成競技が盛んな欧州諸国では女子の十種競技も行われています。

日本勢の五輪出場は1964年東京五輪の高橋美由紀（五種競技）と、七種競技で2004年に5962点の日本記録を出してアテネ五輪代表になった中田有紀の2人だけです。

column

競技後の「輪」

混成競技では終了後、出場選手がそろって肩を組んだり、手を取り合って互いの健闘をたたえ合うシーンが恒例になっています。このような「輪」が、日本ではいつ頃から行われるようになったのでしょう。

1979-80年の日本選手権を連覇した小林敬和氏によれば、欧米の競技会ではすでに広まっていたそうですが、国内では見られない光景でした。指導者として日本陸連の「8000点プロジェクト」を推進した小林氏は、所属の垣根を越えた合同合宿や練習会、セミナーを頻繁に開催。選手たちの仲間意識が高まり、競技後の「輪」の基盤が形成されていきました。

小林氏の呼び掛けに応じ、松田克彦選手（1988－89日本選手権優勝）が学生最後の関東インカレ（1987年）で、1500mのゴール後に集まって記念写真（図5）を撮影。わが国で初めて競技後の「輪」が生まれました。

1991年の世界選手権東京大会では、優勝したオブライエン（米国）を中心に選手たちがトラックを1周して観客に挨拶。2年後のシュツットガルト大会では、松田・金子宗弘両選手がトラックを1周する姿がテレビ放映されました。今では競技後の「輪」が広がり、混成競技会の定番になっています。古代ギリシャの理想を受け継ぐ競技で、学生アスリートが高い精神性を感じさせる振る舞いを定着させたのは素晴らしいことです。

図5 1987年関東インカレの競技後、集合写真に収まった選手たち
松田克彦氏（写真中No.26）提供

column

陸上競技会の運営

複数種目が同時展開

走、跳、投の総合力を競うのが混成競技ですが、それと同様に幅広い組織的な仕組みが求められているのが陸上競技会の運営です。同じ記録を争う競泳やボートなどの競技が、各プールやコースで1レースずつ実施されるのに対し、陸上競技ではトラック種目と並行して跳躍、投てき、混成競技が同時に展開します。陸上競技関係者からすれば当たり前のことになっていますが、スムーズな運営を行うためには各部門の連携と全体の運びをコントロールする高度な知見が求められます。

風向・風速の測定も

トラックの短距離種目では風向・風速の測定が不可欠ですし、長距離種目では周回を確認して残り回数を表示します。ハードル種目では各種目に対応したハードルを定められた位置へ素早く並べ、競技後は直ちに撤去します。これには、審判員の他に多数の補助員が必要です。水平距離を競う跳躍種目では風向・風速の測定があり、ファウルのチェックは投てき種目でも欠かせません。高さの種目ではバーの高さを測定し、他のフィールド種目と同様に各選手の試技の持ち時間表示もします。飛距離が長い投てき種目では、短時間で距離が把握できる光波測定器（Electric Distance Measurement EDM）など電子機器が用いられます。

1000分の1秒単位で計測されていたトラック種目の写真判定装置は、最近では1万分の1秒単位まで判定できるまでに精度が向上しています。400mまでの短距離競走では、不正スタートを判定する「スタート・インフォメーション・システム（Start Information System SIS）」は反応速度だけでなく力のかかり具合をグラフ化し、スタート動作の始まりを見極める機能を備えています。フィールド種目の測定に用いるビデオ計測システム（Video Distance Measurement VDM）では、砂粒まで画像に残る精度が備わっています。正確・迅速な測定が可能なだけでなく、証拠としても採用できる仕組みです。

リレーのゾーンオーバー監視も

リレー種目ではテイク・オーバー・ゾーンなどを監察する審判員が配置されますが、4K画像のビデオ監視システムも設置されており、ほぼ全ての競技はこの画像に残されます。判定に対する疑義に対しては、現場の審判長からの連絡を受け、問題場面のスロー再生など行って確認して判定を下します。

疑義に対する説明は審判長が行いますが、説明に納得できない場合は上訴申立書に預託金100ドル（国内では1万円）を添えて提出し、ジュリー（上訴審判員）の最終的な裁定を求めることができます。問題の状況を素早く表示するシステムや、競技を再生して観客に見せる大型スクリーンも設けられており、記録測定も含めたこれら電子機器類の運用も欠かせない業務です。

近年の競技会では、競技会ディレクターを配置し、各競技役員らと無線・有線のインカムを用いて進行状況をコントロール。フィールド種目で優勝決定の瞬間や新記録への挑戦という場面では、トラック競技や他の種目の進行を調整することもあります。複数の種目が同時に進行するため、場内アナウンスの役目も重要。五輪などの国際競技会では、フランス語、英語、地元の言語が続けざまに発せられますから、簡潔で中身の濃いアナウンスが求められます。陸上競技に詳しくない観客も多いわけですから、選手情報や記録の紹介など適切な観客サービスで競技会を盛り上げる工夫が欠かせません。

不可欠の大型スクリーン

広いスタジアム内で行われている競技の模様を細部まで観客に伝えるには、大型のビデオスクリーンが不可欠になっています。接戦のレースのフィニッシュ、大ジャンプのリプレーや新記録のクリアランスなど、場内の興奮の余韻が残る数秒後にパフォーマンスが再現されることでインパクトが強まり、観客にも鮮明な記憶として残ります。映像や音響の効果を狙った新たな試みも盛んになっており、スモークや花火を使った演出も登場しています。今回の東京2020五輪では男女100mで照明を落として立体的に加工した映像で演出するプロジェクションマッピングを実施。世界最速を決めるにふさわしい格別な雰囲気を生み出していました。

膨大な記録情報発信

観客の誘導や場内整理、メディアへの対応が必要なことは他競技と同様ですが、大きく異なるのは、メディアへの記録情報の提供が膨大な量になることです。予選からの全ての成績や、次のラウンドに進む選手や組み合わせの情報などもあり、対校・対抗競技会では各チームの得点や順位、トラック・フィールドなどの得点内訳など詳細な情報が配布されます。現代では電子情報端末でのアクセスも可能ですが、これらすべての情報を各方面へ適切に配布するにはかなりの労力を要します。

ルーツは帝大運動会

このような陸上競技運営のルーツをたどると、国内では明治初年に東京英語学校や帝大予備門（ともに東京大学の前身）で英語教師を務めたストレンジ（英国）が大きな役割を果たしたことが分かります。彼の呼び掛けで始まった帝国大学（東京大学）運動会では、1902（明治35）年に当時のスーパースター、藤井実が田中舘愛橘博士の開発した電気計時で100mに10秒24を記録しました。欧米でもようやく10秒台の記録が生まれたばかりでしたから、極東の後進国の疑問計時と相手にされません。藤井は4年後に棒高跳でも世界記録（3m66）を大きく上回る3m90に成功していますが、国内ではバーの代用として綱が用いられており、こちらも「幻の世界記録」になっています。

羽田で初の五輪選考会

日本が初めて五輪に参加したストックホルム五輪の代表選考会は、東京・羽田運動場で五輪前年の1911年11月に開かれました。競技場設営は米国でスポーツを学んだ大森兵蔵が主導し、直線100mは石灰のラインのセパレートコースで、走路は粘土と砂を混ぜてにがりで固めました。マラソンでは金栗四三が当時の世界最高を27分も縮める2時間32分45秒で優勝しましたが、コースは陸軍参謀本部作成の地図（1/20000）で計測されたもの。距離に疑問があるとされ、記録は認定されていません。

1964年東京五輪で先駆け電気計時

時代が下った1964年東京五輪は競技規則が手動計時の時代でしたが、初めて電気計時装置でトラック種目の記録が計測されました。日本の科学技術を世界に示したいと、国内企業の「セイコー」がオフィシャルタイマーの座を獲得し、陸上競技をはじめとする各競技の記録計測を担当しました。補助的に実施された手動計時は、スタンド側のトラック脇に設けられた階段状の席に22人が座り、着順ごとに3個のデジタル・ストップウォッチで計測（1/100秒単位の計測値を1/10秒単位で発表）。電気計時の記録と照合して公式時間が決定されました。

順位を判定する決勝審判員は、トラック内側の階段状の席に10人が配置され、1位のみを判定する審判1名と、1-2、1-2、2-3、3-4、3-4…と、隣接する複数の順位を判定しました。男子100mで優勝したヘイズの公式記録は電気計時データから10秒0とされましたが、手動のタイムでは9秒9（9秒8、9秒9、9秒9）でした。

トラック種目の器具配置・撤去以外にも、投てき種目の器具回収などを担う要員なども必要です。予選から決勝までの組み合わせや結果の配布も多数あり、表彰や場内アナウンスなど業務は多岐にわたります。大会の運営ハンドブックによると、競技役員419人、補助役員178人、補助員291人の計881人という大規模な構成で、「人の手による計測・運営」でした。

エキスパートでの少数運営へ

五輪や世界選手権は開催国の審判員が運営の中心でしたが、今世紀に入ってからは世界陸連から派遣された国際技術委員（ITOs＝International Technical Officials）が各種目の審判長を務める仕組みになっています。かつては地元審判員のアドバイザー的な立場だったのが、直接的に競技へ関わっています。世界陸連主催の国際競技会が世界各地で開催されるようになり、審判技術や運営経験の差を埋めるために各部門のエキスパートが送り込まれているのです。

今回の東京2020五輪ではシステム化・電子化が一段と進み、少ない人員での運営が行われました。主役はあくまでアスリートで、審判員は必要最低限の配置とする基本方針が徹底された結果でもあります。世界陸連からはコー（Sebastian COE 英国）会長ら23名が「上級役員」を務め、TD（技術代表）3名が競技会全体のコントロールをし、ITO10名が各種目の審判長として競技会に参加しました。これに加えてNTO（国内技術役員）ら国内のスタッフ188人（札幌の「マラソン・競歩」を除く）が判定などの実務を担当する役割分担でした。半世紀以上前の東京五輪と比べ、3分の1程度に圧縮されていることがうかがえます。

ネック解消する新たな試みも

そんな中、トラックとフィールドが同時進行する運営上の課題解消を模索してきた世界陸連の新方式「ファイナル3」が、2022年のダイヤモンドリーグでスタートしました。走幅跳、三段跳と投てき種目は、出場選手の記録上位から3回の試技を実施。トップ8の試技も上位記録選手から行い、5回目のラウンド後に絞られた上位3選手だけに最終6回目の試技が許されます。ここからはすべての種目を止め、観客は「ファイナル3」に集中。試技順はここでも記録上位選手からで、最後の瞬間まで勝負が決まらない仕組みになっています。試行錯誤の段階ですが、陸上競技会運営のネック解消策として注目されます。

多数のスタッフ必要なロードレース

駅伝やマラソンでは、沿道のコース管理に多数の要員が必要で、最大3万8000人が参加する（2019年大会）東京マラソンでは、競技役員、学生補助員計1300人が配備されますが、こうした大規模大会ではボランティアの活動が不可欠です。参加ボランティアは約1万人で、ランナー受付、発着点のランナー支援、コース上での給水・給食、コース管理など業務は多種多様。そのため、2016年からボランティア組織を編成して要員育成に努め、今では参加ランナーに等しい3万8000人にまで拡大しています。

大規模レースでは心肺停止などの事故発生リスクも高くなり、医事運営管理も重要です。医師、看護師、救急救命士、トレーナー、救護ボランティアなど1000人以上が従事します。コース上に21カ所の救護所が設けられ、150台のAED（自動体外式除細動器）を配備。自転車移動のモバイル隊や走る医師「ランドクター」など機動的な救命活動が展開されています。2022年大会までの参加者総計48万人で心肺停止11例が発生しましたが、全て救命されています。

図版の出典

図1:Zenter, C.(1995) Das Grosse Buch der Olympischen Spiele. Copress Verlag Gmb H. p.252.

図3:AFP/WAA

図4:AP

図5:松田克彦提供

▶終章 陸上競技の未来

近現代の歴史から見る未来

欧州の中世社会には、走力や力自慢のプロが賞金を稼ぐ「見世物」的な競い合いの世界がありました。そこへ19世紀後半、上流・貴族階級の競技者が参入したことで、陸上競技を含む近代スポーツが誕生します。中でも、人間の基本的な身体能力を純粋に追求する陸上競技は、短期間に世界各地へ広まります。金銭を目的とせずスポーツの尊厳を信奉するアマチュアリズムは、もともとは財産を持たない人々に対する「排除の論理」ではありましたが、高い理念が広く受け入れられ、長くスポーツ界の基軸になりました。

ところが、プロ的な活動なくしては高い競技レベルを維持することは難しくなり、20世紀後半からスポーツ界の流れは大きく変わります。恵まれた競技環境を得られたのは、欧米の富裕層や東欧圏の「ステートアマ」、日本の「実業団選手」など限られた存在でした。そんな中で、スキーやテニスなどが先駆けとなって賞金やスポンサー契約を手にする時代が到来します。陸上競技はやや遅れての導入でしたが、これによって資産を持たないアスリートの競技環境は確実に改善されました。

高度化と大衆化への道

21世紀に入ると、大都市での大規模マラソンや、世界陸連による国際競技会シリーズは花盛りとなりますが、高額な賞金を手にできるのは一部のトップ選手に限られます。それでもワールドマラソンメジャーズ（WMM）のような世界レベルのシリーズは、「高度なレベルの競技力追求と、広範な競技の普及」の両面で、新たなスポーツの地平を開いています。さらに、ロンドンマラソンを筆頭に参加者のチャリティ活動が盛んになり、社会的な影響力が高まって単なるスポーツイベントを超えた存在になっています。

1970年代に女性参加の道が開けた大都市マラソンでは近年、男女を超えた参加枠が注目されています。欧米では自身の性別を男性か女性かという枠組みに当てはめないノンバイナリー（nonbinary gender）という考え方が認められており、米国では多くの州でノンバイナリーを自分の性として選択できる法律が成立しています。レース出場の際に男女部門での出場を望まない人々に対し、ボストンマラソンの主催者は2022年９月、翌年4月の大会からノンバイナリー枠を設けると発表。同時期に行われるロンドンマラソンも同様の対応をすると発表しました（賞金の出るエリート部門には適用されない）。参加基準は当面、女子の基準記録を当てはめ、状況によって基準記録を見直す方針。1972年に真っ先に女性参加を認めたのもマラソンのボストンですが、社会の動きを敏感に取り入れる姿勢はさすがです。

トラック種目の1マイルレースを市街地で実施したり、ビル街の観客の目の前でハードルレースや棒高跳のイベントを行ったりと、スタジアムを飛び出して競技のダイナミズムをアピールする試みも各地で開かれています。SNSの普及で誰もが容易に情報の送受信ができる社会になり、トップから市民レベルまでアスリートの活動内容が認知される環境も整ってきています。

世界陸連は、従来から行われていた世界ハーフマラソン選手権を軸に、2022年に新たなランニングイベントを発足させました。5kmロードを初めて世界選手権種目に加え、数日間の大会期間中に市民ランナーのロードレースやランニング教室などを組み込み、ランニングの魅力を幅広い人々に伝えるのが狙い。前述した大都市でのマラソン大会も、すでにさまざまな関連イベントを展開しており、今後のスポーツイベントの方向性が見えてきます。

欧州では地域社会とスポーツクラブが有機的につながり、豊かなスポーツ文化が育まれています。このような蓄積がない日本では、学校体育と一部企業による活動がスポーツを支援してきました。学校の運動部活動では指導する教員のボランティア的な活動が前提となっていますが、一般の教員に十分な指導力や資格を求めるのは無理があります。過大な時間外労働も大きな問題になっており、働き方改革が叫ばれる昨今では早急な見直しが避けられない状況です。

そんな中で、地域のスポーツクラブやランニングクラブが確実に活動を拡大しています。会費を徴収し、NPO（特定非営利活動法人）などの運営形態で専門的な指導を提供する形態が主流。しかし、教員による無償の活動に支えられた日本の状況を解消するのは簡単ではありません。最大のポイントは指導者の確保ですが、公認の指導者資格を持つ人材の他にも、地域の中高年スポーツ経験者やセカンドキャリアのアスリートに一定の研修を施して支えていく仕組みが現実的でしょう。

従来の枠組み超えた活動

しかし21世紀を前に、マラソンのメダリスト、有森裕子さんが「アスリートのプロ宣言」をして新しい時代を切り開きました。従来型の活動から脱し、会社を立ち上げて講演活動やランニング指導などを展開しています。続いて同じ女子マラソンの金メダリスト、高橋尚子さんや野口みずきさんらもキャスターやコメンテーターなどの活動を行う一方で、各地でランニング教室やマラソン大会のゲストランナーとして活躍するようになっています。

1984年のロサンゼルス五輪で初の女子マラソン代表となった増田明美さんは、上記のメダリスト以上に幅広い活動を展開中。ロードレースなどの解説の他、テレビのバラエティ番組やドラマにも進出する傍ら、障がい者スポーツでは日本パラ陸上競技連盟、日本知的障がい者陸上競技連盟でそれぞれ会長として精力的に活動しています。

世界選手権の男子400mHで2度メダルを獲得した為末大さんは、スポーツコメンテーター、文筆家、アスリートや若者の育成活動などにも力を注いでいます。パラアスリートとの関わりも深く、競技用の義足を作るプロジェクトに参加し、その過程で得られたさまざまな知見を障がい者だけでなく健常者の日常に生かす活動も行っています。

正月の風物詩になった箱根駅伝を通した活動も盛んです。2022年に2年連続6度目の制覇を果たした原晋監督は、複数の記録会を立ち上げて各校への参加を呼び掛け、トレーニングのノウハウも公開。大学の生き残り競争を超えたところで、長距離界全体の底上げを図る動きが生まれています。スポンサー獲得に関しても、合宿先の自治体のロゴをユニフォームに付けるなど新たな可能性を示しており、他校もスポンサー企業とのタイアップで強化費用を捻出する動きが盛んになっています。

トラック競技でも新たな試み

十種競技日本選手権優勝の実績を持つ武井壮さんは、幅広いスポーツ経験を経て多くのスポーツ番組などに出演する一方、今回の東京2020五輪前には、日本フェンシング協会の会長に就任しました。選手強化はもちろん、組織運営・経営、大会設計などで斬新な企画を推進中。磨き上げた発信力を生かし、スポーツ界に大きなインパクトを与えています。

北京五輪男子4×100mR銀メダリストの朝原宣治さんは、自らのスポーツクラブでジュニア世代の選手育成を目指した陸上競技教室などを開講する一方、柔道やバレーボールなど競技を超えたアスリートネットワークを結成して幅広いスポーツ情報空間を築いています。マラソンの大迫傑は、現役ランナーの傍ら次世代育成、アスリートマネジメント、地域活性化を目指す「株式会社Ｉ（アイ）」を設立。幅広い年齢層の育成プログラムを構築し、学校やビジネスの現場を対象に教育・研修事業や健康増進事業、メディア事業などを構想しています。

東京2020五輪後に現役を退いた男子走高跳の衛藤昴さんは、跳躍に特化した「一般社団法人Jump Festival」を立ち上げました。街路や広場などに跳躍場を設営し、観客の間近で高いパフォーマンスを披露することで普及・強化につなげるのが狙い。球技などと比較し、陸上競技には「遊びの要素」が少ないだけに、こうした競技場外での活動によって新たな可能性が生まれるでしょう。

「スポーツの高度化と大衆化」の両面を追求するには、その事業活動の目的や目標の設定、必要な情報の収集、資金の確保、活動を支える人材の確保や育成が緊急の課題です。これまでの枠組みを超えた上記のような活動が、未来を拓く足場になってほしいと願っています。

【年表】 古代のスポーツ的活動から近代陸上競技誕生まで

年	できごと
先史時代	狩猟採集時代にスポーツ的な活動も（洞窟壁画などによる）
BC3800頃	エジプト古王国時代のメンフィスで王が「壮健さを証明するための」走る儀式
BC1500年頃	ミケーネ文明クレタ島で戦車競走、レスリングや雄牛跳、やり投などの競い合い
BC776年	第1回オリンピア祭典競技で戦車競走などとともにスタディオン競走（192.25m）も人気
BC724年	半世紀後にディアウロス競走（384.54m）その4年後にはドリコス走始まる
BC146年	ギリシャがローマに併合、オリンピア競技は継続。ローマ人は参加せず
393年	一神教のキリスト教がローマの国教になったことでオリンピア祭典競技は廃止（293回開催）
欧州中世	英国エドワード二世が自身も好んだハンマー投など投てき競技を奨励
	民衆レベルの綱引、槌投、ハンマー投、短距離競走など景品を賭けた催し
16〜17世紀	貴族の狩猟を真似た追いかけっこからパブリックスクールでクロスカントリー競走へ
	ランニングフットマンやペデストリアンが道路での長距離競走で高額賞金の賭けレース
1812年	英王立陸軍士官学校で定期的な陸上競技会開催
1820年頃	英パブリックスクールのシュルズベリー校で陸上競技会開催
1831年	シュルズベリー校が最初のクロスカントリーHare and Houndsを実施
1837年	ロンドンのクリケットグラウンドに競走用走路設営
1838年	英バーミンガム大医学生6人が健康への効果をアピールする1マイル野外障害物競走実施
19世紀中頃	レース経過が見えない道路からクリケット場などの周回レースへ
1844年	アイルランド・ダブリン大で競技会開催
1845年	英パブリックスクールのイートン校で短距離走、ハードル走（50台飛越）など競技会開始
1850年	英国ブルックス医師が現在も続く総合大会マッチウエンロック・オリンピック創設
	オックスフォード大校外で2マイル障害物競走、翌日に校内で陸上競技会開催
1851年	オックスフォード大エクスター校の競技会に走高跳と走幅跳が加わる
1853年	ケンブリッジ大がプロのハワードを招いてLJ試技（両手に重りを持って8m53をジャンプ）
1861年	北米原住民の俊足「ディアフット」が英国のプロと競走、英国皇太子も観戦
1863年	ロンドン・アシュバナムホールで初の室内競技会（100y、220y、440y、880y、TJ）5種目実施
1864年	第1回オックスフォード大対ケンブリッジ大対校陸上競技会開催
1866年	英国の統括組織「アマチュア・アスレチック・クラブ（AAC）」創設、3月に12種目の競技会開催
1868年	「アマチュアAC」が参加資格に「紳士条項」を設定
	ロンドンで「テームズ・アンド・ハウンド・クラブ」設立
	米国で「ニューヨーク・アスレティック・クラブ（NYAC）」設立
1871年	イングランド北東部ゲーツヘッドで2万人の観衆を集めた1マイルレース開催
1876年	太鼓やハンカチを振るスタートの合図を「銃声」へ変更
1880年	英国で4月に「アマチュア陸上競技連盟（AAA）」設立、7月に全英選手権開催
1894年	ロンドンでロンドンACと米ニューヨークAC対抗競技会
1899年	オックスフォード・ケンブリッジ連合対エール・ハーバード連合対校戦開催

【年表】 近代五輪開幕前後からの世界と日本の動き

年	元号	世界の動き	日本の動き
1878	M11	アストレイ(J.Astley 米国)「6日間耐久レース」	札幌農学校の力芸(運動会)で1マイルなどの競走
1880		英国の統括組織アマチュア陸上競技連盟(AAA)発足。規則制定し第1回全英選手権開催	
1883			ストレンジが『Outdoor Games』発行、運動会で880y競走
1884		米国AAU選手権で十種競技に近い混成競技実施	大相撲で梅ケ谷が初代横綱に昇進
1885		米国体育振興会設立	
1887		米エール大学マーフィが学生にクラウチングS指導	東京帝大で第1回陸上運動会開催(11月2日本郷)
1889		棒高跳「よじ登り法」を禁止する米国流跳躍が確立	大日本帝国憲法発布
1895		米国最初の女子競技会フィールドデー(5種目)開催、米スウィーニーHJ(正面跳)で1m97	日清戦争講和で下関条約調印
1896	M29	アテネで第1回近代五輪、陸上「メートル制」右回りトラック、100mはクラウチングSのバークが金、古代ギリシャの故事由来マラソンで地元ルイスが優勝、熱狂が世界に伝播	東京高等師範学校嘉納校長が柔道部など運動会を組織
1900		パリ五輪、女性初参加	伊藤博文が立憲政友会結成
1905		日露戦争後のポーツマス条約調印	学習院が「断郊競走」の名称で初のクロスカントリー競走
1908	M41	ロンドン五輪	大隈重信が野球で日本初の始球式
1909		嘉納治五郎、駐日仏大使ゼラールの斡旋により五輪委員就任	初のメディア主催不忍池12時間長距離健脚競争会と大阪・神戸間マラソン競走開催
1911		全ロシア・アマチュア陸上競技連盟設立 孫文の辛亥革命始まり清朝を打倒	大日本体育協会設立、羽田で初の五輪選考会、マラソンは金栗四三が優勝、短距離代表は三島弥彦
1912	M45	7月に国際陸上競技連盟創設。「メートル制」でストックホルム五輪開催。大会後に十種競技の採点表改定。米のホーリンが「ウエスタンロール」で初の2m(6ft7in)越え	日本の五輪初参加、三島は400m準決勝棄権で他種目は予選敗退、マラソンの金栗は途中棄権。わが国最初の大阪箕面山野横断競走
1913		第1回東洋オリンピック(マニラ)開催	陸軍戸山学校でリレーレース開催
1914		国際陸連が世界記録を公認(以前の記録もさかのぼって)	早慶明三大学野球リーグ開幕
1917			初の駅伝・京都~上野間奠都記念驛傳競走極東選手権
1920	T9	アントワープ五輪:3000mSCの距離が定まる 米国カーらが棒高跳で両手をそろえる技術開発	第1回箱根駅伝競走、東京高師が優勝。1918年『オリンピック競技の実際』野口源三郎刊行
1921	T10	国際女子スポーツ連盟(FSFI)設立 マラソン42.195kmが正式距離に決定	第5回極東選手権大会(上海) 体協岸清一新会長・嘉納名誉会長
1922		第1回女子オリンピック開催	大坂毎日運動課木下東作初代課長
1924	T13	パリ五輪 1920年代後半に「L字型ハードル」出現	織田幹雄パリ五輪三段跳で6位入賞 第1回日本女子オリンピック開催
1925			日本陸上競技連盟創立
1926		第2回女子オリンピック。女子砲丸を4kgに決定	人見が女子オリンピックで個人優勝
1928		アムステルダム五輪、女子800mが廃止へ。不正出発2回で失格。女子のやりの規格制定	織田幹雄が三段跳でアジア初の金メダル
1929		全米学生でスタブロ使用のシンプソンが100yで優勝(9秒5)	人見200mで24秒7(直走路)世界記録
1930		第3回国際女子競技大会(プラハ)	人見プラハで個人得点2位
1931	S6	ガーディナー(E.N.Gardiner)『Athletics of the Ancient World』刊行	明治神宮競技場で織田幹雄がTJ15m58、南部忠平がLJ7m98の同日WR。人見絹枝死去
1932		ロサンゼルス五輪:女子6種目を実施	ロス五輪で南部忠平が三段跳で世界記録(15m72)で金、走幅跳で銅
1936		ベルリン五輪:女子競技が国際陸連へ。米のオーエンスが4冠達成。米アルブリットンがHJにベリーロールで2m07WR	五輪三段跳の田島直人が16m00の世界記録で金。マラソンは朝鮮半島出身の孫基禎が金、南昇竜も銅

年	元号	世界の動き	日本の動き
1948		ロンドン五輪:オランダのクン夫人が4冠(100、200、80H、400R)五輪初採用スタブロ世界へ普及	日本は五輪参加を許されず、競泳の古橋広之進がロンドン時間で世界記録連発
1951		第1回アジア競技大会(ニューデリー)	ボストンマラソンで田中茂樹が日本人初優勝
1952		ヘルシンキ五輪:インターバルトレのザトペック(チェコ)長距離3冠。初参加ソ連が金22個。やり投測定変更	五輪女DTで吉野トヨ子4位、男PV沢田文吉、TJ飯室芳男ともに6位
1953		砲丸投で画期的な「オブライエン投法」で18m大台。英国で「サーキットトレーニング」開発	ボストンマラソンで山田敬蔵優勝
1954		1マイルでバニスターが「人類の壁」突破の3分59秒4	日本初室内陸上開催(岐阜市民センター)
1955		投てきのサークルが土からコンクリート製移行で技術向上	NHK第1回全日本中学校放送陸上競技大会
1956		メルボルン五輪:地元カスバートが女短距離3冠。グラスポール出現。やり投「回転投法」は禁止	五輪マラソンで川島義明が5位
1960		ローマ五輪:男100mで直前に最初の10秒0樹立したハリー(西ドイツ)が金。裸足のアベベ(エチオピア)がマラソンで金。PVスチールポールのブラッグ(米国)が金	入賞者ゼロ
1964		東京五輪:男100mヘイズ(米国)が電気計時(10秒06)による公式記録10秒0(手動では9秒9も非公認)で金。アベベがマラソンで史上初の連覇達成	東京五輪でマラソンの円谷幸吉が銅、10000m6位。女子80Hで依田郁子が5位
1966		ボストンMで女性のギブ(米国)男性に紛れて完走	別府毎日マラソン寺沢徹4連覇
1967		ユニバーシアード東京大会　北朝鮮問題で共産圏諸国不参加	福岡国際マラソンでクレイトン(豪)が2時間09分36秒4で衝撃の2時間10分突破
1968	S43	メキシコ五輪:初の全天候型トラック、海抜2240mの高地開催。米国勢が短距離·跳躍を席巻、LJでビーモンが8m90のWR、HJではフォスベリーが金、「背面跳」が世界へ普及。男子100mはハインズが電気計時で初めて「10秒の壁」破る9秒95WR。男子DTオーターが史上初4連覇達成	マラソンで君原健二が銀、続くミュンヘン大会でも5位入賞。ハンマー投で菅原武夫が4回転ターンで3位と同記録の4位
1972		ミュンヘン五輪の選手村でテロ事件。男子短距離でボルゾフ(ソ連)が2冠	ミュンヘン五輪入賞はマラソン君原の5位のみ
1976		モントリオール五輪「ステートアマ」ソ連·東独勢が席巻。ドーピング検査本格化。男TJサネイエフ(ソ連)3連覇	日本男子13名·女子2名参加
1979		国際陸連、女子マイル·レース世界記録保持ナタリア·マラシュスク(ルーマニア)等7人の禁止薬物使用で無期限資格停止	初の女子だけのレース東京国際女子マラソン開催、スミス(英国)が優勝
1980		モスクワ五輪:米国、日本などが参加ボイコット。参加した英国は100mでウエルズ、1500mでコーが金	福岡国際マラソン瀬古利彦2.09.45で3連覇
1982		国際陸連IAAF公認国際招待競技会に限り、参稼報酬、褒賞公認	東京女子マラソン初出場ソビエト勢1.2位独占
1983		第1回WCがヘルシンキで開催。男子で3冠(100、4×100R、LJ)に輝いたルイス、棒高跳ブブカ、女子LJドレクスラーらスター選手が生まれる大盛況	第1回全国都道府県対抗女子駅伝が京都で開催(男子は96年から)
1984		ロサンゼルス五輪:ルイスが史上2人目の4冠達成。初実施の女マラソンは地元ベノイト金、ワイツが銀	五輪男子マラソンで宗猛が4位。同やり投の吉田雅美が5位、10000mで金井豊が7位、LJで臼井淳一が7位
1985		男やりの重心位置移動する規則変更。賞金大会グランプリシリーズ導入。棒高跳ブブカが7月に初の6mクリア	ユニバシアード神戸大会陸上85カ国801人参加
1987		WCローマ大会:男子100mでジョンソン(カナダ)が9秒83のWRで金も、後に薬物違反で抹消	箱根駅伝を日本テレビが初の完全中継。混成競技で"競技後の輪"スタート
1988		ソウル五輪:100mのジョンソンが9秒79のWR金も薬物失格。2位のルイスが連覇。女子はジョイナー(米国)が3冠	入賞は男子マラソンの中山竹通4位のみ。国際スパー陸上五輪優勝14名·メダリスト40名参加
1990		短距離の不正出発検出装置使用を義務化、反応時間10分の1秒未満を違反とする規則制定	第11回アジア競技大会(北京)日本金7(男子1万森下広一他5·女子走高の佐藤恵1)
1991		WC東京大会:男100mルイス9秒86WR、LJで僚友パウエルが8m95のWR。次回から2年毎開催へ	WC東京大会:マラソン男子で谷口浩美が金、女子は山下佐知子が銀

年	元号	世界の動き	日本の動き
1992		バルセロナ五輪:十種競技でオブライエンが"エベレスト越え"の8891点のWR	五輪マラソン森下広一、有森裕子が男女で銀、男子400mは高野進が"ファイナリスト"8位
1993		WCシュツットガルト大会、これ以降2年ごと開催	女子マラソンで浅利純子が金、安倍友恵が銅
1995		WCイエーテボリ大会:男子TJでエドワーズ(英国)18m29WR、男子短距離ジョンソン(米国)が3冠(200、400、4×400R)	『日本陸連創立70周年史』刊行
1996		アトランタ五輪:ジョンソンが200mで19秒32のWR、400mとの2冠、世界最速(1996年~2008年)	女子マラソン有森が2大会連続のメダル(銅)
1997		WCアテネ大会	アテネWC女子マラソン鈴木博美が金
1999		WCセビリア大会:ジョンソンが短距離3冠、女子やりの重心位置移動。世界ドーピング防止機構(WADA)設立	女子マラソン市橋有里メダル(銀)男子マラソン佐藤信之(銅)
2000		シドニー五輪:女子100m、200m金のジョーンズ(米国)がドーピング違反で後にメダル5個はく奪	五輪女子マラソン高橋尚子がアジア初の金 五輪連続メダルの有森裕子さん「プロ宣言」
2001		WCエドモントン大会	WC男子400Hで為末大が銅
2003		WCパリ大会:2回目のフライングで失格とする規則変更。ハンマー投の有効投てき角度を34.92度に変更	WC男子200mで末續慎吾が銅
2004		アテネ五輪:エルゲルージ(モロッコ)が史上初の1500m、5000mの2冠	五輪男子ハンマー投で室伏広治が繰り上げ金、アジア初の投てき種目優勝。女子マラソンで野口みずきが金、土佐礼子5位、坂本直子7位、男子両Rでともに5位
2007		WC大阪大会:ゲイ(米国)が短距離3冠(100、200、4×100R)男子100mでパウエル(ジャマイカ)が4回目のWR9秒74	女子マラソン土佐礼子銅・男子ハンマー室伏6位北京五輪内定
2008		北京五輪:6月に100mで9秒72WR樹立のボルト(ジャマイカ)が9秒69、200mでも19秒32のWR、4×100Rも37秒10のWRで3冠	五輪で男子400Rが銅(銀に繰り上げ)、男子ハンマー投の室伏5位、50㎞競歩山崎勇喜7位
2009		WCベルリン大会:ボルトが100m9秒58、200m19秒19、4×100R37秒31と3種目すべてWRで3冠。女子PVイシンバエワ(ロシア)が5m06WR	女子マラソン尾崎好美銀、男子やり投村上幸史銅
2010		フライイング1回で失格に	福島千里がアジア大会で短距離2冠
2011		WC大邱大会:男子800mでルディシャ(ケニア)が1分40秒91WR、ボルトは100mでフライング失格	WC:男子ハンマー投で室伏が金
2012		ロンドン五輪(最多3度目開催)ボルト3冠で五輪金8個、男子長距離ファラー2冠	五輪で室伏が銅、男子400R4位
2015		WC北京大会:ボルト3冠	WC:男子20㎞谷井孝行が銅。3月には鈴木雄介が20㎞で1時間16分36秒WR
2016		リオ五輪:ボルトが3度目3冠、ファラーが2大会連続2冠	五輪男50㎞競歩荒井広宙3位、日本初メダル
2017		ロンドンWC	桐生祥秀が100mで日本初の9秒台(9秒98)、ロンドンWC50㎞競歩で荒井が銀、小林快が銅
2019		キプチョゲ(ケニア)が非公式レースで1時間59分40秒2。国際陸連が世界陸連(World Athletics)と改称	ドーハWC20km競歩で山西利和、50㎞で鈴木雄介がそろって金。男子400Rは37秒43の日本記録で銅
2021		コロナで1年延期の東京五輪:マラソン・競歩は札幌開催、男子400Hワーホルム(ノルウェー)が45秒94WR、マラソンでキプチョゲが3人目五輪連覇、女子三段跳でロハスが15m67WR	山縣亮太が100m9秒95の日本記録。五輪男子20㎞競歩で池田向輝が銀、山西が銅、男3000SC三浦龍司7位、女1500m田中希実4分を切って8位、女10000m廣中璢梨佳7位。男LJ橋岡優輝が6位
2022		ユージン(米国)WC 競技運営のネック解消目指す「ファイナル3」始動	

夏季五輪開催都市

回	開催年	開催都市(国)	主な出来事
1	1896	アテネ(ギリシャ)	新種目マラソンが大人気、クラウチングSで100m制覇
2	1900	パリ(フランス)	テニスなどに女子参加
3	1904	セントルイス(米国)	地元米国勢が圧倒
4	1908	ロンドン(英国)	競技規則が固まる、大会の42.195kmがマラソンの距離に
5	1912	ストックホルム(スウェーデン)	万能選手ソープが後にアマ規定で失格、三島、金栗初出場
6	1916	中止(ベルリン・ドイツ)	第1次大戦禍
7	1920	アントワープ(ベルギー)	戦火で荒廃した都市での開催
8	1924	パリ(フランス)	「炎のランナー」リデル400mで金、ヌルミ中距離2冠 織田幹雄TJで6位
9	1928	アムステルダム(オランダ)	織田がアジア初の金、女800mの人見絹枝が銀
10	1932	ロサンゼルス(米国)	南部忠平WRでTJ金、万能ディドリクソンが金2、銀1
11	1936	ベルリン(ドイツ)	オーエンス4冠、TJで日本勢V3、マラソン孫基禎が金
12	1940	中止(東京・日本)	戦況悪化で日本が開催返上
13	1944	中止	第二次大戦禍で中止
14	1948	ロンドン(英国)	日本は参加許されず、クン夫人が女短距離4冠
15	1952	ヘルシンキ(フィンランド)	初参加ソ連が米国に次ぐ金22個、ザトペックが男長距離3冠
16	1956	メルボルン(オーストラリア)	初の南半球開催、地元カスバートが女短距離3冠
17	1960	ローマ(イタリア)	裸足のアベベがマラソン金、男100mはハリーが金
18	1964	東京(日本)	アジア初開催、ヘイズ男100m10秒0(手動9秒9)アベベ初のV2
19	1968	メキシコシティ(メキシコ)	高地、全天候型走路で好記録、ビーモン8m90、ハインズ9秒9
20	1972	ミュンヘン(西ドイツ)	選手村テロ19人死亡、ボルゾフ男短距離2冠、PV米国17連覇ならず
21	1976	モントリオール(カナダ)	ステートアマ猛威も薬物使用判明、ビレン男長距離2種目連覇
22	1980	モスクワ(ソ連)	ソ連アフガン侵攻で米国、日本など不参加
23	1984	ロサンゼルス(米国)	ソ連、東ドイツなど報復不参加、ルイス4冠
24	1988	ソウル(韓国)	男100m金のジョンソンが薬物失格、女短距離ジョイナー爆走3冠
25	1992	バルセロナ(スペイン)	ヤングが男400Hで46秒78WR、有森裕子女マラソンで銀
26	1996	アトランタ(米国)	ルイス男LJV4、ジョンソン男200mで快記録
27	2000	シドニー(オーストラリア)	高橋尚子が女マラソン金、男JTゼレズニー3連覇
28	2004	アテネ(ギリシャ)	野口みずきで日本が連覇、室伏広治が男HTで繰り上げ金
29	2008	北京(中国)	ボルト男100、200mでWR2冠、ディババ女長距離2冠
30	2012	ロンドン(英国)	3度目開催、ルディシャ男800m1分40秒91WR
31	2016	リオデジャネイロ(ブラジル)	初の南米開催、ファラーが男長距離2種目連覇
32	2021	東京(日本)	コロナで1年延期、札幌開催男マラソンでキプチョゲ連覇
33	2024	パリ(フランス)	100年ぶり開催、セーヌ川で開会式
34	2028	ロサンゼルス(米国)	3度目開催
35	2032	ブリスベン(オーストラリア)	2021年IOC総会で決定

世界選手権開催都市

開催年	開催都市	主な出来事
1983	ヘルシンキ（フィンランド）	ルイス男短距離3冠、リラク女JT地元優勝
1987	ローマ（イタリア）	コスタディノワ女HJ2m09 WR、薬物違反でジョンソンの100m世界記録抹消
1991	東京（日本）	ルイス男100m9秒86WRでV3、パウエル男LJ8m95WR、谷口浩美男マラソン金
1993	シュツットガルト（ドイツ）	浅利純子女マラソン金
1995	イエーテボリ（スウェーデン）	エドワーズ男TJ18m29 WR
1997	アテネ（ギリシャ）	ブブカが男PVでV6、鈴木博美が女マラソン金
1999	セビリア（スペイン）	ジョンソン男400mV4、ゲブレシラシエ男10000mV4
2001	エドモントン（カナダ）	男100mのグリーンと男LJのペドロソが4連覇、為末大が男400H銅メダル
2003	パリ（フランス）	エルゲルージ男1500mV4、末續が男200m銅
2005	ヘルシンキ（フィンランド）	ガトリン男スプリント2冠、為末が2個目の銅メダル
2007	大阪（日本）	ゲイが男短距離3冠、七種競技クリュフトが3連覇
2009	ベルリン（ドイツ）	ボルト9秒58、19秒19WR、ベケレ男10000mV4
2011	大邱（韓国）	男100mでボルトがフライング失格、ブレイクが制覇、男HTで室伏広治が金
2013	モスクワ（ロシア）	ジャマイカ勢が男女短距離で3冠
2015	北京（中国）	ボルト200mV4、ファラーが男長距離連続2冠
2017	ロンドン（英国）	ファラー男10000mV3、ボダルチク女HTでV3
2019	ドーハ（カタール）	初の中東開催、酷暑の中で日本勢が競歩で金メダル2個
2022	ユージン（米国）	陸上王国で初開催。女JTで北口榛花が銅、男20km競歩の山西利和が連覇
2023	ブダペスト（ハンガリー）	初の東欧開催
2025	東京（日本）	日本で最多の3度目開催

注）WRは世界記録、金、銀、銅はメダル

参考文献

[洋書]

Achilles Club(1938) Athletics. Dent, London.

Adelman, N.L.(1986) A Sporting Time —New York City and the Rise of Modern Athletics, 1820-1870—. University of Illinois Press.

Alford, J.W.(1983) Running —The IAAF Symposium on Middle and Long Distance Events Book No.3. International Amateur Athletic Federation.

Amateur Athletic Association(1930) Fifty Years of Progress, 1880-1930. Amateur Athletic Association, London.

Anderson, T.M.(1952) Human Kinetics and Analysing Body Movements. Heinemann, London.

Andrews, H. & Alexander, W.S.P.(1925) The Secret of Athletic Training. Methuen, London.

Anthony, D.(1984) Britain and the Olympic Games —Rediscovery of a Heritage.

Anthony, D.W.J.(1963) Athletics.

Arlot, J.(1975) The Oxford Companion to Sports & Games. Oxford Univ Pr.

Arnold, M(1986) Triple Jump [British Amateur Athletic Board]. British Amateur Athletic Board.

Arnold, M(1987) Long Jump [British Amateur Athletic Board]. British Amateur Athletic Board.

Arnord, M.(1985) Hurdling [British Amateur Athletic Board]. British Amateur Athletic Board.

Arnord, M.(1992) Hurdling [British Athletic Federation]. British Amateur Federation.

Aspin, J.(1832) Ancient Customs, Sports and Pastimes. J. Harris, London.

Bailhe, G.(1992) Sports, Jeux, Loisirs, D'autrefois et de Toujours. Editions Milan.

Bannister, R.G.(1955) The First Four Minutes. Putnam, London.

Bernett, H.(1987) Leichtathletik im geschichtlichen Wandel. Hofmann Schorndorf.

Bell's Life in London(1864) 1864年3月5日号, 同年3月12日号.

Binfield, R.D.(1948) The Story of the Olympic Games. Oxford University Press, London.

Birley, D.(1993) Sports and Making of Britain. Manchester University Press.

Blanchard, K. & Cheska, A.T.(1985) The Anthoropology of Sport An Introduction. Bergin & Garvey.

Bland, E.A.(1948) Olympic Story. Rockliff, London.

Boga, S.(1988) Risk! —An Exploration into the Lives of Athletes on the Edge —Ultra Marathoner. North Atlantic Books.

Boutilier, M.A. & Giovanni, L.S.(1983) The Sporting Woman. Human Kinetics Publishers.

Brander, M.(1992) The Essential Guide to Highland Games. Canongate.

Bresnahan, G.T. & others(1947) Track and Field Athletics. Cretzmeyer Kimpton, London.

British Olympic Association(1908) Programme and Official Regulations for the Olympic Games. British Olympic Association, London.

Bryant, J.(2008) The Marathon Makers.

Buchanan, I.(1992) British Olympians 100 Years of Gold Medallists. Guiness Books.

Burns, F.(1981) A History of Rovert Dober's Olympic Games. Robert Dover's Games Society, UK.

Cambridge University(1881) The Cambridge U.A.C. List of Rules, etc. Cambridge University.

Cambridge University(1911) The Encyclopaedia Britannica 11th Edition. the Encyclopaedia Britannica Company. p.958.

Canham, D.(1953) Field Events. Jenkins, London.

Casman, R. & Mckernan, M.(1979) Sport in History. Univ of Queensland Pr.

Cassell and Company(1896) Cassell's Complete Book of Sports and Pastimes: Being a Compendium of Out-Door and In-Door AmusementsCassell, London.

Choronik Verlag(1995) Die Chronik 100 Jahre Olympische Spiele 1896-1996. Leonardu, Benz, Deutschland.

Coates, A.(1989) Woman and Sport —Woman in History. Hodder & Stoughton Childrens Division.

Coe, S.(1984) The Olympians —A Quest for Gold: Triumphs. Heroes and Legends.M. Joseph.

Coote, J.(1980) The 1980 Book of the Olympics—The game since 1896 a Pictorical Record. Bookthrift.

Coote, J. et al.(1980) The ITV Book of the Olympics. ITV Books, UK.

Croome, A.C.M.(1913) Fifty Years of Sport at Oxford and Cambridge and the great Pablic School. W. Southwood, London.

Davis, M.D.(1992) Black American Women in Olympic Track and Field. McFarland Publishing.

Decker, W(1995) Sport in der Griechischen Antike. München, Beck.

Dick, F.W.(1991) Sprints and Relays [British Amateur Athletic Board]. British Amateur Athletic Board.

Doherty, J.K.(1953) Modern Track and Field. Bailey and Swinfen, London.

Doherty, K.J.(1976) Track and Field Omnibook. Tafnews Press.

Donaldson, C.(1901) Men of Muscle. Carter & Pratt, Glasgow.

Downer, A.R.(1908) Running Recollections and How to Train. Gale and Polden, London.

Drinkwater, B.L.(1986) Female Endurance Athletes. Human Kinetics.

Duncan, K.S.(1948) The Oxford Pocket Book of Athletic Training. Oxford U.P., London.

Duncanson, N.(1988) The Fastest Men on Earth. Willow Books.

Dunning, E.G. et al.(1993) The Sports Process —A Comparative and Devepmental Approach. Human Kinetics.

Dyson, G.H.G.(1962) The Mechanics of Athletics. University of London Press, London.

Eliott-Lynn, S.C.(1925) Athletics for Women and Girls. Robert Scott, London.

Elyot, Sir T.(1531) The Boke Named the Governour. T. Berthelet, London.

Emirico, A. et al.(1985) Encyclopedia of Track & Field. Prentice Hall Press, Newyork.

Falls, J.(1979) The Boston Marathon. Macmillan Pub Co.

Ganslen, R.V.(1963) Mechanics of the Vault [British Amateur Athletic Board]. British Amateur Athletic Board.

Gardiner, E.N. (1910) Greek Athletic Sports and Festivals. Macmillan, london.
Gardiner, E.N. (1930) Athletics of the Ancient World. The Clarendon Press: Oxford, pp.1-246.
Gbrathletics (online) BRITISH ATHLETICS CHAMPIONSHIPS 1876-1914. http://www.gbrathletics.com/bc/bc1.htm, (accessed 2022-6-28).
Gbrathletics (online) WORLD RECORDS SET IN BRITAIN. http://www.gbrathletics.com/wrb.htm, (accessed 2022-6-28).
George, W.G. (1908) The '100-UP' Exercise. Ewart Seymour, London.
Gerber, E.W. et al. (1974) The American Woman in Sport. Addison Wesley Publishing Company.
Grant, M. (1980) The Olympic Games. Penguin Books.
Graubner, R. & Nixdorf, E. (2011) Biomechanical Analysis of the Sprint and Hurdles Events at the 2009 IAAF World Championships in Athletics. New studies in athletics 26: 1/2; 19-53.
Griffin, H.H. (1889) Athletics. Bell, London.
Guttmann, A. (1991) Women's Sports a History. Columbia University Press.
Guttmann, A. (1992) The Olympics —A History of Modern Games. University of Illinois Press.
Guttmann, A. et al. (1990) Essays on Sport History and Sport Mythology. Texas A & M Univ Pr, College Station, Texas, U.S.A.
Gynn, R. (1984) The Guinness Book of the Marathon. Sterling.
Hargreaves, J. (1994) Sporting Females. Taylor & Francis Ltd, United Kingdom, London.
Harris, D.N. (1975) Sports in Britain —Its Origins and Development. Stanley Paul.
Harris, H.A. (1964) Greek Athletes and Athletics. Hutchinson, London.
Harris, N. (1986) Running the Power and Glory. TBS The Book Service Ltd.
Hendershott, J. (1987) Track's Greatest Women. Tafnews Press.
Hess, W.D. (1991) Sprint · Lauf · Gehen, Sportverlag GmbH: Berlin, p.79.
Hickok, R. (1992) The Encyclopedia of North American Sporting History. Facts On File.
Higdon, H (1995) Boston —A Century of Running, Celebrating the 100th of the Boston Athletic Association Marathon. Rodale Books.
Hill, L.E. (1903) Athletics and Out of Door Sports for Women. Macmillan, london.
Hodder, T.K. (1936) The Dally Express Book of Popular Sports. The Daily Express', London.
Hole, C. (1949) English Sports and Pastimes. Batsford, London.
Holliman, J. (1975) American Sports 1785-1835. Porcupine Press.
Holmes, B. (1984) The Olympian Games in Athens, 1896 —The First Modern Olympics. Grove Pr.
Holt, R. (1989) Sport and the British —A Modern History. Oxford University Press.
Hopkins, J. (1966) The Marathon. Stanley Paui, London.
Howell, R. (1983) Her Story in Sport: A Historical Anthology of Women in Sports. Human Kinetics.
Hughes, T. (1913) Tom Brown's School Days. Longmans, Green, & Co.

Hugman, B.J. & Arnord, P.(1988) The Olympic Games —Complete Track and Field Results 1896-1988. Imprint unknown.

Humphreys, J.H.L. & Holman, R.(1985) Middle-Distance Running. A & C Black Publishers Ltd.

Hutchinson, A.B.(2017) Exploring the Oldest Cross-Country Club in the World. https://medium.com/@Real_XC/exploring-the-oldest-cross-country-club-in-the-world-bbe2c0fdb234, (accessed 2021-7-29).

Hutchinson, A.B.(2018) The Complete History of Cross-Country running: From the Nineteenth Century to the Present Day. Carrel Books.

IAAF Athletics(2001) Formulae for IAAF combined events scoring system in IAAF scoring tables for combined events, 2001 ed, Reprinted in 2006. pp.22-23.

Innes, H.W.(1909) Race Walking. Ewart Seymour, London.

International Association of Athletics Federations(1970) Progressive World Lists. International Amateur Athletic Federation.

International Association of Athletics Federations(1982) 70 Golden years IAAF 1912-1982. International Amateur Athletic Federation.

International Association of Athletics Federations(1995) IAAF World Championships in Athletics. International Amateur Athletic Federation.

International Olympic Committee(1984) Cérémonie du 90e anniversaire du Comité International Olympique. Comité National Olympique et Sportif Français.

International Olympic Committee(1984) Le Mouvement Olympique. Lausanne, Selbstverlag.

Interscholastic Sport(1896) Track Athletics in Detail. Harper & Brothers Publishes.

Jamieson, D.A.(1943) Powderhall and Pedestrianism. W.A.K. Johnston, Edinburgh.

Jamieson, D.A.& Whitton, K.(1933) Fifty Years of Athletics, 1883-1933. Scottish A.A.A.

Jarver, J.(1981) The Hurdles. Tafnews Press.

Jarvie, G.(1991) Highland Games —The making of the Myth. Edinburgh University Press.

Johnson, C.(1969) Hammer Throwing [British Amateur Athletic Board]. British Amateur Athletic Board.

Johnson, C.(1987) Javelin Throwing [British Amateur Athletic Board]. British Amateur Athletic Board.

Jones, J.P.(1955) All Out for the Mile(Introduction). Forbes Robertson, London.

Jones, M.(1986) Shot Putting [British Amateur Athletic Board]. British Amateur Athletic Board.

Kalleya, A.(1993) Olympia. Fotounica Ltd.

Kanin, D.B.(1981) A Political History of the Olympic Games. Taylor & Francis Group.

Kennedy, D. & Kennedy, P.(1975) Sport [Past-into-Present Series].

Kieran, J. & Daley, A.(1953) The Story of the Olympic Games. Lippincott, London.

Killanin, L. & Rodda, J.(1976) The Olympic Games —80 Years of People, Events and Records. Barrie and Jenkins.

Kirsch, A.(1993) A History Revew of the Foundation of the IAAF [IAAF機関誌](New Studies Athletics所収論文) 1993年3月号.

Klafts, C.E. & Lyon, J.M.(1978) The Female Athlete: A Coach's Guide to Conditioning and

Training. Mosby.
Knight, T. & Troop, N.(1988) The Sackville Illustrated Dictionary of Athletics.Sackville Books.
Landon, Charles(1982) Classic Moments of Athletics.
Lease, D(1990) Combined Events [British Amateur Athletic Board]. British Amateur Athletic Board.
Lovesey, P.(1979) The Official Centenary History of the Amateur Athletic Association. Guinness Superlatives.
Lovesey, P.H.(1968) The Kings of Distance. Eyre and Spottiswoode, London.
Lovesey, P.H.& McNab, T.(1969) The Guide to British Track and Field Literature 1275 to 1968. Athletics Arena, London.
Lowe, D.G.A.(1936) Track and Field Athletics. Pitman, London.
Lowe, D.G.A. & Porritt, A.E.(1929) Athletics. Longmans Green, London.
Lucas, J.A. & Smith, R.A.(1978) Saga of American Sport. Lea & Febiger.
Lupton, J.I. & Lupton, J.M.K.(1890) The Pedestrians' Record. W. H. Allen, London.
Maclaren, A.(1866) A System of Physical Education. Clarendon Press, Oxford.
Magunusson, R. & Potts, D.H. & Quercetani, R.L.(1990) Track & Field Performances through the Year Vol.2 [1937-1944]. the A.T.F.S. in coöperation with the I.A.F.
Malcomson, R.W.(1973) Popular Recreations in English Society 1700-1850.Cambridge University Press.
Mandell, R.D.(1976) The First Modern Olympics. Univ of California Pr.
Mandell, R.D.(1984) Sport —A Cultural History. Columbia Univ Pr.
Marey, E.J.(online) ANALYSE DES ACTES MUSCULAIRESPAR LA CHRONOPHOTOGRAPHIE. Official Report of the 1900 Olympic Games, pp390-393. https://digital.la84.org/digital/collection/p17103coll8/id/7199/rec/2, (accessed 2021-8-21).
Martin, D.E. & Gynn, R.W.H.(1979) The Marathon Footrace. Thomas.
Mason, T.(1989) Sports in Britain —A Social History. Cambridge University Press.
Masurier, J.L.(1972) Hurdling.
Matthew T. G. Pain & Angela Hibbs(2007) Sprint starts and the minimum auditory reaction time. Journal of Sports Sciences 25, 79-86, 2007.
Matthews, P(1982) The Guinness Book of Athletics Facts & Feats. Guinness Superlatives.
Matthews, P. et al.(1993) The Guinness International Who's Who of Sports.Guinness World Records Limited.
Matthieu Milloz, Kevin Hayes, Andrew J. Harrison(2021) Sprint Start Regulation in Athletics: A Critical Review. Sports Medicine 51: 21-31. Published online: 30 October 2020.
McCrone, K.E.(1988) Sport and the Physical Emancipation English Women 1870-1914. Routledge and Kegan Paul.
McIntosh, P.C.(1962) Games and Sports. Educational Supply Association, London.
McNab, T.(1968) Triple Jump.Amateur Athletic Association, London.
McWhirter, A.R.& McWhirter, N.D.(1951) Get to Your Marks. Kaye, London.
Meyer, H.A.(1958) Modern Athletic—by the Achiles Club—. Oxford University H. Marshall.
Midland Counties Cross-Country Association(1979) 100 Years of Midland Cross-Country

Running 1879-1979. the Association in Tipton.
Miller, D.M. (1974) The Coaching the Female Athlete. Lea & Febiger, U.S.
Mills, A.R. (1961) Middle Distance Running. Phoenix House, London.
Moliterni, C. (1990) The Olympic Adventure. Dargaud, Paris.
Moon, G. (1992) Albert Hill—A Proper Perspective. Greg Moon, Cheltenham.
Moore, R. (1987) Official Results of Sports & Games 1988-89.
Muller, N. & Rule, J.K. (1985) Sport History —Olympic Scientific CongressOfficial Report.
Murrell, J. (1975) Athletics, Sports and Games—Greek & Roman Topics. Unwin Hyman.
Mussabini, S.A. (1926) Running, Walking and Jumping. Foulsham, London.
National Union of Track Statisticians (online) AAA and National Championships Medallists - 120 yards / 110 metres Hurdles. https://www.nuts.org.uk/Champs/AAA/AAA110H.htm, (accessed 2022-6-28).
Neil, C.L. (1905) The World's Pictorial Sports and Pastimes. A.M. Gardner, London.
Nelson, C. & Quercetani, R. (1973) Runner and Races: 1500M./Mile. Los Altos, CA.
Oglesby, C.A. (1978) Women and Sport from Myth to Reality. Lea & Febiger; Illustrated edition.
Olivova, V. (1984) Sports and Games. St Martins Pr.
Owen, E. (1981) Sport —Knowing British History Topics. Collins Educational.
Palleett, G.J. (1955) Women's Athletics. Normal Press, London.
Payne, H. (1969) Hammer Throwing [Amateur Athletic Association]. Amateur Athletic Association.
Payne, H. (1985) Athletes in Action: the International Amateur Athletic Federation book of track and field techniques. Pelham Books Ltd: London. p68.
Peacham, H. (1622) The Compleat Gentleman. Constable, London.
Pearson, G.F.D. (Ed.) (1963) Athletics. Nelson, London.
Pilkington, W. (1866) The Athlete for 1866. Chapman and Hall, London.
Poole, L. & Poole, G. (1963) History Ancient Olympic Games.
Quercetani, R.L. (1964) A World History of Track and field Athletics, 1864-1964. LONDON OXFORD UNIVERSITY PRESS.
Quercetani, R.L. (1990) Athletics—A History of Modern Track and Field Athletics (1861-1990) Man and Women—.
Quercetani, R.L. (1990) Men and Women.
Quercetani, R.L. (2009) A World History of Hurdle and Steeplechase Rasing 1860-2008, Men and Women. Edit Vallardi.
Quercetani, R.L. (1860-1990) Athletics —A History of Modern Track and Field Athletics. VALLARDI & ASSOCIATI.
Race Walking Association (1962) The Sport of Race Walking. R.W.A., Ruislip, Middlesex.
Richardson, P. (1883) Rugby School Hare And Hounds. Description Of The Big-Side Runs. A J Lawrence.
Richardson, Sir P.W. & others (1877) Rugby School Hare and Hounds. Rugby School.
Robison, C.F. et al. (1974) Modern Techniques of Track and Field. Lea & Febiger.
Rosen, M. & Rosen, K. (1986) Sports Illustrated Track—The Running Events.Harper & Row.

Ross, M.(1972) The Olympics 1896-1972 —in support of the British Olympic Appeal. David Mappin Ltd.

Ross, W.L.(1969) The Hurdler's Bible, A Complete Manual for Coach &Athlete.

Runner's World Magazine(1978) The Compleat Woman Runner.

Russell, C.(transl.) (1870) Wonders of Bodily Strength. Cassell, Potter and Galpin, London.

Ryan, J.(1968) The Annals of Thames Hare and Hounds 1868 to 1945. Thames Hare & Hounds.

Ryan, J. & Fraser, I.H.(1968) The Annals of Thames Hare and Hounds. THE PRESENT GENERATION.

Rye, W.(1916) The Autobiography of an Ancient Athlete and Antiquary. Roberts, Norwich.

Ryle, E.H.(1912) Athletics. Eveleigh Nash, London.

Sansone, D(1988) Greek Athletics and the Genesis of Sport. University of California Press.

Schaap, R(1963) The Illustrated History of the Olympics. ALFRED A KNOPF.

Scration, S.(1992) Shaping up to Womanhood —Gender and Girl's Physical Education. Open Univ Pr.

Shearman, M.(1887) Athletics and Football. Longmans, Green, and Co.

Shearman, M.(1902) Encyclopaedia Brittanica(Athletics Section). A. and C. Black, Edinburgh and London.

Shearman, M.(1904) Athletics. Longmans, Green and Co.

Shearman, M.(1930) Fifty Years of Progress(transcript of speech). Amateur Athletic Association.

Simpson, J.A. & Weiner, E.S.C.(1989) The Oxford English dictionary 2nd Edition. Clarendon Press Oxford. pp.501-502.

Sparhawk, R.M.(1989) American Women in Sport, 1887-1987 —a 100-year Chronology. Scarecrow Press.

Spears, B.(1983) History of Sport and Physical Activity in the United States.W.C. Brown Co.

Stampfl, F.(1955) Franz Stampfl on Running. Jenkins, London.

Strange, F.W.(1883) Outdoor games. Z.P.Maruya & Co.: Tokio, p.47.

Strutt, J.(1833) The Sports and Pastimes of the People of England. W. Tegg, London.

Suffolk & Berkshire, Earl of, & others(1897) The Encyclopaedia of Sport. Lawrence and Bullen, London.

Sutcliff, P.(1991) Pole Vault [British Amateur Athletic Board].

Swaddling, J.(1980) The Ancient Olympic Games. British Museum Press.

Sweeney, M.F.(1942) Mike Sweeney of the Hill. New York: G.P. Putnam's Sons.

The Oxford University Athletic Club(online) The History of the Oxford University Athletic Club. https://ouac.web.ox.ac.uk/files/historypdf, (accessed 2021-5-1).

TheRealXC(2020) XC 101: Episode 1 - The Complete History of Cross Country Running. https://www.youtube.com/watch?v=D_e-qWTnoAc, (accessed 2021-7-28).

The Times(1904, 1908, 1912) 1904年7月, 1908年8月, 1912年5月.

Thom, W.(1813) Pedestrianism. Brown and Frost, Aberdeen.

Track and Field News(online) HISTORY OF US NATIONALS RESULTS: 110 HURDLES - MEN. https://trackandfieldnews.com/history-of-us-nationals-results-110-hurdles-men/, (accessed 2022-6-28).

Tyler, M. & Soar, P.(1980) The History of the Olympics. Marshall Cavendish.

Uglow, J.(1989) The Macmillan Dictionary of Women's Biography. Palgrave Macmillan.

Walker, D.(1834) British Manly Exercises. T. Hurst, London.

Walker, D.(1837) Exercises for Ladies. T. Hurst, London.

Walker, D.(1837) Games and Sports. T. Hurst, London.

Wallechinsky, D.(1992) The Complete Book Of The Olympics. Little Brown.

Wallechinsky, D. & Loucky, J.(2012) The Complete Book of the Olympics. Aurum Press.

Walsh, J.H.(1856) A Manual of British Rural Sports. Stonehenge, London.

Walsh, J.H. & others(1864) Athletic Sports and Manly Exercises. Stonehenge', J. G. Wood and others. Routledge, London.

Ward, T.(1991) Athletics—The Golden Decade. QUEEN ANNE PRESS.

Warden, P(1986) Sprinting and Hurdling [British Amateur Athletic Board].

Watman, M.(1968) History of British Athletics. Robert Hale, London.

Watman, M.(1981) Encyclopaedia of Track and Field(5th Edition). Robert Hale Ltd.

Watman, M.(1992) Athletics at the Olympic Games Athletics Today —1992年3~6月号付録№ 1~8. Athletics Today.

Watson, A.E.T.(1899) The Young Sportsman. Lawrence and Bullen, London.

Webster, D.(1959) Scottish Highland Games. Collins, London.

Webster, F.A.M.(1913) Olympian Field Events.

Webster, F.A.M.(1914) The Evolution of the Olympic Games. Newnes, London.

Webster, F.A.M.(1921) Hurdling and Steeplechasing. Heath, Cranton and Ouseley, London.

Webster, F.A.M.(1922) Athletic Records to Date. Link House, London.

Webster, F.A.M.(1929) Athletics of Today. Burlei Press, Lewin'sMead, Bristol.British Sports Publishing Co., London.

Webster, F.A.M.(1929) Encyclopaedia Britanica(Athletics Section). Encyclopaedia Britanica Co., London.

Webster, F.A.M.(1930) Athletics of to-day for women; history, development and training. F. Warne: London & New York, pp.1-278.

Webster, F.A.M.(1948) Olympic Cavalcade.

Webster, F.A.M.(1929) Athletics of Today—History Development & Training. Frederick Warne & Co Ltd: London , pp.226-227. Warne, London.

Webster, F.A.M. & others(1919) Success in Athletics and How to Obtain it. Sidgwick and Jackson, London.

Whitney, C.W.(1894) A Sporting Pilgrimage. Osgood, McIlvaine, London.

Wilkinson, H.F.(1868) Modern Athletics. Frederick Warne and Co.

Wilkinson, H.F.(1871) The Athlete, 1871. Virtue, London.

Wilkinson, H.F.(1872) Athletic Almanack. Virtue, London.

Wilkinson, H.F.(1875) Encyclopaedia Brittanica(Athletics Section). A. and C. Black, Edinburgh.

Wilson, N. et al.(1984) The Marathon Book of —A Practical Guide. Virgin Books.
Winter, A.E.H.(1969) From the Legend to the Living.
Wood, R. J.G.(1861) Athletic Sports and Recreations. Routledge, Warne and Routledge, London.
World Athletics(online) Women's World Record Progression of 400 Metres Hurdles. https://www.worldathletics.org/records/by-progression/4338., (accessed 2022-7-18).
World Athletics(online) World Record Progression of 100 Metres Hurdles. https://www.worldathletics.org/records/by-progression/4154, (accessed 2022-7-18).
World Athletics(online) World Record Progression of 110mH. https://www.worldathletics.org/records/by-progression/14252?type=1, (accessed 2021-8-8).
World Athletics(online) World Record Progression of 400 Metres Hurdles. https://www.worldathletics.org/records/by-progression/14438, (accessed 2022-5-27).
World Athletics(online) Combined event challenge regulations. Book of rules, Book C: Competition, C.1.8 Combined events challenge regulations, pp.1-4.
World Athletics(online) Competition and technical rules, 28(Rule 183) Pole vault, pp.175-183. www.worldathletics.org, (accessed 2021-9-30).
World Athletics: 110 Metres Hurdles(History)(online) 110 Metres Hurdles(History). https://www.worldathletics.org/disciplines/hurdles/110-metres-hurdles, (accessed 2021-8-8).
World Athletics Heritage. Edited by Richard Hymans(ATFS)(online) Progression of World Athletics Records(2020Edition). https://media.aws.iaaf.org/misc/eBook/index.html#page=1, (accessed 2021-8-8).
Wymer, N.(1949) Sport in EnglandGeorge G. Harrap & Co.
Zarnowski, F.(1989) The DECATHLON. A colorful history of track and field's most challenging event, 1st ed. Human Kinetics: Illinois, pp.12-14, p.35, p.41, p.244.
Zemper, E.D.(2008) The Evolution of Track and Field Rules During the Last Century. http://usatfne.org/officials/ruleshistory_zemper.pdf, (accessed 2021-5-3).
Zentner, C.(1995) Das grosse Buch der Olympischen Spiele. Copress Sport.

[和書]
阿江通良ら(1994)世界一流スプリンターの100mレースパターンの分析—男子を中心に—. 日本陸上競技連盟強化本部バイオメカニクス研究班編,世界一流陸上競技者の技術. ベースボール・マガジン社:東京, pp.14-28.
青山一郎(2008)孤高のランナー円谷幸吉物語. ベースボール・マガジン社.
明石和衛・金栗四三(1912)ランニング. 菊屋出版部.
阿久津邦男(1975)歩行の科学. 不昧堂.
毎日新聞社(1940)アスリーツ・ブック(陸上競技の見方・学び方). 毎日新聞社.
東龍太郎(1962)オリンピック. わせだ書房.
飯室芳男(2008)あるオリンピック選手の軌跡. 近代文芸社, p.37-50.
稲葉言治(1937)運動競技資料とオリムピック事情. 教育日本社.
今村嘉雄(1949)西洋體育史(上下). 明星社.

今村嘉雄(1954)スポーツの民族学．大修館書店．
今村嘉雄(1969)十九世紀に於ける日本体育の研究．不昧堂．
ウェブスター：出口林次郎訳(1928)アスレティックス．日本體育學會．
ウエブスター：宮原治・森田俊彦訳(1937)オリムピック競技史．日本青年館．
牛村圭(2021)ストックホルムの旭日．中公新書：東京,pp.1-374.
梅田明宏(2008)スポーツ中継．現代書館．
英国五輪委員会編(1994) Olympic Hero—The Sporting Life of Load Desborough — An Exhibition to make the Centenary of the IOC 1894-1994.
エッカー：織田幹雄・佐々木秀幸訳(1974)陸上競技ダイナミックス．ベースボール・マガジン社．
エッカー：佐々木秀幸・井街悠共訳(1979)運動力学による陸上競技の種目別最新技術．ベースボール・マガジン社，pp.58-88.
NHKスペシャル取材班(2013)42.195kmの科学—マラソン「つま先着地」VS「かかと着地」．角川書店．
大谷要三(1990)近代スポーツの歴史．ぎょうせい．
岡尾恵市(1996)陸上競技のルーツをさぐる．文理閣．
岡尾惠市(2005)イギリスのランニング史1．ランニングの世界．明和出版，(1)56-103.
岡尾惠市(2006)イギリスのランニング史2．ランニングの世界．明和出版，(2)110-117.
岡尾惠市(2006)イギリスのランニング史3．ランニングの世界．明和出版，(3)118-126.
岡尾惠市(2007)イギリスのランニング史4．ランニングの世界．明和出版，(4)118-126.
岡尾惠市(2007)イギリスのランニング史5．ランニングの世界．明和出版，(5)105-111.
岡尾惠市(2011)200年前の英国における各種ロード・レースの状況．有賀郁敏ほか編著，現代スポーツ論の射程 歴史・理論・科学．文理閣．
岡野進(1989)走幅跳・三段跳．ベースボール・マガジン社，p.9-62.
岡部平太(1925)世界の運動界．目黒書店．
岡部平太(1927)陸上競技史．目黒書店．
織田幹雄(1942)陸上競技・其の本質と方法．旺文社．
織田幹雄(1956)世界記録は破れる—陸上競技—．万有出版，p.96-137.
織田幹雄(1975)21世紀への遺言．ベースボール・マガジン社．
織田幹雄(1975)最新陸上競技入門．ベースボール・マガジン社，p.21-114.
織田幹雄(1977)わが陸上人生．新日本出版社．
織田幹雄・戸田純(1983)炎のスプリンター．山陽新聞社出版局．
小田切毅一(1982)アメリカスポーツの文化史．不昧堂．
小原敏彦(1990)人見絹枝物語—女子陸上の暁の星．朝日新聞社．
ガーディナー：岸野雄三訳(1982)ギリシャの運動競技．プレスギムナスチカ：東京,p.154.
カール・デム：出口林次郎訳(1927)陸上競技の練習．二松堂．
梶原學・帖佐寛章(2008)帖佐寛章伝 マラソンへの憧憬．ベースボール・マガジン社．
梶原洋子ら(2006)陸上競技における不正スタートのルール改定が世界一線級競技者のスタート反応時間に及ぼす影響．日本体育学会大会予稿集 57(0)，p.189.
嘉納治五郎(1917)競走、跳躍、抛擲、遊泳規定．極東体育協会．
川成洋(2016)図説イギリスの歴史を知るための50章．明石書店．
川本信正(1990)人はなぜ走るのか．ランナーズ．
関東学生陸上競技連盟(1964)第40回東京箱根間往復大学駅伝競走プログラム．
関東学生陸上競技連盟(1983)第59回東京箱根間往復大学駅伝競走プログラム．

関東学生陸上競技連盟（1989）箱根駅伝70年史．陸上競技社.
関東学生陸上競技連盟（2004）栄光を讃えて・箱根駅伝80回記念誌．陸上競技社.
岸野雄三他（1978）世界風俗じてん　娯楽の巻．三省堂.
岸野雄三（1987）最新スポーツ大事典．大修館書店.
近畿陸上競技神人会編（1965）"思い出"さん今日は!．近畿陸上競技神人会.
久保田香里（2016）駅鈴 はゆまのすず．くもん出版.
黒田勇（2020）メディアスポーツの誕生：明治後期の大阪毎日新聞のスポーツ事業を中心に．関西大学社会学部紀要，52（1）：1-24.
月刊校報（1908）The Polytechnic Magazine 1908. 4-8.
月刊陸上競技（2022）記録年鑑2021．p.155.
月刊陸上競技（1966～）月刊陸上競技．講談社.
月刊陸上競技（1972～1978，2022）陸上競技記録集．講談社.
興文社（1932）第10回オリムビック画報（興文社）．興文社.
国際アマチュア陸上競技聯連盟発表：大日本體育協会譯述（1927）国際陸上競技規則（1925年新定）.
国際陸上競技連盟：全日本陸上競技連盟訳（1929）国際陸上競技規則.
国際陸上競技連盟：佐々木秀幸・小林義雄訳（1987）陸上競技のコーチングマニュアル―基本編―．ベースボールマガジン社，p.96，p101.
国史大辞典編集委員会（1993）国史大辞典第2巻，第6巻．吉川弘文館.
小高吉三郎（1930）スポーツの話（第二朝日常識講座8）．朝日新聞社.
古藤高良（1975）走の科学．不昧堂.
小林海（2017）リオデジャネイロオリンピック4×100mR銀メダル獲得への軌跡～科学的データから見た銀メダル獲得への軌跡～．スプリント研究第26巻：8-10.
佐々木秀幸編（1984）スポーツなるほど辞典―陸上競技―．東京堂出版，p.116，131.
指昭博（2015）図説イギリスの歴史．河出書房新社.
鹽谷宗雄（1937）體育研究の文献（師範大学講座―體育）．建文館.
島田輝男（1988）日本列島駅伝史．陸上競技社.
下村泰大（1885）西洋戸外遊戯法．秦盛館.
シャピロ：新島義昭訳（1983）ウルトラマラソン．山と渓谷社.
神宮司廳（1909）古事類苑（政治部上編49―驛傳）：吉川弘文館.
鈴木良徳（1952）オリンピックと日本スポーツ史．日本体育協会.
鈴木良徳・川本信正（1956）オリンピック―メルボルン大会を記念して．日本オリンピック後援会.
鈴木良徳（1980）オリンピック外史．ベースボール・マガジン社.
鈴木良徳（1982）古代オリンピア英雄伝．ベースボール・マガジン社.
関岡康雄（1975）三段跳．ベースボール・マガジン社，p.11-51.
関岡康雄（1980）陸上競技 跳躍．不昧堂，p.10-21，64-99.
セルッティ：加藤橘夫・小田海平共訳（1963）陸上競技チャンピオンへの道．ベースボール・マガジン社.
全日本陸上競技聯盟（1929）日本陸上競技規則解説．三省堂.
全日本陸上競技聯盟（1930）日本陸上競技規則（昭和5年修正）．三省堂.
ダイソン：金原勇他訳（1972）陸上競技の力学．大修館書店.
大日本體育協会（1930）第 9 回国際オリムビック競技大会報告書．大日本体育協会.
田尾栄一（1966）花絆．私家版.
高木仁三郎（1985）単位の小事典．岩波書店.

高見澤忠雄（1924）オリムピック競技の組織的研究-トラック篇．日本青年館．
高見澤忠雄（1926）オリムピック競技の組織的研究-フィールド編．日本青年館．
棚田真輔・青木積之介（1988）阪神健脚大競走．いせだプロセス．
帖佐寛章（2020）日本陸上界の真実．ベースボール・マガジン社．
土江寛裕（2017）リオオリンピック男子4×100mR銀メダルへのプロセス～バトンパス精度向上の具体的取り組み～．スプリント研究第26巻：1-7．
ディーム：大島鎌吉訳（1962）ピエールド・クーベルタン・オリンピックの回想．ベースボール・マガジン社．
土岐善麿（1975）駅伝五十三次．蝸牛社．
中村哲夫（2021）東京奠都記念東海道五十三次駅伝徒歩競走に関する研究．皇學館大学紀要59 178-114，2021-03．
西原茂樹（2004）東京・大阪両都市の新聞社による野球（スポーツ）イベントの展開過程―1910～1925年を中心に―．立命館産業社会論集，40(3)：115-134．
日本オリンピックアカデミー（1981）オリンピック事典．プレスギムナスチカ．
日本学生陸上競技連合（1998）日本学生陸上競技70年史．日本学生陸上競技連合．p.333．
https://www.joc.or.jp/games/univ/history/index.html，(参照日2021-12-17)．
日本陸上競技聯盟（1934）陸上競技跳擲篇（フィールド）．三省堂．
日本陸上競技連盟（1953～96）競技規則．日本体育社（1953～1966）、あい出版（1967～1996）．
日本陸上競技連盟（2021～2022）競技規則．
日本陸上競技連盟（online）記録と数字で楽しむ第105回日本選手権．男子110mH，男子400mH．
https://www.jaaf.or.jp/jch/105/news/article/15005/，(参照日2021-8-8)．
日本陸上競技連盟（online）日本陸上競技連盟競技規則．第5部 混成競技，pp.347-350．
https://www.jaaf.or.jp/about/rule，(参照日2021-9-30)．
日本陸上競技連盟朝日新聞社運動部（1932）各種運動競技規則全集．朝日新聞社．
日本陸上競技連盟朝日新聞社體力部（1941）各種運動競技規則全集．朝日新聞社．
日本陸上競技連盟・鈴木良徳（1956）日本陸上競技史．日本体育社．
日本陸上競技連盟・全国高校体育連盟（1961）陸上競技 混成競技採点表．ベースボール・マガジン社：東京，pp.147-149．
日本陸上競技連盟七十年史編集委員会（1995）日本陸上競技連盟七十年史．ベースボール・マガジン社：東京,pp.520-534．
能見正比古（1978）マラソン地獄旅．講談社．
野口邦子（2004）明治後期における長距離競走の国際化に関する一考察ー大阪毎日新聞の事業活動に着目してー．東洋大学社会学部紀要，42(1)：47-59．
野口源三郎（1926）新制陸上競技規則解説．ヘルメス社：東京,pp.24-31．
野口源三郎（1918）オリムピック競技の實際．大日本體育協會．
野口源三郎（1928）改訂陸上競技．目黒書店．
ノックス：ランニング学会訳（1994）ランニング事典．大修館書店．
人見絹枝（1929）スパイクの跡．平凡社．
人見絹枝（1930）ゴールに入る．一成社．
ブッシュ：小田海平訳（1979）ジム・ブッシュの陸上競技コーチング．講談社，p.129-147，154-168．
ブランデージ：宮川毅訳（1974）近代オリムピックの遺産．ベースボール・マガジン社．
プルターク（1915）プルターク英雄伝 第3巻．国民文庫刊行会．
ベースボール・マガジン社（1989）激動の昭和スポーツ史7 陸上競技編．ベースボール・マガジン社．

ベースボール・マガジン社（1954～）陸上競技マガジン［とくに1974年3～8月号］．ベースボール・マガジン社．
ベースボール・マガジン社（1963～）陸上競技マガジン　別冊記録集計号．ベースボール・マガジン社．
前田新生（1983）スポーツの記録（陸上競技男女ほか）．岩波書店．
松波稔（2007）日本におけるメディ・スポーツ・イベントの形成過程に関する研究―1901年時事新報社主催「十二時間長距離競走」に着目して―．スポーツ史研究，20：51-65．
三沢光男（1972）陸上競技の技術史（スポーツの技術史所収）．大修館書店．
三沢光男（1977）日本における陸上競技規則改正に関する史的考察．体育学研究22-4：231-239．
宮代賢治ら（2013）男子100m走における身長別モデルステップ変数．スプリント研究22：57-76．
村上リコ（2019）新装版 図説 英国執事―貴族を支える執事の素顔―．河出書房新社．
村川堅太郎（1963）オリンピア（中公新書22）．中央公論社．
メゾー：大島鎌吉訳（1973）古代オリンピックの歴史．ベースボール・マガジン社．
森田俊彦（1930）トラック競走．三省堂．
安田弘嗣（1929）陸上競技概論．一成社．
安田矩明（1997）ポールの材質による棒高跳びの記録の変遷．日本機械学雑誌100：1095-1097．
山地啓司（1983）マラソンの科学 安全に早く走るために．大修館書店．
山本邦夫（1970）陸上競技史（明治篇）．道和書院．
山本邦夫（1974）近代陸上競技史．道和書院：東京．
山本邦夫（1978）箱根駅伝60年．講談社．
山本邦夫（1978）箱根駅伝六十年．講談社．
ヤルウリス・シミチェク：成田十次郎・水田徹訳（1981）古代オリンピック―その競技と文化．講談社．
湯浅徹平他（1977）陸上競技入門シリーズ（全10巻）．ベースボール・マガジン社．
洋泉社（2018）金栗四三の生涯．洋泉社．
吉田孝久（2021）跳躍―第2版．ベースボール・マガジン社，p.154-157．
讀賣新聞（1917）1917年3月1日号，同年4月27日～29日号，同年5月20日号
陸上競技研究会（1934）短距離研究．一成社．
リディアード：竹中正一郎訳（1965）陸上競技 中長距離のトレーニング．ベースボール・マガジン社．

おわりに

陸上競技史の研究者、岡尾惠市先生執筆の「陸上競技のルーツをさぐる」が、筑波大学陸上競技部OB・OG会ホームページに掲載され始めたのは2018年秋のことでした。するとまもなく、全国のテレビ局や新聞社からしばしば問い合わせが来るようになりました。OB・OG会の幹事長として対応窓口になっていたので、反響の大きさを実感する日々でした。岡尾先生はその後、NHKテレビの「チコちゃんに叱られる」出演など、各地・各種メディアへの登場機会が以前にも増して多くなりました。

東京2020五輪開催を迎えたことで、陸上競技への関心の高まりを感じ、個々のトピックだけでなく古今を通じた陸上競技の全体像を知ってもらいたいと思うようになりました。連載74回に及んだ原著をコンパクト化して本にすることを提起しました。OB・OG会の先輩・後輩に呼び掛け、編集作業を開始したのは2021年2月のことでした。コロナ禍の真っただ中で、担当者は北海道（形本静夫)、鳥取（油野利博)、京都（岡尾)、つくば（宮下憲、山崎祐司)、千葉（岡田一彦)、横浜（原間裕、船原)、東京（阿保雅行）と住まいは隔たっており、当然ながら「リモート」による会議となりました。

「三人寄れば文殊の知恵」と言いますが、大修館書店編集担当の久保友人さんも同じ競技部の後輩だったので、総勢10人がそれぞれの立場から大著を削除したり加筆したり。時にやり取りが白熱しましたが、岡尾先生が「楽しいなあ、大学院のゼミみたいやで」とおっしゃったように、50回を越えた会議は得難い充実した時間でした。こうした作業を通じ、陸上競技の「ルーツ・現在・未来」をなんとか一冊の本に収めることができたのは、一同にとって実にうれしいことでした。

紙幅の関係で割愛せざるを得なかった項目も多く、偏った見方になっている部分があるかもしれません。読者のみなさんのご指摘・ご批判をお待ちしています。記録や数字の点検では、この道のエキスパート、野口純正さんにもお手伝いしていただきました。このほかにも、多くの陸上競技の専門家からさまざまなアドバイスやご教示をいただきました。心から感謝します。

編集総括　　船原　勝英

［執筆者一覧］

岡尾　恵市
東京教育大学体育学部卒。立命館大学名誉教授。原著者で全体を監修。

油野　利博
東京教育大学体育学部卒。鳥取大学名誉教授。全体を統括し、年表作成。

宮下　憲
東京教育大学大学院体育学研究科修了。筑波大学名誉教授。第1・2章担当。

岡田　一彦
東京教育大学体育学部卒。元千葉県高等学校教諭。第3・4・5章担当。

阿保　雅行
東京教育大学大学院体育学研究科修了。東京外国語大学名誉教授。第4章担当。

原間　裕
東京教育大学大学院体育学研究科修了。元武蔵高等学校中学校教諭。第6章担当。

山崎　祐司
筑波大学体育専門学群卒。元茨城県高等学校教諭。第7章担当。

形本　静夫
東京教育大学大学院体育学研究科修了。博士（医学）。順天堂大学名誉教授。棒高跳・第8章担当。

船原　勝英
東京教育大学体育学部卒。元共同通信社運動部記者。序章、第9章、競技会運営、全体の編集を担当。

（執筆順）

史料と写真で見る陸上競技の歴史――ルーツから現在・未来へ
©岡尾惠市，陸上競技歴史研究会 2022
NDC782／x, 244p／21cm

初版第１刷発行――2022年12月20日

著　者――――――岡尾惠市・陸上競技歴史研究会
発行者――――――鈴木一行
発行所――――――株式会社 大修館書店
〒113-8541 東京都文京区湯島2-1-1
電話03-3868-2651（販売部） 03-3868-2298（編集部）
振替00190-7-40504
［出版情報］https://www.taishukan.co.jp/

装　丁――――――石山智博
印　刷――――――精興社
製　本――――――ブロケード

ISBN978-4-469-26944-4　Printed in Japan
Ⓡ本書のコピー、スキャン、デジタル化等の無断複製は著作権法上での例外を除き禁じられています。本書を代行業者等の第三者に依頼してスキャンやデジタル化することは、たとえ個人や家庭内での利用であっても著作権法上認められておりません。